Ralf Teicher

Honorarberatung

aus Sicht von Kunden, Beratern und Produktgebern

Ralf Teicher

Honorarberatung

aus Sicht von Kunden, Beratern
und Produktgebern

2. Auflage

Bibliografische Information der Deutschen Nationalbibliothek

Die Deutsche Nationalbibliothek verzeichnet diese Publikation in der Deutschen Nationalbibliografie; detaillierte bibliografische Daten sind im Internet über http://dnb.d-nb.de abrufbar.

Beachten Sie bitte stets unseren Aktualisierungsservice auf unserer Homepage unter: **vvw.de → Service → Ergänzungen/Aktualisierungen** Dort halten wir für Sie wichtige und relevante Änderungen und Ergänzungen zum Download bereit.

Gleichstellungshinweis

Zur besseren Lesbarkeit wird auf geschlechtsspezifische Doppelnennungen verzichtet.

ISBN   978-3-96329-041-1

Inhaltsverzeichnis

1 Einleitung zur zweiten Auflage

Im Anfang der Auseinandersetzung mit der Honorarberatung stand für viele Beteiligte die Erkenntnis, durch einseitig den Kunden belastende Kosten in Finanzprodukten nicht mehr (optimal) in seinem Interesse zu beraten und zu vermitteln. Positive Renditeeffekte durch Nettoprodukte und die damit verbundene (neue) Wertschätzung durch Kunden war für die Pioniere unter den Beratern Antrieb, in dieses Geschäftsmodell zu wechseln.

Seit Erscheinen der ersten Auflage dieses Buches (im August 2017) haben sich die dafür relevanten Rahmenbedingungen und die hier dargelegten Übertragungsmodelle auf Beratungsbetriebe nicht grundsätzlich verändert.[1]

Es ist aber dennoch zu beobachten, dass der Markt eine neue Dynamik entwickelt, der sich alle Beteiligten stellen sollten. Insbesondere in der Altersvorsorgeberatung erkennen immer mehr Finanzdienstleistungsvermittler das Potenzial von Nettotarifen. Zunehmend werden auch breitere Kundenkreise auf das Thema aufmerksam und zeigen sich interessiert. Der aktive Einstieg in das Thema ist daher nahezu ideal, denn der Markt erfordert keine Pioniere mehr und ist noch nicht besetzt.

Damit verlieren gleichzeitig etablierte Berater (die Pioniere), die sich auf die Honorarvermittlung konzentriert haben, ihren Nischenstatus. Nettotarifvermittlung kann inzwischen (eigentlich) jeder …

Auf der anderen Seite ist es dann gleichermaßen erforderlich, infolge der erkennbaren Marktbewegungen bei diesem Thema nicht in die Defensive zu geraten. Auch wenn ein Wechsel des Geschäftsmodells (aktuell) nicht relevant ist, fordern der Markt und zunehmend auch die Kunden zur Auseinandersetzung mit Honorarberatung auf. Makler sollten deshalb zumindest auf Anfrage dazu in der Lage sein, entsprechende Kundenwünsche reaktiv zu befriedigen.

Der Druck auf das Provisionsniveau nimmt weiter zu. Damit sinkt der zur Preisfindung relevante Wettbewerbspreis, der langfristig nur mit einer erhöhten Zahlungsbereitschaft des Kunden zu kompensieren ist.

Hierzu sind eigene und eigenständige Service- und Beratungsleistungen zu identifizieren und anzubieten, die für den Kunden einen besonderen Nutzen und Mehrwert bieten, den er dann auch bereit ist zu bezahlen.

Dieser Auflage ist entsprechend eine Anleitung für einen professionellen Beratungsprozess angefügt, der genau das berücksichtigt. Die Erarbeitung und Umsetzung wurde in zahlreichen Workshops und Trainings des Autors mit Beratern und Vermittlern durchgeführt, sodass hier eine fundierte und konkrete Anleitung mit praxiserprobter Umsetzbarkeit einfließt.

Honorarberatung wird aktuell nicht von Politik und Interessenverbänden gestaltet, sondern von den einzelnen Marktteilnehmern mit ihrem jeweiligen Blick auf die damit ver-

---

[1] Auch wenn die entsprechenden Gesetze und Verordnungen erst später in Kraft getreten sind, war der Rechtsrahmen definiert.

bundenen Chancen. Sie ist sozusagen „erwachsen" geworden. Dieser Herausforderung gilt es sich neu zu stellen. Die Grundlagen dazu liefert dieses Buch.

Neben den Produkten, Kosten und Renditeeffekten erscheint nun auch der Kunde und Mensch als elementarer Bestandteil der Beratung. Echte (Honorar-)Beratung orientiert sich vorrangig an den Bedürfnissen des Kunden und nicht an besseren Produktlösungen in Form von Nettotarifen. Wer diesen Schritt geht, wird auch als Honorarberater ein Stück weiter „erwachsen".

2 Einleitung zur ersten Auflage

Der Begriff „Honorarberatung" hat sich in der finanzwirtschaftlichen Diskussion etabliert und er wurde von den meisten Beteiligten übernommen, ohne ihn wahrscheinlich weder im Detail noch in vollem Umfang zu hinterfragen. Ein besonderer Aspekt dabei ist, dass die eigene Geschäftstätigkeit mit der Form der Bezahlung und nicht etwa mit dem Leistungsgegenstand oder dem Kundennutzen beschrieben wird.

Und genau an der Form der Bezahlung haben sich zahlreiche intensive – auch politische – Diskussionen entfacht, die oft den Blick auf den konkreten Kern der Dienstleistung versperren und in denen die Akteure pauschal in „gut" oder „böse" eingeteilt werden. Meistens wird dabei übersehen, dass auch die Diskutanten eigene wirtschaftliche Interessen verfolgen und entsprechend argumentieren.

In diesem Buch wird daher ein unabhängiger Blick auf die Honorarberatung als eine besondere Form von Finanzdienstleistung geworfen. Die Sichtweisen der verschiedenen Marktteilnehmer sind transparent herausgearbeitet.

Die Leser dieses Buches erhalten einen umfassenden und konkreten Blick auf die Honorarberatung als eine besondere Form von Finanzdienstleistung.

Die Betrachtung erfolgt hauptsächlich aus dem Blickwinkel des Beraters. Dadurch erhalten die Vermittler, die ihr Geschäftsmodell überprüfen wollen, wertvolle Instrumente und Werkzeuge, mit denen sie den Weg in die Honorarberatung einleiten können.

Leser, die eine Kunden- oder Produktgeberperspektive vertreten, können durch diesen Rollenwechsel ein besseres und vor allem umfassenderes Verständnis für Honorarberatung und die hierfür erforderlichen Voraussetzungen entwickeln.

Im ersten Teil wird zunächst konkret beschrieben, welches Spektrum Honorarberatung umfassen kann. Die für diesen bzw. diese Märkte relevanten Rahmenbedingungen werden mit einem besonderen Blick auf die dominierenden Themen beschrieben.

Im Kern geht es dann darum aufzuzeigen, wie die Voraussetzungen für Honorarberatung im eigenen Vermittlungsbetrieb schrittweise und konkret entwickelt und umgesetzt werden können. Dabei werden insbesondere das Zusammenspiel von Kunden, Beratern und Produktgebern sowie deren unterschiedlichen Sichtweisen beleuchtet.

Die Grundidee ist es, Entscheidungsmodelle zur Verfügung zu stellen und so fundierte und vor allem begründete Entscheidungshilfen und Werkzeuge zu liefern. Ideen und Impulse aus der Praxis geben zusätzliche Anstöße, diese weiter zu entwickeln und auf die eigene persönliche Situation zu übertragen.

Abschließend wird aufgezeigt, wie die Tauglichkeit entwickelter Geschäftsmodelle vor einer Umsetzung geprüft und einer Zielmarktanalyse gegenübergestellt werden kann. Wichtige Hinweise und Schritte für einen sicheren Einstieg in die Honorarberatung und Honorarvermittlung werden auf Basis einer Diskussion der damit verbundenen Vor- und Nachteile für die Beteiligten geliefert.

3 Finanzdienstleistungsmärkte

In der Finanzdienstleistungsindustrie gibt es keinen einheitlichen Markt mit einheitlichen Strukturen oder Regeln. Es gibt eine Vielzahl (miteinander konkurrierender) Märkte, die zum Teil für gleichartige Anforderungen von Kunden unterschiedliche Lösungen und Modelle anbieten.

Dabei werden z.B. Anlage- und/oder Vorsorgeentscheidungen durch den (zufällig oder erfolgreich) am Tisch des Kunden sitzenden Berater gestaltet und so entweder mit Versicherungslösungen oder mit Bankprodukten befriedigt.

Diese Teilmärkte unterliegen verschiedenen und zum Teil gegensätzlichen Marktentwicklungen. Während in der Finanzkrise 2008 Banken durch staatliche Unterstützung gerettet werden mussten, blieb die Versicherungsindustrie davon weitestgehend verschont und warb sogar damit, das verlässlichere System zu sein.

Eine einheitliche politische Steuerung und Regulierung existiert nicht. Sowohl zwischen den in den Branchen Beschäftigten als auch in der öffentlichen Wahrnehmung gibt es darüber hinaus erhebliche kulturelle Unterschiede.

Eine wichtige Klammer über das gesamte Finanzgeschäft bildet die Bundesanstalt für Finanzdienstleistungsaufsicht (BaFin), die in dieser Funktion auch an der Vereinheitlichung der europäischen Finanzmärkte mitwirkt.

Die BaFin beaufsichtigt (jeweils isoliert voneinander) Banken, Finanzdienstleister, Versicherer und den Wertpapierhandel. Zur Übersicht und Strukturierung der Finanzdienstleistungsmärkte wird deshalb im Folgenden – angelehnt an die Struktur und Organisation der BaFin – eine Einteilung und Übersicht vorgenommen.

Hierbei geben zunächst die Finanzprodukte, unabhängig davon, wie sie im Markt angeboten und vertrieben werden, die Struktur vor. Sie lassen die Komplexität einer möglichen umfassenden Beratung erahnen und sollen dafür sensibilisieren, in der Diskussion über Honorarberatung nicht „Äpfel mit Birnen zu vergleichen" beziehungsweise zu verwechseln.

Finanzprodukte gliedern sich hiernach in Bankprodukte und Kredite, Wertpapiere und Geldanlage sowie Versicherungsprodukte und Altersvorsorge (vgl. www.bafin.de/DE/Verbraucher/Finanzwissen).

3.1   Bankprodukte und Kredite

Bankprodukte und Kredite umfassen das Produktspektrum von Banken und Bauspar-kassen.

Dazu zählen Spareinlagen als Festgeld oder Tagesgeld, Girokonten, Kreditkarten, Rah-men- und Ratenkredite, Sparbriefe, Sparpläne, Baufinanzierungen und Bausparverträge.

Das Kredit- beziehungsweise Finanzierungsgeschäft erstreckt sich vom einfachen Kon-sumentenkredit bis zu komplexen Unternehmensfinanzierungen.

3.2   Wertpapiere und Geldanlage

Produkte zur Geldanlage werden als Wertpapiere oder in Form von direkten Investi-tionen angeboten. Dazu zählen im Wesentlichen Aktien und Fondsanlagen. Sie wer-den als börsengehandelte Publikumsfonds (Exchange Traded Funds (ETF)) oder an die Wertentwicklung von Rohstoffen gekoppelte Schuldverschreibungen (Exchange Traded Commodities/ETCs) sowie als geschlossene Publikumsfonds (Investment-Fonds) oder als offene Mischfonds angeboten. Weitere Anlagemöglichkeiten bieten Schuldverschrei-bungen (Anleihen, Rentenpapiere, Obligationen) und Vermögensanlagen (Anteile zur Beteiligung am Ergebnis eines Unternehmens oder an Treuhandvermögen). An die Wertentwicklung eines zugrunde liegenden Basiswerts (Aktien, Indizes, Rohstoffe, Wäh-rungen) gekoppelte Zertifikate und das Direct Investing (in z.B. Schiffscontainer, Bäume oder Kakaopflanzen) sind weitere Möglichkeiten aus einem sich permanent erweitern-den Anlagespektrum auszuwählen.

Anbieter sind Kapitalverwaltungsgesellschaften (KVGen, auch Vermögensverwalter oder Asset Manager genannt) und Fondsgesellschaften.

3.3   Versicherungsprodukte und Altersvorsorge

Versicherungsprodukte umfassen alle Formen der Risikoübertragung und der Altersvor-sorge. Risikoübertragung bezieht sich auf Sachwerte, Rechtsfragen sowie gesundheit-liche und biometrische Risiken. Zur Altersvorsorge gibt es einen definierten Rahmen (Drei-Schichten-Modell), in dem zum Teil staatlich geförderte Produkte in Anspruch ge-nommen werden können.

Anbieter sind Versicherungsunternehmen, Kranken- und Lebensversicherungsunterneh-men sowie Pensionskassen. Entsprechende Produkte werden ebenso durch die Träger der Sozialversicherung (gesetzliche Krankenkassen, gesetzliche Rentenversicherung, Berufsgenossenschaften, Arbeitslosenversicherung) zur Verfügung gestellt.

4 Relevante Rahmenbedingungen und Marktentwicklungen

Die Finanzdienstleistungsmärkte befinden sich in den letzten Jahren in einer (auch zukünftig) anhaltenden Phase der deutlichen und spürbaren Weiterentwicklung. Verändertes Verbraucherverhalten, wiederholt neue regulatorische Rahmenbedingungen, gesamtwirtschaftliche Anpassungen und der Eintritt neuer Marktteilnehmer führen dazu, dass sich bestehende Geschäftsmodelle und damit auch die Wege der Kundenansprache verändern und weiter entwickeln (Teicher, Persönliche Beratung hat Zukunft, 2017, S. 14).

Die Geschäftsmodelle der Finanzdienstleistungsindustrie unterlagen im Laufe der Zeit immer wieder gewissen Schwankungen, die von außen und oft auch innen an die Beteiligten, insbesondere im Vertrieb, herangetragen wurden.

Zahlreiche in Strategieprojekten entwickelte Ansätze halfen den Unternehmen dabei, sich mit sich selbst und seinen Strukturen auseinanderzusetzen. In diesem Zusammenhang kreierte Produktlösungen erweckten dabei häufig den Anschein, als handele es sich bei der Finanzdienstleistungsindustrie nicht um einen Wirtschaftszweig von relevanter volkswirtschaftlicher Bedeutung, sondern um ein „fashion business". Der in Absatzzahlen definierte und erforderliche Vertriebserfolg wurde mit immer aufwendigeren Incentive-Programmen verfolgt. Diese „Party" ist allerdings jetzt (aus verschiedenen Gründen) vorbei.

Vor dem Hintergrund dieser Marktentwicklungen haben Verantwortliche in Finanzdienstleistungsunternehmen inzwischen vor allem den Vertrieb als Kostentreiber entdeckt. Damit stehen sie i.d.R. hausintern den Vertriebsverantwortlichen gegenüber, die durch „Vertriebsführung" und mit Vertriebssteuerungsmaßnahmen zur Zielerreichung der Unternehmen beitragen.

In dieser Phase sind – anders als in der Vergangenheit – vor allem die Vermittler, die den Verkauf und die Beratung von Finanzdienstleistungen betreiben, gefordert, sich ein gewisses Maß an Unabhängigkeit zu verschaffen und in diesem Zusammenhang ihre Geschäftsmodelle zu überprüfen und zukunftsfähig zu gestalten.

Merke: Strategische Entwicklung ist Unternehmenssicherung

Langfristige Existenzsicherung für Vermittler und Berater kann nur durch eine konsequente Kundenorientierung und -bindung mit einer eigenen Strategie als Beratungs- und Vermittlungsunternehmen gewährleistet werden. Strategieentwicklung ist keine theoretische Übung die sich diejenigen leisten, die ohnehin gut aufgestellt sind. Eine Strategie ist eine kalkulierte Leitlinie in einer nicht programmierbaren Umwelt, (Dinauer, 2. Aufl., 2008, S. 51) nicht mehr aber auch nicht weniger. Sie bietet Orientierung für alle im eigenen Unternehmen Beschäftigten und steht für Verbindlichkeit gegenüber Kunden.

Wenn sich Märkte weiter entwickeln, kann dieses durch externe Rahmenbedingungen oder kollektives Verhalten hervorgerufen werden. Das (be)trifft immer alle Marktteilnehmer und ist i.d.R. vorhersehbar. Die Grundbedürfnisse unterliegen dabei oft keinen wesentlichen Veränderungen. Es geht um die Frage, wer wie und wo bei wem kauft. Diese Entwicklungen sind nicht von Anbietern beeinflussbar oder programmierbar, die Anpassung daran und vor allem die Anpassungsgeschwindigkeit schon.

Für die Akteure im Finanzdienstleistungsmarkt ist daher die Frage elementar, wie sie mit den sich permanent weiterentwickelnden Rahmenbedingungen umgehen werden.

In einem ersten Schritt ist es wichtig, sich mit diesen Veränderungen eigenständig auseinanderzusetzen und dieses nicht seinen vertrieblichen Geschäftspartnern oder Verbänden zu überlassen.

Die wesentlichen Veränderungstreiber im Finanzdienstleistungsgeschäft sind zuerst die Kunden selbst. Kunden verändern – wie Vermittler und Berater in dieser Rolle übrigens selbst auch – ihre Konsumgewohnheiten und ihr Kaufverhalten. Dabei sind sie gesellschaftlichen Rahmenbedingungen unterworfen und werden politisch als schützenswert identifiziert. Die Produktanbieter stehen ebenso miteinander im Wettbewerb (nicht unmittelbar um ihre Kunden) und sind dabei eigenen wirtschaftlichen Entwicklungen unterworfen.

Diese drei Bereiche gilt es nun, als Einflussgrößen auf das eigene Geschäftsmodell wahrzunehmen und vor allem zu verstehen. Wenn das gelingt, werden die damit verbundenen Chancen zur Zukunftsfähigkeit und Weiterentwicklung des Vermittlerbetriebes beitragen und können als Leitlinie für die erforderlichen Entwicklungsschritte dienen.

Abb. 1: Strategisches Umfeld für Finanzdienstleistungsberatung und -vermittlung
Quelle: eigene Darstellung

4.1 Umwelteinflüsse und Kundenverhalten

Die Umwelt eines Unternehmens beschreibt die Menschen und deren Themen, die mit ihm als Kunden, Mitarbeiter und allgemein als Öffentlichkeit in Kontakt stehen und Einfluss nehmen. In diesem Sinne wird der Unternehmenserfolg maßgeblich durch die Fähigkeit, deren Bedürfnisse zu erkennen und den entsprechenden Bedarf zu decken, beeinflusst.

Quantitative bzw. demografische Veränderungen sind hierzu ebenso interessant wie qualitatives Kundenverhalten und die Einstellung zur angebotenen (Finanz-)Dienstleistung.

4.1.1 Demografische Entwicklungen

Demografie beschreibt Bevölkerungsstrukturen (Zusammensetzung nach sich unterscheidenden Merkmalen wie Alter, Geschlecht, Nationalität, Zugehörigkeit zu Haushalten bestimmter Größe, Berufsgruppen, Lebensstile) sowie deren Bewegungen und Entwicklungen. Bevölkerungsbewegungen beziehen sich dabei auf natürliche Veränderungen (Fertilität, Mortalität) und räumliche Bewegungen (Mobilität, Migration).

In Zeiten demografischer Veränderungen, von Migration und zunehmend älter werdenden Vermittlern ist es nicht selbstverständlich, dass Finanzdienstleister immer auch die Sprache ihrer Kunden sprechen. So werden z.B. die nachwachsenden Kunden im eigenen Bestand aus den Augen verloren und erscheinen plötzlich als Vertreter einer neuen und fremden Generation Y für die Ansprache als Kunden unerreichbar.

Ein vorurteilsfreies Grundverständnis von Bevölkerungsentwicklungen hilft daher, das vorhandene Kundenpotenzial zu begreifen und damit verbundene Herausforderungen zu identifizieren. Ebenso hilfreich ist es vor diesem Hintergrund, den eigenen Berufsstand und damit verbundene Marktein- und Marktaustritte ins Verhältnis zur individuellen Geschäftstätigkeit zu setzen.

Die in diesem Zusammenhang ausreichend beschriebene Altersvorsorgeproblematik (Generationenvertrag) ist bekannt und wird daher hier nicht zusätzlich beschrieben.

4.1.1.1 Natürliche Bevölkerungsentwicklung

In Deutschland leben (bei bislang wachsender Bevölkerung) 82,2 Mio. Menschen[2] (Statistisches Bundesamt, Statistisches Jahrbuch Deutschland 2017, S. 27). Schon heute ist davon mit 21,1 % der Anteil der über 65-jährigen Einwohner am größten. 16,3 % sind unter 18 Jahre alt, sodass der aktiv Finanzdienstleistung (potenzielles Neugeschäft) nachfragende Bevölkerungsanteil im Alter von 18 bis 65 Jahren mit 62,6 % nahezu 2/3 der Bevölkerung ausmacht (Statistisches Bundesamt, Statistisches Jahrbuch Deutschland 2017, S. 31).

---

2   Nach Melderechtsbestimmungen gemeldete Personen in Deutschland einschließlich der Ausländer.

Nach 2020 ist mit sinkenden Bevölkerungszahlen zu rechnen und je nach Zuwanderungsgrad werden in 40 Jahren noch zwischen 80 % (Kontinuität bei schwächerer Zuwanderung) und 90 % (Kontinuität bei stärkerer Zuwanderung) der heutigen Bevölkerung leben. Davon wird dann ein Drittel der in Deutschland lebenden Menschen über 65 Jahre alt sein. Der aus heutiger Sicht kaufaktive Teil wird sich auf die Hälfte der Bevölkerung reduzieren (weil der Anteil der unter 18-Jährigen auf 15 % sinkt) (Statistisches Bundesamt, Statistisches Jahrbuch Deutschland 2016, S. 49).

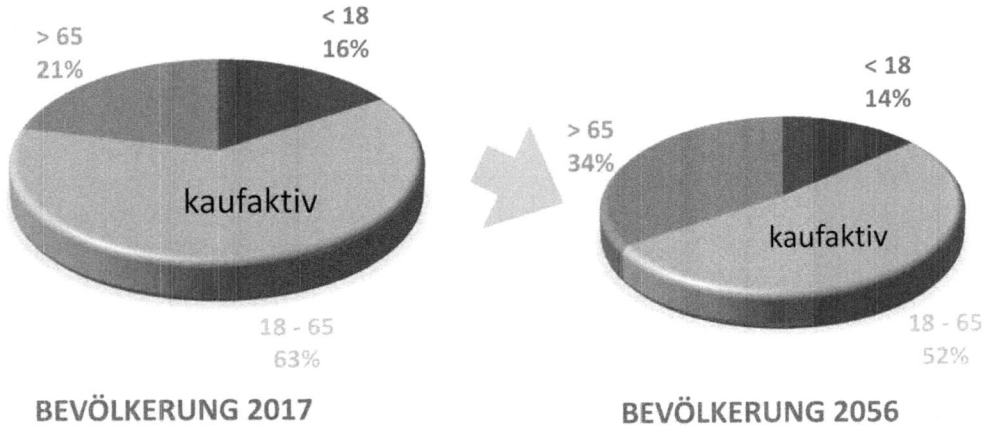

BEVÖLKERUNG 2017   BEVÖLKERUNG 2056

Abb. 2: Natürliche Entwicklung kaufaktiver Bevölkerung
Quelle: eigene Darstellung

4.1.1.2 Räumliche Bevölkerungsbewegungen

In Deutschland leben ca. 10 Mio. (12,2 %) Ausländer[3]. Den größten Anteil (14,9 %) davon nehmen die 1,5 Mio. in Deutschland lebenden Türken ein, deren Durchschnittsalter bei 44 Jahren liegt (das der Deutschen liegt bei 46 Jahren) und die im Schnitt länger als 28 Jahre in Deutschland leben. Die zweitgrößte Gruppe der Polen ist mit 783.085 Menschen nicht einmal halb so groß (Statistisches Bundesamt, Statistisches Jahrbuch Deutschland 2017, S. 47).

In den letzten Jahren ist eine zunehmend hohe Zuwanderung von Ausländern nach Deutschland zu verzeichnen. 2016 wurde ein Zuzug von knapp 2 Mio. ausländischen Personen registriert und gleichzeitig zogen rund 860.000 Ausländer aus Deutschland fort. Daraus ergibt sich der bis dahin höchste gemessene Wanderungssaldo von 1,14 Mio. ausländischen Personen und einem Anstieg der ausländischen Bevölkerung um weitere 12 %. Die Zahl der Zuzüge hat sich damit gegenüber dem Vorjahr um 49 % erhöht, der

---

3   Nicht Deutsche i. S. Art. 116 Abs. 1 GG. Deutsche, die zugleich eine ausländische Staatsbürgerschaft besitzen, gehören nicht zu den Ausländern.

Wanderungssaldo hat sich 2015 fast verdoppelt (Statistisches Bundesamt, Nettozuwanderung von Ausländerinnen und Ausländern im Jahr 2015 bei 1,1 Millionen, 2016).

Mit dem deutlichen Zuwachs sind auch strukturelle Änderungen in der Gruppe der ausländischen Personen verbunden. Bislang wurde Zuwanderung vor allem durch Wanderungsbewegungen mit anderen EU-Ländern und mit einem hohen Anteil an vorübergehenden Aufenthalten geprägt. Dies wird nun überlagert durch eine Zuwanderung, die durch Schutzsuchende bestimmt ist (Statistisches Bundesamt, Nettozuwanderung von Ausländerinnen und Ausländern im Jahr 2015 bei 1,1 Millionen, 2016).

Ebenfalls zugenommen hat der Bevölkerungsanteil von Menschen mit Migrationshintergrund[4], der mit 17,1 Mio. Menschen bislang unerreicht war und einen Gesamtbevölkerungsanteil von 21,0 % (+ 4,4 %) ausmacht. Die wichtigsten Herkunftsländer sind die Türkei, Polen und die Russische Föderation sowie Italien und Griechenland (Statistisches Bundesamt, Bevölkerung mit Migrationshintergrund auf Rekordniveau, 2016).

Die Altersstruktur zeigt das damit verbundene Potenzial, sich für oder innerhalb dieser Bevölkerungsgruppen mit seinen Dienstleistungen zu engagieren. Jede dritte Person mit Migrationshintergrund ist unter 18 Jahre alt. Den höchsten Anteil gibt es in der Altersgruppe der Kinder unter fünf Jahren (38,1 %). In der Gruppe der über 65 Jahre alten Bevölkerung lag der Anteil hingegen bei unter 10 % (Statistisches Bundesamt, Bevölkerung mit Migrationshintergrund auf Rekordniveau, 2016).

4.1.2   Verändertes Kundenverhalten

Finanzdienstleister erleben ihre Kunden spiegelbildlich zu ihren beruflichen und privaten Lebensgewohnheiten und ihrem Verhalten. Mit Finanzdienstleistung werden sportliche Aktivitäten finanziert und unsportliches Verhalten nachgewiesen. Private und berufliche Veränderungen spiegeln sich in den damit verbundenen Veränderungen, die in den vorhandenen oder neu hinzukommenden Finanzprodukten dokumentiert werden, wider.

Seine täglichen Kundengespräche bieten jedem Berater und Vermittler die Gelegenheit zum Austausch von Zielen und Wünschen sowie der Motivation zu dem, was Kunden antreibt. Umso erstaunlicher ist es, dass verändertes Kundenverhalten im Finanzdienstleistungsgeschäft bei vielen Beteiligten offensichtlich für Überraschung und zum Teil sogar Überforderung sorgt. Dabei ist es doch nur die konsequente Umsetzung und Übertragung von allgemeinen Umweltfaktoren.

Im Folgenden werden die wesentlichen Trends benannt und beschrieben, um daraus Impulse für das später zu entwickelnde und abschließend zu überprüfende Geschäftsmodell für Honorarberatung aufnehmen und ableiten zu können.

---

4   Eine Person hat einen Migrationshintergrund, wenn sie selbst oder mindestens ein Elternteil nicht mit deutscher Staatsangehörigkeit geboren wurde.

Nachhaltigkeit

Das Stichwort Nachhaltigkeit steht als einer der Megatrends auf jeder Agenda und gerät dadurch oft in die Gefahr, zur Plattitüde zu werden. Zu Recht haben dennoch viele Unternehmer erkannt, dass sich ihr Umgang mit dem Thema Nachhaltigkeit entscheidend auf die Wettbewerbsfähigkeit ihres Unternehmens auswirken kann.

Der meteorologische Klimawandel und die zunehmende Rohstoffknappheit sind Indizien dafür, wie verantwortungsvoll künftigen Generationen ihre Umwelt übergeben wird. In diesem Sinn beschreibt nicht nur in der Sozialversicherung das Wort Generationengerechtigkeit nach welchen Wertmaßstäben gesellschaftliches Handeln ausgerichtet sein kann.

Nachhaltiges Handeln ist dabei immer auch Werterhalt für künftige Generationen. Genau dieses leisten z.B. Versicherungen. Sachwerte, die über Generationen weitergegeben werden, erfahren dadurch ebenso eine Nachhaltigkeit, wie die Arbeitsfähigkeit des Familienvaters, der seine biometrischen Risiken einem Versicherer überträgt und selbstverständlich darauf vertraut, dass im Falle einer Berufsunfähigkeit dieser auch das leistet, was er versprochen hat.

Ein Versicherungskunde übernimmt damit auch die Verantwortung für sich und sein abzusicherndes Umfeld. Das gilt im Versicherungsgeschäft z.B. auch mit der Pflegevorsorge und gleichermaßen in der Geldanlage und Altersvorsorge mit den Fragen von Vermögensaufbau und Vermögenssicherung.

Damit sind Vertrauen und Verantwortung zentrale Bestandteile von Nachhaltigkeit. Nachhaltigkeit ist damit eng mit dem Finanzdienstleistungsgeschäft verbunden, auch wenn die zum Teil im Zusammenhang mit Honorarberatung geführten Diskussionen (Alternative zur „bewussten Falschberatung aus Provisionsinteresse", vertriebliche Anreizsysteme und damit verbundene „Exzesse", ...) oft ein sehr widersprüchliches Bild der Branche vermitteln.

Was liegt also näher, als das Thema Nachhaltigkeit aktiv in die eigene Beratung und Vermittlung aufzunehmen. Vielen Kunden ist dieses Thema wichtig und eine Diskussion über green investments und Ökofonds dreht sich dann auch nicht mehr vorrangig um Preise.

Nicht nur Verbraucherschutzorganisationen beschäftigen sich bereits erfolgreich mit dem Thema in Form von „ethisch-ökologischen Geldanlagen" und „sauberen Zinsangeboten".

Tipp: Islamic-Finance als Geschäftsmodell

Ein anderes Beispiel, einen vergleichbar werthaltigen Trend aufzunehmen und in das eigene Geschäftsmodell zu integrieren, ist die zunehmende Islamisierung beziehungsweise die gestiegene Bedeutung der Religion in anderen oder zu uns kommenden (vgl. 4.1.1.2 Räumliche Bevölkerungsbewegungen) Kulturkreisen. Die hieraus entwickelte Idee des Islamic Finance zeigt, wie aus für Kunden wertvollen Themen erfolgreiche Geschäftsmodelle für das Finanzdienstleistungsgeschäft entwickelt werden können.

Globalisierung

Spätestens vor dem Hintergrund der zuvor beschriebenen Einflüsse müsste der von Prof. Dieter Farny (der maßgeblich und grundlegend die Versicherungsbetriebslehre geprägt hat) formulierte Grundsatz „Insurance business is local business" in Frage gestellt werden. Er selbst würde das heute bestimmt auch so nicht mehr formulieren.

Gilt es für international agierende Bank- und Versicherungskonzerne schon lange nicht mehr, kann auch ein Vermittler und Berater den Blick vor den globalen Märkten und insbesondere den globalisierten Finanzmärkten nicht mehr verschließen. Für Kunden, die unmittelbar Geldanlage betreiben oder mittelbar von den Anlageentscheidungen ihrer Produktgeber (in Form der Prämien) betroffen sind, ist ein auch internationaler Risikoausgleich von entscheidender Bedeutung.

Je besser Berater an dieser Stelle Zusammenhänge und Entwicklungen beschreiben können, je wertvoller erscheint ihre Beratung für potenzielle (und vorhandene) Kunden. Und Kunden, die sich für globalisierte Fragestellungen interessieren, sind im Übrigen auch für Berater interessanter, da sie i.d.R. ein höheres Potenzial für umzusetzende Finanzdienstleistungen mitbringen.

4.1.2.1   Bildung

Das Bildungsniveau in Deutschland ist insgesamt (zunehmend) hoch. Über die Hälfte (50,6 %) aller heute 25- bis 35-jährigen Deutschen hat einen Schulabschluss mit Fachhochschul-/Hochschulreife.[5] Bei den heute 45- bis 55-Jährigen liegt dieser Anteil (migrationsunabhängig) noch bei 33,1 % (Statistisches Bundesamt, Statistisches Jahrbuch Deutschland 2017, S. 84).

Aktuell bereiten sich 1,3 Mio. Auszubildende und 2,8 Mio. Studierende auf ihr späteres Berufsleben vor, 7,4 Mio. Erwerbstätige nutzen die Möglichkeiten beruflicher Weiterbildung (Statistisches Bundesamt, Statistisches Jahrbuch Deutschland 2016, S. 91 ff.). Damit wird fast ein Viertel der kaufaktiven Bevölkerung (vgl. 4.1.1.1 Natürliche Bevölkerungsentwicklung) aktiv aus- oder weitergebildet.

Zusätzlich führen passive Informationen sowie erweiterte Recherche- und Informationsmöglichkeiten dazu, dass relevante Themen (z.B. zu green investments oder asiatischen

---

5   Bei Menschen mit Migrationshintergrund liegt der Anteil bei 44 %. Die Differenz kommt dadurch zustande, dass es hier noch einen signifikanten Teil ohne Schulabschluss gibt, der die Gesamtrelation verändert.

Wachstumsmärkten) nicht verborgen bleiben und Kunden dazu in der Lage sind, hierzu zumindest qualifizierte Fragen zu stellen. Wer sich von seinen Kunden für seine Beratungsleistung honorieren lassen will, muss somit die entsprechenden Antworten kennen. Ein gut gefülltes Weiterbildungskonto bei der Initiative „gut beraten" wird dazu nicht wesentlich beitragen.

Eine für Kunden gute Beratung befasst sich mit übergreifenden Zusammenhängen und tiefgreifenden Detailfragen. Die erforderlichen Produktlösungen können i.d.R. gemeinsam mit dem Kunden entschieden werden.

Er wird diesen Weg i.d.R. allerdings nicht von alleine gehen, er benötigt einen Anstoß. Politik und Verbraucherschutz prägen hierfür den Begriff des „Nudgings" (Anstoß in die richtige Richtung zu geben, z.B. um Altersvorsorge zu betreiben).

In verschiedenen Studien wird in diesem Zusammenhang Verbrauchern ein unzureichender finanzieller Bildungsstand attestiert (Friedrich, 2011, S. 117) und eine stärkere Finanzbildung, die die Menschen schon in jungen Jahren mit ökonomischen Kenntnissen und Prinzipien vertraut macht, ist gefordert.

Tipp: Kundenveranstaltungen als Türöffner

Finanzdienstleistungsprodukte werden zum Großteil auch durch höhere Bildung weiterhin nicht aktiv gekauft, sondern verkauft. Dennoch kann die Idee der finanziellen Bildung und die oben beschriebenen Zusammenhänge für Honorarberatung aufgegriffen werden, um den Weg zu mehr Eigenständigkeit zu ebnen. Kundenveranstaltungen zur allgemeinen Orientierung in zielgruppenspezifischen Themen führen dazu, dass sich Kunden und Berater fachlich annähern, um anschließend individuell und auf Augenhöhe weiter zu arbeiten.

Wer Kunden zu einer selbstständigen Entscheidung in Finanzdienstleistungsfragen verhelfen will, sollte dazu beitragen, dass sie das erforderliche Verständnis dafür gewinnen. Entsprechende Formate sind bereits erfolgreich im Markt positioniert.

4.1.2.2 Digitalisierung

Vor einigen Jahren waren viele Internettechnologien noch unzuverlässig, teuer und schwer zu benutzen. Inzwischen verfügen wir über reife stationäre mobile Internettechnologien, die benutzerfreundlich und kostengünstig in jedem Haushalt verfügbar sind. Digitale Angebote ziehen stark veränderte Kundenverhalten und Kundenerwartungen nach sich (Brock, 2015).

84 % aller Personen nutzen privat das Internet (ohne Berücksichtigung der über 65-Jährigen liegt der Wert bei nahezu 100 %), davon 73 % (auch) mobil. 54 % der Internetnutzer verwenden dieses zum Online-Banking, 9 % kaufen hierüber Aktien oder Versicherungen (Statistisches Bundesamt, Statistisches Jahrbuch Deutschland 2017, S. 213 f.). Digitale Medien und Finanzdienstleistungen gehören für die meisten Nutzer zusammen.

Die Möglichkeiten, sich (vorab) über Finanzprodukte zu informieren, nehmen deutlich zu, die (persönliche) Erklärungsbedürftigkeit einzelner Produkte sinkt. Ebenso wird es darüber hinaus immer weniger gelingen, Gebühren, Margen oder Provisionen zu verschleiern.

FinTech-Unternehmen und digitale Makler haben mit Entwicklung ihrer Apps verstanden, dass Kunden anders als bisher beziehungsweise zusätzlich kommunizieren und erreicht werden wollen. Versicherungskunden bspw. sind – aufgrund des beschriebenen Bildungsniveaus – heute dazu in der Lage die Sinnhaftigkeit z.B. einer Hausratversicherung zu verstehen und eine individuelle (zumindest pauschale) Risikobewertung vorzunehmen.

Dennoch werden sie sich (größtenteils) künftig auch zu Retailprodukten final persönlich beraten lassen und ihrem Vermittler gegenüber Anforderungen an die Produkte und insbesondere deren Preise deutlich und nachdrücklich artikulieren – wenn man sie lässt.

Finanzdienstleistungskunden misstrauen ihren Produktgebern. Sie erwarten versteckte Klauseln in Versicherungsverträgen, die ausgerechnet dann zur Leistungsfreiheit des Versicherers führen, wenn sie einen Schaden haben. Sie misstrauen den Anlageentscheidungen ihrer Asset Manager, deren Renditeversprechen sich ausnahmsweise für ihr Portfolio nicht erfüllt.

Merke: Der persönliche Berater ist die Rückversicherung des Kunden

Deswegen wollen sich Finanzdienstleistungskunden „rückversichern", sie suchen jemand, den sie persönlich in die Klärung, in das „Troubleshooting" mit dem Produktgeber schicken können. Und das kann nur ein persönlicher Berater sein.

Deshalb sollten nicht technische Möglichkeiten oder Dritte die Entscheidung treffen, in welchem Maße Kundenanforderungen (auch) digital abgedeckt werden können. Jeder Vermittler sollte selbstständig eine Entscheidung treffen, welche digitalen Möglichkeiten er nutzt, um seiner persönlichen Beratungsleistung einen (ihm wichtigen) Stellenwert zu geben.

Die folgende Grafik zeigt, wo persönliche Ansprache und technische Lösungen im Laufe einer Zusammenarbeit mit Kunden mehr und weniger stark ausgeprägt beziehungsweise vorteilhaft sind.

		Persönliche Ansprache	Technische Lösung
1.	Atmosphäre schaffen	+++++++++	+
2.	Kundenmeinung bekräftigen	++++++++	++
3	Überwindung erleichtern	++++++	+++
4.	Selbstkontrolle fördern	+++++	++++
5.	Bedarf- und Bedürfnis herausarbeiten	++++	+++++
6.	Finanzplanung erstellen	+++	++++++
7.	Produkte beschreiben	++	+++++++
8.	Service bieten	+	++++++++

Tendenziell nehmen die Stärken der persönlichen Ansprache in der Reihenfolge der Punkte „1. Atmosphäre schaffen" bis „8. Service bieten" ab, wogegen technische Lösungen in umgekehrter Reihenfolge Vorteile bieten können.

Abb. 3: Kombination der Stärken pers. Ansprache und techn. Lösungen im Beratungsprozess
Quelle: Darstellung nach Vortrag Prof. Hackethal, Honorarberater-Kongress 2016

Isoliert betrachtet können der persönlichen Ansprache und der technischen Lösung jeweils insgesamt 36 Pluspunkte zugerechnet werden. Durch die Kombination der Modelle und die Konzentration auf die jeweiligen Stärken kann ein Gesamtwert von 52 Pluspunkten erzielt werden. Der Beratungsprozess gewinnt deutlich an Qualität.

Durch die Kombination von „Mensch und Maschine" kann sich der Berater auf seine persönlichen Stärken konzentrieren und z.B. seine Fähigkeiten als Schnittstellenmanager deutlich herausstellen. Mit Nutzung technischer Möglichkeiten erscheint seine Beratungsleistung aus Kundensicht professioneller und ist für ihn wesentlich effizienter.

Während der von ihm eingeleitete Kunde zielgerichtet und digital mögliche Produktlösungen beschrieben bekommt, kann sich der Berater bereits um weitere Kunden kümmern und wiederum deren individuellen Bedürfnisse erfassen und dafür weitere und für sie angepasste digitale Formate (z.B. Erklär-Videos) zusammenstellen.

Merke: Digitalisierung erhöht den Wert des Beraters

Insgesamt bietet Digitalisierung damit dem Berater die Chance, sich deutlich und hochwertig zu präsentieren und sich auf komplexe Fragestellungen und stark erklärungsbedürftige Produkte zu konzentrieren.

Er sollte sich entsprechend die Frage stellen, an welcher Stelle er sich bewusst selbst ersetzen kann, um so nicht von anderen substituiert zu werden.

Insgesamt gilt es, selbstbewusst die Fähigkeit und Stärke von Empathie und Komplexitätsbeherrschung herauszustellen und diese persönlich auszuspielen. Der berühmte „Griff in die Kiste" (zur Auswahl der richtigen Fertigungskomponenten) wird dem Roboter frühestens in 15 Jahren gelingen.

Ein anschauliches Alltagsbeispiel liefern Schwimmkurse. Niemand hat „online" schwimmen gelernt. Die Deutsche Sporthochschule in Köln hat allerdings bereits in den 1970er

Jahren Lehrfilme zur Schwimmtechnik für den Schulunterricht drehen lassen, sodass sich die Schwimmlehrer nicht mit Erklärungen im Trockenen aufhalten mussten, sondern (gruppenweise) auf die Arbeit mit den Schülern im Wasser konzentrieren konnten. Ohne den Lehrer an der Seite springt auch heute kein Schwimmschüler ins Wasser, er hat so aber bereits eine theoretische Vorahnung, was ihn dort erwartet.

4.1.2.3   Einstellung zu Risiko und Vorsorge

Deutsche Haushalte verfügen im Durchschnitt über ein monatliches Haushaltsnettoeinkommen i.H.v. 3.276 €. In den Finanzdienstleistungssektor fließen davon durchschnittlich 396 €, wobei der Großteil (274 €) für Tilgung und Zinsen von Krediten und Baudarlehen verwendet wird (Statistisches Bundesamt, Statistisches Jahrbuch Deutschland 2017, S. 174). Mit einem **Vorsorgeanteil** (Risiko und Alter) von lediglich 3,7 % erscheint der Nachhaltigkeitsgedanke (vgl. 4.1.2 Verändertes Kundenverhalten/Nachhaltigkeit) noch nicht flächendeckend verbreitet.

Darüber hinaus lässt sich zumindest aus der Durchschnittsbetrachtung zunächst wenig Potenzial für zusätzliche Beraterhonorare erkennen.

Finanzprodukte und -dienstleistungen sind und bleiben „Low Interest Produkte". Die Kauffrequenz ist insgesamt gering, eine permanente Beschäftigung mit Finanzthemen ist im Allgemeinen nicht üblich.

Die jährlich durchgeführten Umfragen zur weiteren **Vorsorgebereitschaft** (DIA-Deutschland-Trend) zeigen, dass das Vertrauen in die Sicherheit der gesetzlichen und auch der betrieblichen beziehungsweise privaten Altersvorsorge zunehmend geringer ausfällt. Besonders deutlich ist der Vertrauensverlust in die private Altersvorsorge. So geben 65 % (VJ 79 %) der in der Studie Befragten (Dezember 2017) an, dass sie im Alter ihren gewohnten Lebensstandard sehr wahrscheinlich nicht fortsetzen können. Interessant ist in diesem Zusammenhang nach wie vor eine gewisse Trägheit, daran etwas ändern zu wollen. 29 % der Befragten geben laut DIA immerhin fast ein Drittel der Befragten an, dass sie nicht (weiter) vorsorgen und daran auch in den folgenden zwölf Monaten nichts ändern werden (www.dia-vorsorge.de).

Diese kaufaktiven Kunden orientieren sich beim weiteren Aufbau ihrer Altersvorsorge an ihrem bisher gewohnten Konsumverhalten, das als Mindestlebensstandard und Minimalziel der Altersvorsorge definiert wird (Albrecht, 2006, S. 38). Das ehemals oft eindimensionale Streben von Kunden nach hohem Ertrag und Gewinn bei der Geldanlage scheint zumindest durch den Gedanken der Vermögenssicherung ergänzt oder gar ersetzt zu werden (Geyer, 2009, S. 23). Mögliche Verluste werden bei der Bewertung von Produktlösungen stärker wahrgenommen als mögliche Gewinne.

Verhaltenswissenschaftlich untersucht, kann als Faustregel formuliert werden, dass Gewinne doppelt so hoch sein müssen, um äquivalent zu einem gleich wahrscheinlichen Verlust angesehen zu werden (Albrecht, 2006, S. 38).

Eine entsprechend hohe Bedeutung haben daher Garantien, sodass vor diesem Hintergrund der Erwerb von Lebensversicherungen nach wie vor hoch ist.

Dieses Verbraucherverhalten beinhaltet auf der einen Seite wenig Begeisterungsfähigkeit für renditestarke Geldanlage und damit verbundene Beratung.

Es bietet auf der anderen Seite Produktgebern die Möglichkeit, Margen aus erwirtschafteter Rendite abzuschöpfen beziehungsweise einzubehalten, die über die Erwartungshaltung des Kunden (Verlustvermeidung und Mindestlebensstandard-Garantie) hinausgehen (vgl. 6.4.1 Nettotarife).

4.1.2.4 Spezifische Merkmale für Banken

Deutlicher als im Versicherungsmarkt hat sich im Bankenmarkt der Wandel vom Verkäufer- zum Käufermarkt vollzogen. Der sogenannte „Schalterbeamte" hatte (noch vor nicht allzu langer Zeit) umfangreiches Produktwissen, an dem er mitunter Kunden teilhaben ließ (nachdem sie lange genug dafür angestanden hatten).

Heute ist der Bankenmarkt vor allem durch eine kritische und souveräne Öffentlichkeit gegenüber Kreditinstituten geprägt. Die Finanzkrise mit den damit verbundenen Teilverstaatlichungen hat seit 2008 das Vertrauen in die Banken erschüttert und auch dazu beigetragen, dass sich die Bereitschaft zum eigenen Auseinandersetzen mit Anlagethemen erhöht hat. Banken sehen sich deutlich besser informierten Kunden gegenüber, die immer weniger dazu bereit sind, sich an ein Unternehmen zu binden.

Oft ist aber auch die abnehmende Kundentreue der Ansatzpunkt, überhaupt Neukunden zu gewinnen. Nahezu jeder Verbraucher über 14 Jahre besitzt bereits ein Girokonto (Geyer, 2009, S. 16), sodass auch hier Neugeschäftsanteile nur durch Verdrängung gewonnen werden können.

Beispiele für abnehmende Kundentreue: Baufinanzierung

Weitere Beispiele liefert die Baufinanzierung. Noch vor wenigen Jahren war die Kreditprolongation nach Ablauf der Zinsbindung beim gleichen Kreditinstitut für den Kunden selbstverständlich. Heute ist das Prolongationsgeschäft für die Banken und Sparkassen ein vollkommen neuer und aufwendiger Verkaufsvorgang (mit entsprechend hohem Potenzial für unabhängige Berater).

Der Vertrieb über die Fläche und die mit einem umfassenden Filialnetz verbundenen Kosten setzen voraus, dass die über diesen Weg gewonnenen Kunden ausreichend Potenzial für Ertrag und Treue mitbringen. In vielen Fällen sind allerdings nicht nur die Öffnungszeiten der Bankfilialen nicht deckungsgleich mit den Erwartungen der Kunden nach fundierter Beratung und umfassender Finanzdienstleistung.

Im Einzelhandel können in den Feierabendstunden Hilfskräfte eingesetzt werden. In Bankfilialen wären zu dieser Zeit dagegen teure Berater mit Expertenwissen erforderlich. In der Praxis wird das Expertenwissen dieser Spezialisten daher differenziert vorgehalten.

Insgesamt steht einer ungesteuert schwankenden Kundenanzahl das dauerhaft vorge-haltene Filialpersonal reaktiv gegenüber. Wenn auch die Geschäftsstellen optisch mo-dernisiert werden, bleibt das Personal ohne nachhaltige Verhaltensänderungen weiter-hin passiv. Für Bestrebungen, in den Filialen aktives Verkaufen statt reaktivem Beraten (Geyer, 2009, S. 37) zu forcieren, müssen allerdings auch die entsprechenden Kunden in die Filialen kommen. 90 % der Geschäftsstellenkunden fragen aber lediglich Routine-leistungen nach. Das klassische Bankgeschäft bleibt ein Reaktionsgeschäft auf Kunden-impulse.

> **Zusammenfassung: Betätigungsfelder für Berater, das Bankgeschäft bleibt „necessary"**
>
> Da die Anzahl und Komplexität der Produkte zunimmt, bietet sich Beratern, die sich aktiv auf das (conveniente) Konsumverhalten und souverän auf die zunehmende Informiertheit der (nicht mehr klassischen) Bankkunden einstellen, ein anspruchs-volles Betätigungsfeld.

4.1.2.5 Spezifische Merkmale für Versicherungen

Der Versicherungen zugrunde gelegte Kollektivgedanke war maximal in der Entste-hungszeit ein Grund, privaten Versicherungsschutz nachzufragen. Berechtigtes Miss-trauen entsteht diesbezüglich, wenn die mit dem Kollektiv verbundenen Werte durch die Versicherer selbst aufgehoben werden. So fordern schadenbedingte Kündigungen vielfach sogar dazu auf, vorrangig eine persönliche Interessenmaximierung im Versiche-rungsgeschäft anzustreben. Diesem begegnen die Versicherer mit weiteren Einschrän-kungen und Kontrollmechanismen, sodass selbst in den Marketingeinheiten der Unter-nehmen die das Geschäft ursprünglich auszeichnenden Substantive keine Verwendung mehr finden.

In diesem Spannungsverhältnis kommt den Vermittlern und insbesondere Maklern als treuhandähnliche Sachwalter der Kunden eine besondere Rolle zu. Im Versicherungsge-schäft ist eine deutliche Trennung von Vertrieb und Angebotserstellung (auch kulturell) fest verankert.

So leiden viele Vermittler unter dem Image des „Versicherungsfuzzis", dessen Arbeit in der öffentlichen Wahrnehmung (ebenso wie von den eigenen Innendienstmitarbeitern) mit Aussagen wie „Ich gehe lieber putzen, als Versicherungen zu verkaufen" wertge-schätzt wird (Friedrich, 2011, S. 115).

Dabei verfügen sie neben umfangreichen Produktkenntnissen (über Angebote mehrerer Versicherer) über ein hohes Maß an Wissen über rechtliche Zusammenhänge in spezifi-schen versicherungsrechtlichen Fragestellungen und des Steuerrechts. Darüber hinaus gehört das Sozialversicherungsrecht und in der betrieblichen Altersvorsorge das Arbeits-recht in das Beratungsrepertoire eines erfolgreichen Vermittlers, der darüber hinaus über finanzmathematische Kenntnisse zur Funktion der Produkte verfügt. Wertermittelnde Fä-higkeiten zur Risikoeinschätzung runden ihr Profil ab (Friedrich, 2011, S. 115).

Selbstverständlich gibt es auch in diesem Geschäft Qualitätsunterschiede. Der Maßstab, an denen Vermittler aus Sicht ihrer vertrieblichen Geschäftspartner gemessen werden, ist aber für alle gleich und gleich einfach. Daher wäre (auch aus Reputationssicht der Versicherer) ein Umdenken von der klassisch umsatzgetriebenen zur wertorientierten vertrieblichen Steuerung konsequent und zeitgemäß. Maßgabe einer an den Kunden-anforderungen orientierten Vertriebssteuerung sollte entsprechend ein hohes Maß an Wertorientierung sein. Dabei schlägt Qualität Quantität und Nachhaltigkeit steht vor kurz-fristigen Gewinninteressen (Kettnacker, 2012, S. 105).

Merkmale und Grundlagen könnten prozessbezogen (Neuvertragsquote, Terminquote, Erreichbarkeit, zeitnahe Abwicklung) und volumenorientiert (Prämie, Produktion, Be-stand, Ertrag) sein. Zusätzliche Komponenten beeinflussen die Qualität des Vermitt-lerbetriebs (und damit mittelbar die Ergebnisse des Versicherers). Diese könnten sich an der Entwicklung des Vermittlerbetriebs (Führung, Ausbildung, Fluktuation) oder der Einstellung der Kunden hierzu (Vertragsdichte, Storno, Wiederanlagequote) ausrichten (Kettnacker, 2012, S. 102).

Eine diesen Grundlagen folgende Vertriebssteuerung hält dann auch den zunehmenden Transparenzanforderungen von Kunden stand. Der Wert des Vermittlerbetriebs für den Kunden steht im Mittelpunkt. Dieses Modell kann so auch zur eigenen (und Kunden ge-genüber transparenten) Honorarbildung (vgl. 7.2.2 Preisfindung) herangezogen werden.

Aus den oben genannten Gründen ist und bleibt der Versicherungsmarkt ein klarer An-bietermarkt, der größtenteils nur mit gewissen Anreizmechanismen funktioniert oder eben nicht funktioniert. Beispielsweise konnte der Absatz von Riester-Policen erst durch die verkürzte Verteilung der Abschlussprovisionen (von zehn auf fünf Jahre) zu nennens-werten Ergebnissen führen (Friedrich, 2011, S. 116). Mit der Umsetzung des Lebens-versicherungsreformgesetzes (LVRG) war ein deutlicher Absatzanstieg von Biometrie-Produkten verbunden. Der Absatz von Fondspolicen steht aktuell vor einer ähnlichen Entwicklung.

Ein Weiterdenken (nicht Umdenken) in der Vertriebssteuerung und den damit verbunde-nen (und für Vermittler zum Teil wirtschaftlich erforderlichen) Anreizsystemen könnte zu einer höheren Beratungsqualität führen.

Eine Vertriebssteuerung, die sich zusätzlich auf Honorarberatung einlässt, ist darüber hinaus eine weitere und herausfordernde Aufgabe für alle hieran Beteiligten.

4.2 Wirtschaftliche Entwicklungen und Wettbewerb

Während Umwelteinflüsse und Kundenverhalten unmittelbar die Beziehung des Beraters und Vermittlers zu seinen Kunden betreffen, geht es bei der Beschreibung der wirtschaftlichen Entwicklungen auch um den Wettbewerb der Finanzdienstleistungsunternehmen untereinander und den Blick auf den Markt aus Anbietersicht.

Wie bei allen Unternehmen dieser Größenordnung herrschen dort andere „Spielregeln" und Kulturen als im direkten Vertrieb. Dieser wird im Wesentlichen auf seine Tauglichkeit, die konzipierten oder gerade präferierten Produkte zu vertreiben, beurteilt.

Finanzdienstleistungsunternehmen sind es gewohnt, politische und regulatorische Vorgaben (zum Teil mit damit verbundenem erheblichem kapazitativem Aufwand) umzusetzen. Bei aller öffentlich (oder auf Vertriebsveranstaltungen) geäußerten Entrüstung hierüber, werden diese mitunter auch erfolgreich von den Unternehmen selbst initiiert und mitgestaltet.

Verändertem Kundenverhalten können die Verantwortlichen in den Versicherungsunternehmen dabei gelassener entgegensehen, als die in den Banken und Sparkassen (vgl. 4.1.2 Spezifische Merkmale für Banken, Versicherungen).

Ein verändertes „Vertriebsverhalten" kannte die Branche dagegen bisher nicht. So konnte die FinTech-Szene auch deshalb ein so hohes Maß an Aufmerksamkeit erzielen, weil sie eine bislang unbekannte Dynamik in die eher unauffälligen und gut steuerbaren Vertriebsbereiche brachte.

Insgesamt wird auch das Modell der Honorarberatung aus Unternehmenssicht nicht danach bewertet, ob es verbraucherfreundlich ist oder die Reputation des Vermittlers steigert. Es wird danach angenommen oder abgelehnt, ob es zur Zielerreichung der Unternehmen gegenüber ihren Shareholdern beiträgt oder nicht.

Und es steht im Kontext (und entsprechendem Wettbewerb um Relevanz) mit wirtschaftlichen Entwicklungen, die den Wettbewerb der Unternehmen unmittelbar und maßgeblich betreffen, der anhaltenden Niedrigzinsphase, einem intensiveren Verdrängungswettbewerb und technischen Entwicklungen.

4.2.1 Zinsentwicklung

Seit 2009 muss die Finanzindustrie quasi ohne einen spürbar existierenden Zins auskommen. Seit 2009 liegen die Zinssätze konstant auf einem Niveau, das klassische di-
rekte Geldeinlage nicht attraktiv erscheinen lässt.

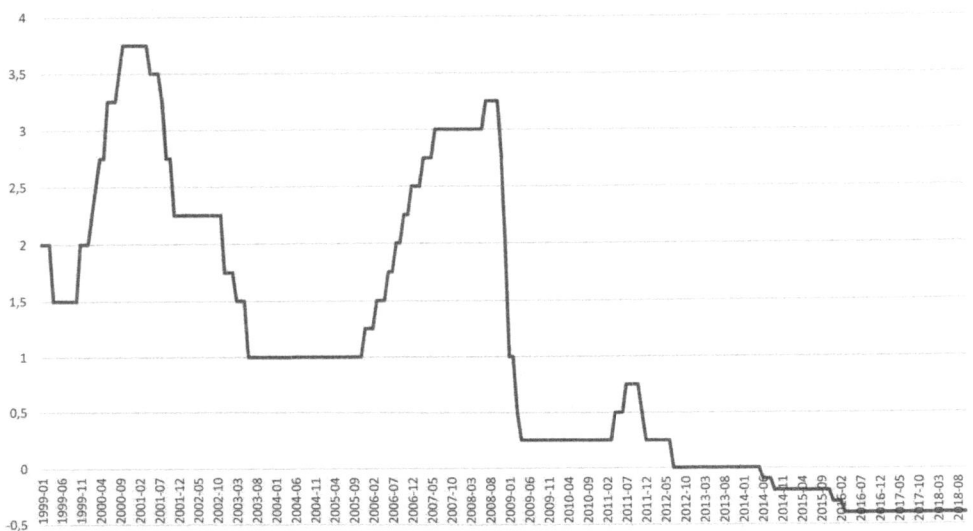

Abb. 4: Langfristige Entwicklung der EZB-Zinssätze
Quelle: eigene Darstellung

Die dargestellten Zinsentwicklungen sind keine Angebot- und Nachfrage-Beziehungen,
sie werden aktiv (politisch unabhängig) von den Zentralbanken gesteuert. Die Leitzinsen sind festgelegte Zinssätze, zu denen sich die Geschäftsbanken bei der Zentralbank
Geld beschaffen oder Geld anlegen können. Leitzinsen stellen das zentrale geldpoliti-
sche Instrumentarium dar. Sie beeinflussen (beziehungsweise „leiten") maßgeblich die
Zinsverhältnisse am Geldmarkt und darüber auch die allgemeine Zinsentwicklung und
die darauf aufbauenden wirtschaftlichen Aktivitäten.

▶ Exkurs: Die Einführung von Strafzinsen nimmt zu

Seit Sommer 2014 verlangt die Europäische Zentralbank darüber hinaus eine Straf-
gebühr von den Geschäftsbanken, die ihr überschüssiges Geld bei den Währungs-
hütern einlagern (aktuell minus 0,4 %). Die meisten Institute versuchen zunächst indirekt, die Strafzinsen weiterzugeben, und zwar in Form von erhöhten Gebühren für
Konto, Kreditkarte oder andere Standardprodukte. Inzwischen verlangen verbreitet
Banken auch offen Strafzinsen (z.B. die Hamburger Volksbank [Bülow, 2017] und

die Mittelbrandenburgische Sparkasse [Drost, 2017]) oder Gebühren für bislang nicht angetastete Produkte, wie Tagesgeldkonten (z.B. Volksbank Niederschlesien [Zschäpitz, 2016]).

Aber auch andere Institute, wie z.B. der Online-Broker flatex verlangen für Bareinlagen Strafzinsen. Dieser reicht den Negativzins von – 0,4 % der EZB vollständig und ab dem ersten Euro weiter (AssCompact, Erster deutscher Online-Broker führt Strafzinsen ein). ◀

Die Lebensversicherer haben diese Entwicklung ebenfalls nachvollzogen und halten seit Beginn des Jahres 2017 den Garantiezins unverändert auf 0,9 %. Unabhängig vom aktuellen Nachfragerverhalten führt die Zinsentwicklung aufgrund der Bestandsstruktur und der Verpflichtung, die darin enthaltenen Leistungszusagen zu erfüllen, zu weiteren deutlichen Herausforderungen.

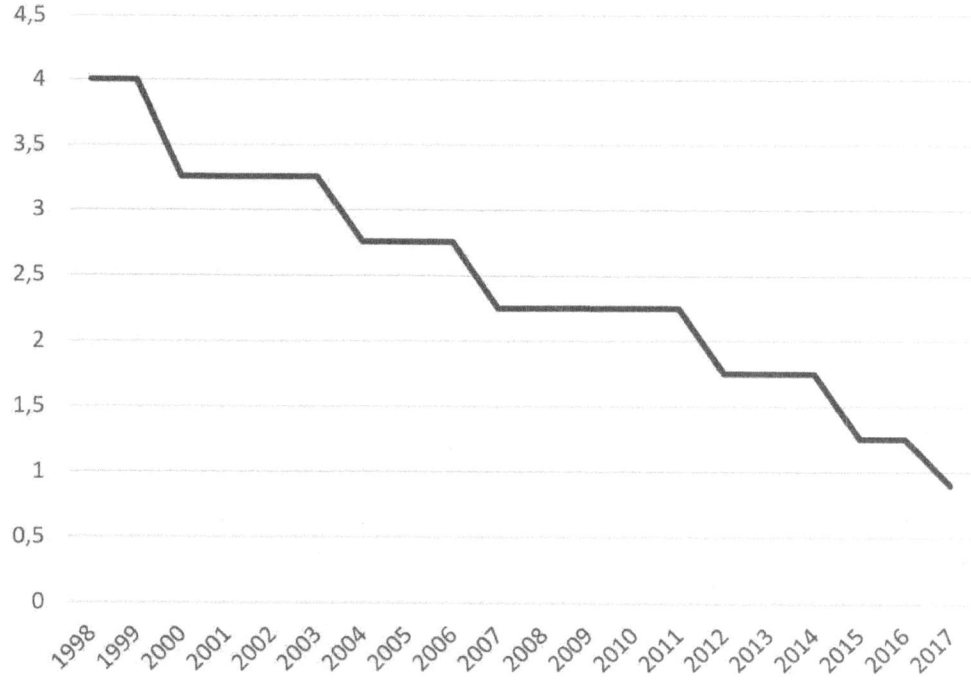

Abb. 5: Langfristige Entwicklung Garantiezins deutscher Lebensversicherer
Quelle: eigene Darstellung

Das Kundenverhalten hat sich inzwischen an diese Entwicklung angepasst, in dem die Bereitschaft zu sparen und vorzusorgen spürbar gesunken ist. Auf der anderen Seite werden die mit der Zinsentwicklung verbundenen Vorteile, z.B. in der Form von günstigem Baugeld oder Konsumentenkrediten, gerne angenommen.

Unabhängig von der aktuellen Zinsentwicklung sind viele Vorsorgethemen nicht gelöst. Demografische Szenarien werden aktuell nicht mehr so deutlich in den Vordergrund gestellt, die damit verbundenen Herausforderungen sind unverändert groß.

Merke: Die Altersvorsorge bleibt ein vorrangiges Beratungsthema

An dieser Stelle sind Berater und Vermittler gefragt, die alternative Anlageformen erklären und vermitteln können. Wer in Vorsorgefragen mehr als das kleine Einmaleins der klassischen Lebensversicherung beherrscht und dafür noch ungenutzte Potenziale der Produkte (vgl. 6.4.2 Kostenstrukturen von Altersvorsorgeprodukten) aufdecken und zugunsten seiner Kunden nutzen kann, wird auf dem Feld der Altersvorsorge auch zukünftig erfolgreich arbeiten können.

Neben der unmittelbaren Auswirkung von Zinsentwicklungen auf Anlage- und Sparprodukte sind auch Risikoprodukte von der Entwicklung betroffen. Konnten sich Kfz-Versicherer in der Vergangenheit noch ruinöse Wettbewerbe um Marktanteile leisten, können heute versicherungstechnische Verluste nicht mehr durch Kapitalanlageergebnisse kompensiert werden.

Im Laufe der Zeit haben sich auch Kunden an günstige Prämien im Retail-Versicherungsgeschäft gewöhnt. Prämienanpassungen müssen in Ausschließlichkeitsbeständen immer auch vor dem Verlustrisiko der Gesamtverbindung getroffen werden. Zusätzlich locken Vergleichsportale und Direktanbieter ansonsten träge Kunden, sich ausgelöst durch Preisanpassungen aktiv um alternative Anbieter zu bemühen (vgl. 4.1.2.2 Bildung).

Daher rücken verstärkt die Kosten in den Fokus unternehmerischer Maßnahmen. Schadenkosten werden bereits seit langem mehr und mehr optimiert, Verwaltungskosten können in vielen Unternehmen rein „technisch" gesehen deutlich weiter verbessert werden (vgl. 4.2.3 Technische Entwicklungen). Allerdings stehen diesen Möglichkeiten (aktuell noch) arbeitsmarktpolitische Fragestellungen und eine ohnehin kritische Öffentlichkeit gegenüber. Bei der Frage, Vertriebskosten zu senken, besteht allgemeiner Konsens. Mit öffentlicher Entrüstung ist in diesem Zusammenhang nicht zu rechnen, das Gegenteil ist der Fall.

Und selbstverständlich geschieht auch dieses nicht ohne wirtschaftliche Notwendigkeit. Das Verharrungsvermögen ist in den Finanzdienstleistungsunternehmen durchaus ausgeprägt. Neugeschäftswachstum und Marktanteilsgewinne schmeicheln nicht nur den Vertriebsverantwortlichen, die dafür gerne in ihre Vermittler und Geschäftspartner investieren. Wenn dieses in der Form aber eben nicht mehr möglich ist, sollten sich die Geschäftspartner selbstständig und eigenverantwortlich überlegen, wie sie sich unabhängig(er) aufstellen können.

4.2.2   Marktwettbewerb

Die deutsche Wirtschaft bleibt laut der ersten DIHK-Konjunkturumfrage[6] im Jahr 2018 ungeachtet weltpolitischer Herausforderungen auf Wachstumskurs. Die Versicherungswirtschaft gehört nach wie vor zu den Branchen, die dabei die Schlusslichter bilden. Sie stagniert mit einem Beitragswachstum je nach Sparte um die 0 % (Brüss, 2017).

Fast alle befragten Unternehmen (und das lässt sich auf die gesamte Finanzindustrie übertragen) sehen in der Politik das größte Risiko für das eigene Geschäft, sie hoffen vor allem auf ein Ende der Null-Zins-Politik (vgl. 4.2.1 Zinsentwicklung). Auch wenn derartige Umfrageergebnisse auch kommunikationspolitisch genutzt werden, um die eigene „Opferrollen" stärker herauszustellen, zeigen sie vor dem Hintergrund bisheriger Entwicklungen konsequenterweise in die richtige Richtung. In der Branche verstärkt sich der Druck zur Kostenreduzierung. Das betrifft Arbeitsplätze und Vertriebskosten.

Digitalen Geschäftsmodellen wurde in Branchenkreisen zum Teil sehr früh ein disruptives Potenzial zugesprochen. FinTech-Unternehmen haben dabei lediglich mit ihrer andersartigen Herangehensweise einer Industrie, die ja eigentlich schon immer „Datenverarbeitung" betrieben hat, ihr eigenes Entwicklungspotenzial deutlich vor Augen geführt. Die Investitionsbereitschaft der vom DIHK befragten Versicherungsunternehmen in neue und zusätzliche Technologie ist entsprechend unverändert und deutlich hoch (Brüss, 2017).

Ein mit der Nutzung der damit verbundenen Möglichkeiten einhergehender Stellenabbau erscheint wenig überraschend. Dieser ist vielfach sogar erforderlich, um das Tempo der Entwicklung nicht zu bremsen bzw. der Marktgeschwindigkeit zu folgen.

Der Blick auf die Kosten trifft gleichermaßen und nach den Diskussionen über das LVRG (vgl. 4.3.2 Umsetzung regulatorischer Anforderungen der EU) weiterhin die Vertriebskosten. Der GDV sieht (neben der wirtschaftlichen Notwendigkeit) „politischen Druck" (Erdland, 2017), die angestrebte Senkung des Provisionsniveaus in der Lebensversicherung umzusetzen.

Auch wenn das Ausmaß noch diskutiert wird, ist die Absenkung des Provisionsniveaus in der Lebensversicherung eine beschlossene Sache. Damit sinkt der Wettbewerbspreis (vgl. 7.2.2 Preisfindung) für die Vermittlungsleistung auch oder gerade für Honorarvermittler. Kunden werden – unabhängig von realisierbaren Renditevorteilen (vgl. 6.4.1 Nettotarife) – nicht dazu bereit sein, für die gleiche Leistung (produktbezogene Beratung und Beschaffung) mehr zu bezahlen als der Markt vorgibt. Dem zusätzlich durch intensiven Preiswettbewerb ausgelösten Kostendruck und den damit verbundenen sinkenden Margen in allen Geschäftsfeldern stehen steigende Anforderungen an Breite, Tiefe und Qualität des Leistungsangebots seitens der Nachfrager gegenüber. Kunden, die ihr Geld anlegen, erwarten, dass die Produkte das einlösen, was ihnen versprochen wurde. Versicherungskunden erwarten Risikoabsicherung für die ihrem Konsumverhalten und ihrem Lebensstandard entsprechenden und selbst definierten Risiken. Die Nachfrage nach unabhängiger Beratung steigt.

---

6   Der Deutsche Industrie- und Handelskammertag (DIHK) befragt im Rahmen der Konjunkturumfrage drei Mal im Jahr jeweils etwa 27.000 Unternehmen, darunter auch 130 Versicherer.

Hinweis: Marktchancen durch konsequente Kundenorientierung

Finanzdienstleistungsmärkte gelten als gesättigte Märkte. Wachstum wird durch mühsamen Verdrängungswettbewerb realisiert. Ein Großteil der Akteure empfindet, dass das Geschäft „schwerer wird", man „mehr kämpfen muss".

Möglicherweise ist der Markt aber nur von Produkten gesättigt, die nicht halten, was sie versprechen oder etwas versprechen, was aus Kundensicht als nicht relevant erachtet wird.

Wenn z.B. in der Gebäudefeuerversicherung (immer noch) der „Anprall und Absturz eines bemannten Flugkörpers, seiner Teile und seiner Ladung" versichert ist und ein (aus Kundensicht) Brandschaden aber kein Schaden ist, wenn das Feuer „seinen bestimmungsgemäßen Herd nicht verlassen" hat, kann das aus Kundensicht durchaus zu Sättigungserscheinungen führen.

Für den Vermittler bleibt dann oft nur das Preisargument und dieses wiederum löst für die Versicherungsunternehmen den beschriebenen Druck auf die Margen aus.

Finanzdienstleistungsunternehmen sind – wie jedes Unternehmen – gefordert, ertragreich zu arbeiten. Dabei agieren sie genauso im Markt wie ihre Mitbewerber. Sie verhalten sich, wie es im aktuellen Umfeld notwendig erscheint. Wenn das Marktumfeld kein profitables Wachstum zulässt, stehen die Kosten im Fokus.

Berater und Vermittler müssen nicht – anders als innen angestelltes Personal – mit technischen Entwicklungen um ihr Einkommen konkurrieren. Unternehmerisches Handeln lässt unangetastete Kosten- und damit Vergütungsstrukturen im Finanzdienstleistungsvertrieb dennoch nicht zu.

Auch in zahlreichen Kreditinstituten ist die strategische Ausrichtung der Bankberatung aktuell das zentrale geschäftspolitische Thema. Aufgrund aktueller und perspektivischer Entwicklung der Ertrags- und Kostensituation der Kreditinstitute und der Komplexität der Rahmenbedingungen stellt sich die Frage, wie und vor allem welche Kunden zu erreichen sind (vgl. 4.1.2.4 Spezifische Merkmale für Banken).

Sinkende Erträge bei gleichzeitig deutlich steigenden Kosten führen zu einem Mix, der nicht zuletzt auch die Kundenberatung tangieren wird. Eine sehr heterogene Nachfrage nach Service- und Beratungsleistungen seitens der Kunden trifft auf unterschiedliche Angebots- und Umsetzungsvarianten in der Qualität und Quantität (Boden, 2016, S. 243). Der Weg zu ehemalig treuen Bankkunden ist zunehmend offen.

Wachstum ist für jedes Unternehmen existenziell. Eine Möglichkeit, in (scheinbar) stagnierenden Phasen zu wachsen, bieten Unternehmenskäufe beziehungsweise Fusionen. Eine weitere Möglichkeit zeigen FinTech-Unternehmen, in dem sie die etablierten Wettbewerbsplätze verlassen und Kunden an anderer Stelle als gewohnt abholen, sie nehmen die Bewegung der Kunden auf und bieten sich aktiv an.

Demzufolge stehen Berater und Vermittler vor der Hausforderung, mit diesen Marktbewegungen Schritt zu halten. Die wirtschaftliche Situation und die damit zusammenhängenden Maßnahmen der Produktgeber, ihre Zukunftsfähigkeit abzusichern, können sie nicht (und auch kein Interessenverband) beeinflussen oder aufhalten.

Merke: Honorarberatung schützt vor Abhängigkeit

Jeder Berater und Vermittler sollte sich entsprechend proaktiv mit dem veränderten Wettbewerb auseinandersetzen. Es ist ratsam, die eigenen Einkommensmöglichkeiten nicht von den Kostenüberlegungen seiner Produktgeber abhängig zu machen und sich unabhängig aufzustellen (vgl. 11.1 Wahrnehmbare sowie neue Service- und Beratungsleistungen).

Eine Auseinandersetzung mit und Überprüfung der mit Honorarberatung und Honorarvermittlung verbundenen Chancen erscheint vor diesem Hintergrund mehr als konsequent.

Zusätzliche Unabhängigkeit liefern besondere Service- und Beratungsleistungen, die über die klassische Erstellung von Finanzdienstleistungen hinausgehen. Eine Anleitung dazu liefert der am Ende des Buches (Kapitel 11) entwickelte Profi-Prozess für Honorarberatung.

4.2.3 Technische Entwicklungen

Die Entwicklung leerstehender Ladenlokale in Ortskernen von Dörfern und Kleinstädten wird auch vor den heute noch verbliebenen Versicherungsagenturen nicht Halt machen.

Im Zusammenhang mit veränderten technischen Möglichkeiten und dadurch erweiterten Zugangswegen gibt es für Kunden eine Bandbreite von Möglichkeiten, sich in der Beratung und Vermittlung darauf einzulassen.

Die meisten FinTech-Unternehmen setzten auf die Kundenschnittstelle und sind daher wesentlich durch die App-Entwicklung getrieben. Die erfolgreiche Digitalisierung der Folgeprozesse wird für sie durch die Schnittstellen zu ihren Produktgebern bestimmt. Aufgrund der damit verbundenen Komplexität ist die vielfach prognostizierte Disruption bislang ausgeblieben.

Die Sensibilität der Daten birgt aus Sicht der Produktgeber eine Vielzahl an Risiken. Schnittstellen nach außen werden entsprechend kritisch und vornehmlich unter Sicherheitsaspekten betrachtet. Entsprechend können inzwischen Vergleichsportale und andere digitale Makler einen umfassenden Überblick über alle Finanzprodukte liefern. Die hinter der Nutzeroberfläche liegenden Prozesse werden zum Großteil allerdings immer noch manuell und mit „viel Papier" durchlaufen.

Das weitaus größte Potenzial im Zusammenhang mit Digitalisierung liegt im Einsatz zusätzlicher Technologie in den Entscheidungs- und Geschäftsprozessen von (Finanzdienstleistungs-) Unternehmen. Die IT-Strukturen der Finanzdienstleistungsunternehmen sind unter anderem durch eine Vielzahl älterer Systeme geprägt. Mit wachsenden und fusionierten Unternehmen stieg deren Komplexität und Individualität.

Technische Entwicklungen sind der Motor für die Weiterentwicklung von Prozessen und Technologien bei Versicherern. Schätzungsweise können (und werden) bis 2020 im Vertragsmanagement der Sachversicherung ca. 70 % aller Vorfälle und in der Schadensbearbeitung etwa 45 % der Vorfälle vollautomatisiert und dunkel verarbeitet werden (AssCompact).

Wenn sie nicht abgebaut werden, muss ein Großteil der dort Beschäftigten seine Arbeit neu lernen. Für eine vermeintliche Opferrolle ihrer Vertriebspartner wird den meisten Betroffenen spätestens dann das Verständnis fehlen.

Digitalisierung und Big Data verändern aber auch die Möglichkeiten, im Kerngeschäft mit Daten zu arbeiten und hieraus Rückschlüsse auf künftige Kaufentscheidungen zu treffen. Smart Home, Telematik, Gesundheits-Apps sind nur einige Beispiele, wie „spielerisch" Kundendaten gesammelt und ausgewertet werden können. Damit können Schadenprä-ventionen deutlich zielgerichteter gesteuert und Schadennachweise beziehungsweise mögliche Betrugsfälle intelligenter aufgeklärt werden.

▶ **Exkurs: Herausforderungen durch Blockchain-Technologien**

Im Bank- und Geldgewerbe wird neuen Technologien das Potenzial zugeschrieben, das gesamte Gewerbe in seinen Grundstrukturen zu revolutionieren. Diese neuen Technologien basieren auf der Idee von dezentralen, offenen und transparenten Systemen. Eine so gestaltete Open Source Bank Technologie ermöglicht beliebigen Dritten nachvollziehbares Banking. Staaten und Banken als zentrale Institute sind in solchen Szenarien überflüssig. Stichworte sind die „Blockchain-Technologie" (auch Distributed Ledger Technologie (DLT)) und die auf dieser basierende virtuelle „Krypto Währung Bitcoin".[7] Bitcoin erreicht inzwischen ein tägliches Handelsvolumen von fast 20 Mio. US $ (Henk, 2015). ◀

Mit der zunehmenden Digitalisierung der eigenen Prozesse im Unternehmen steigt auch die Gefahr vor Cyberattacken auf die Finanzdienstleister und ihre Kundendaten. Dem-zufolge sind Maßnahmen erforderlich, um die eigenen Systeme vor Hackerangriffen zu schützen. Diese verursachen zunächst weitere Kosten, die sich dann auch in der Ergeb-nisrechnung der Unternehmen widerspiegeln (vgl. 4.2.2 Marktwettbewerb).

Digitalisierung und technische Entwicklungen treffen allerdings nicht nur die Finanzin-dustrie in ihren Strukturen und Abläufen. Sie bieten zusätzlich die Chance, mit Produktin-novationen hierauf zu reagieren und neu entstehende Risiken zu übernehmen.

---

7   Bitcoin („digitale Münze") ist eine quasi digitale Geldeinheit. Überweisungen werden (ohne zentrale Abwicklungs-stellen) über das Internet abgewickelt. Der Umrechnungskurs von Bitcoin in andere Zahlungsmittel bestimmt sich durch Angebot und Nachfrage. Das Bitcoin-Netzwerk basiert auf einer von den Teilnehmern gemeinsam verwalteten dezentralen Datenbank (Blockchain), in der alle Transaktionen verzeichnet sind. Mit Hilfe krypto-graphischer Techniken wird sichergestellt, dass Transaktionen mit Bitcoins nur vom jeweiligen Eigentümer vorgenommen werden können (Kryptowährung).

Hinweis: Marktpotenzial Cyberversicherungen

Im Zusammenhang mit der Digitalisierung wachsen z.B. auch branchenübergreifend die Gefahren durch Cyberattacken. Durch die Zunahme von Hackerangriffen, die immense Schäden selbst bei vermeintlich gut geschützten Unternehmen verursachen und durch technischen Fortschritt, der für immer komplexere Systeme mit damit höherer Anfälligkeit sorgt, steigt der Bedarf an Cyberversicherungen. Für die Versicherungsbranche bietet sich ein „enormes Geschäftspotenzial"[8] (AssCompact), das mit Sicherheit auch ein Feld für qualifizierte Beratung mit umfassenden Serviceleistungen bietet.

Die zunehmende Vernetzung der Marktteilnehmer und damit verbundene Informationsmöglichkeiten ermöglichen den Kunden, bei permanenter mobiler Verfügbarkeit immer, überall und sofort zu kaufen. Ein situativer Kauf von Finanzprodukten sollte aus ihrer Sicht dementsprechend auch kurzfristig und ohne Rücksicht auf Öffnungszeiten oder Hotline-Erreichbarkeiten erfolgen können.

Kunden schätzen eine persönliche und umfassende Beratung über die Sinnhaftigkeit einer Vollkaskoversicherung beim Neuwagenkauf i.d.R. nicht mehr wert. Ebenso sind sie dazu in der Lage, selbstständig und schnell einen für sie relevanten Preis- und Leistungsvergleich im Internet vorzunehmen. Den kurzfristigen Abschluss mit entsprechender Deckungszusage auf der Fahrt zur Zulassungsbehörde oder beim Autohändler, weil sie im Vorfeld nicht daran gedacht haben, werden sie dagegen nachhaltig wertschätzen.

Das Gleiche gilt für den Abschluss einer Unfallversicherung, nachdem im Ski-Hotel ein am Vortag verletzter anderer Gast des Hotels oder aus der eigenen Reisegruppe im Rollstuhl in den Frühstücksraum gefahren worden ist.

Hier können vielfältige und innovative Ansätze entstehen, Zusatzprodukte mit neuen Vertragskonstellationen zu entwickeln und anzubieten. Versicherungen können unmittelbar mit dem Risiko erlebt werden.

Auch an dieser Stelle bedarf es dann nicht mehr der Erzählkunst des Vertreters, der ausdrucksstark von der Hand seines Schwagers in der Kreissäge berichtet. Hierzu ist ein unabhängiger Blick auf das Geschäft erforderlich, der sich mit dem auseinandersetzt, was der Kunde will und nicht mit dem, was etablierte Produktgeber im laufenden Geschäftsjahr (noch) incentivieren.

---

8   In einer von KPMG erstellten Studie „Neues Denken, neues Handeln – Versicherungen im Zeitalter von Digitalisierung und Cyber" wird das damit verbundene Prämienvolumen mit einem Potenzial auf 26 Mrd. € beziffert.

4.3 Politische Handlungsfelder und Umsetzung regulatorischer Anforderungen

Aus den sich verändernden Umwelteinflüssen und wirtschaftlichen Entwicklungen ergeben sich neben den entsprechenden unternehmerischen Maßnahmen auch politische Handlungsfelder, die von einer eigenen Sicht auf die Entwicklungen geprägt sind und insbesondere zum Schutz der Verbraucher regulierend wirken sollen. Verbraucherschutz bezieht sich dabei nicht nur auf konkrete Kaufhandlungen, sondern hat auch mögliche Fehlallokationen und damit zusammenhängende Versorgungslücken (zu Lasten des Sozialsystems) im Blick.

Ein prägender Gedanke dabei ist es, Verbrauchern zu besseren Entscheidungen zu verhelfen, in dem die Transparenz im Zusammenhang mit Finanzprodukten und deren Vermittlung deutlich erhöht wird. So ist auch die Diskussion über Honorarberatung Teil einer umfassenden Transparenzdebatte, die durch veränderte und politisch erkannte Kundenanforderungen ausgelöst worden ist. Kunden sollen nicht (mehr) für dumm verkauft, ein entsprechender Missbrauch ausgeschlossen werden.

Ein weiteres Betätigungsfeld politischer Akteure ist die Umsetzung regulatorischer Anforderungen der Europäischen Union. Eigene politische Interessen spielen hierbei allerdings auch immer eine Rolle, sodass die nationale Politik keineswegs nur verwaltend tätig ist. Die „europäische Regelwut" oder der „Regulierungstsunami", den sie auslöst, lenkt die Diskussion gerne von den nationalen Intentionen ab, die häufig auch bei den wirtschaftlich Beteiligten auf Konsens treffen.

Und abschließend liegt – nach nicht von der Hand zu weisenden vertrieblichen Fehlentwicklungen – ein Fokus auf der Beratung und Vermittlung von Finanzprodukten. Den durch die Transparenzbestrebungen zunehmend mündiger werdenden Verbrauchern sollen qualifizierte Berater und Vermittler gegenüberstehen. Auf die Deregulierung der Märkte folgt eine anhaltend intensive Regulierung der Vermittler.

4.3.1 Verbraucherschutz und Vermeidung von Fehlallokation

Nach Ansicht der politischen Akteure richtet der Vertrieb von Versicherungen durch schlechte Beratung „großen Schaden" (Machnig, 2017) an. Politisches Ziel ist es, Verbraucher bei der Suche und beim Abschluss geeigneter Versicherungsverträge zu stärken. Daher soll eine klare Trennung zwischen Provisionsvermittlung[9] und Honorarberatung herbeigeführt werden (Billen, 2017). Diese Aussagen im Rahmen der aktuell zur Versicherungsberatung geführten Diskussion zeigen das tiefe Misstrauen der Politik in die Versicherungsvermittlung, die in gleichem Maße auf die gesamte Finanzdienstleistungsbranche übertragbar ist.

---

[9]   Hierbei und im Folgenden werden die Begriffe Provision und Courtage synonym verwendet.

Von dieser Einstellung geprägt sollen Verbraucher[10] durch erweiterte Produktinformationen und eine erhöhte Kostentransparenz dazu in die Lage versetzt werden, eigene rationale Entscheidungen in Finanzangelegenheiten zu treffen.

Ein Mehr an Information führt aber nicht zwingend zu einer höheren Informiertheit. Zu viele Informationen können den Entscheidungsprozess nachteilig negativ beeinflussen (Schafstädt, 2015, S. 194). Von derartigen Erkenntnissen unbeeindruckt folgen die politischen Akteure dennoch der (ebenfalls veralteten) Bauernregel für den Pestizideinsatz, dem „viel hilft viel".

Das politische Ziel ist, so viel wie möglich dafür zu tun, dass potenzielle Kunden von Finanzdienstleistungen ein besseres und eigenes Preis-Leistungs-Verständnis entwickeln können. Dieses gilt nicht nur für die Produktqualität, sondern insbesondere auch für die damit im Zusammenhang erbrachte Beratung und Vermittlung.

Kunden sollen den Wert der Beratungsleistung einschätzen können und beurteilen, inwieweit diese tatsächlich in ihrem Interesse geschieht.

Medial verbreitete Fehlentwicklungen in der vertrieblichen Steuerung haben insbesondere in der Versicherungswirtschaft eine Diskussion darüber ausgelöst, ob Fehlanreize durch die traditionell vom Versicherungsunternehmen geschuldete und erfolgsabhängige umsatzbezogene Vergütung mitverantwortlich für eine unzureichende Versorgung der Bevölkerung und vor allem für Schäden in Milliardenhöhe durch (regelmäßig) vorzeitig abgebrochene Verträge sind (Beenken, 2016, S. 1).

---

10   Verbraucher nach EuGH = normal informierter, aufmerksamer und verständiger Durchschnittsverbraucher.

Beispiel: Einschätzung möglicher Interessenkonflikte zwischen Provision und Rendite

Eine (exemplarisch aufgezeigte) Fondsanlage in ein identisch wirtschaftendes Produkt mit jeweils gleichen Vertragskonstellationen führt bei einer Erhöhung des als Provision weitergeleiteten Ausgabeaufschlags um 2 Prozentpunkte zu einer um 64 % höheren Provision für den Vermittler.

Im Ablauf (den der Vermittler möglicherweise nicht miterlebt) reduziert sich der Auszahlungsbetrag in diesem vereinfacht dargestelltem Beispiel ebenso um (nur) 2 % gegenüber der geringer verprovisionierten Anlage. Damit besteht zumindest ein spürbarer Anreiz für den Vermittler, den hier in Höhe von fast 1.000 € höheren Provisionsbetrag zu generieren, ohne dass damit aus seiner Sicht ein erheblicher Schaden für den Kunden verbunden wäre.

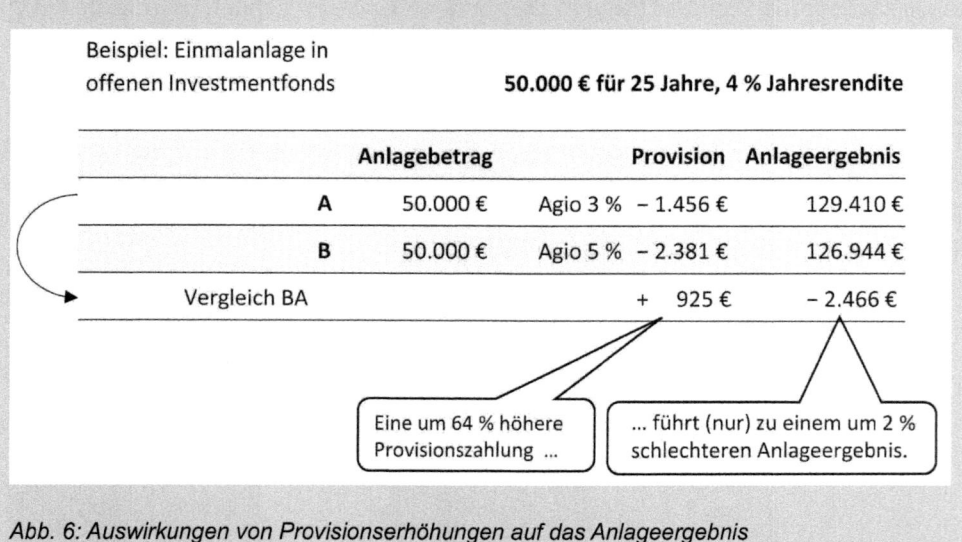

Beispiel: Einmalanlage in offenen Investmentfonds — 50.000 € für 25 Jahre, 4 % Jahresrendite

		Anlagebetrag		Provision	Anlageergebnis
A		50.000 €	Agio 3 %	– 1.456 €	129.410 €
B		50.000 €	Agio 5 %	– 2.381 €	126.944 €
Vergleich BA				+ 925 €	– 2.466 €

Eine um 64 % höhere Provisionszahlung ...

... führt (nur) zu einem um 2 % schlechteren Anlageergebnis.

Abb. 6: Auswirkungen von Provisionserhöhungen auf das Anlageergebnis
Quelle: eigene Darstellung

Aufgrund derartiger Überlegungen stehen dann folgerichtig „exorbitante Bonuszahlungen und eine exzessive Vertriebsorientierung" im Fokus öffentlicher Kritik (Evers, 2008), die wiederum mit einer „unzureichenden Beratungs- und Betreuungsqualität" (Tekathen, 2015, S. 3) verbunden sind und zu erheblichen Vermögens- und Vertrauensverlusten durch schlechte Finanzempfehlungen führen (Mohn, 2016).

Die im Auftrag des Bundesministeriums für Ernährung, Landwirtschaft und Verbraucherschutz (BMELV) von der Unternehmensberatung Evers und Jung (2008) durchgeführte Studie zur Beratungsqualität unabhängiger Finanzdienstleister in Deutschland brachte als Lösungsansatz hierfür das Thema Honorarberatung in den Fokus der politischen Willensbildung.

Die Autoren der Studie bemängeln insbesondere die geringe Beratungsqualität und Transparenz im Privatkundenbereich für Finanzanlagen (Evers, 2008, S. 152 f.).

Vor diesem Hintergrund erscheint vielen der Nischenstatus von Honorarberatung als Gegenpool zum provisionsgetriebenen Vertrieb von Finanzdienstleistungen als paradox. Sie vergessen dabei allerdings gerne, dass auch Honorarberatung eine Dienstleistung ist, die nicht mit altruistischen Motiven des Verbraucherschutzes (auch nicht von den Organisationen, die diesen im Namen führen) angeboten wird, sondern wirtschaftlichen Interessen von Anbietern und Nachfragern folgt. Sie muss einerseits vom Kunden bezahlt werden und für den Berater sind auf der anderen Seite damit zunächst Investitionen in den Ausbau seines Geschäftsmodells erforderlich.

Die Daseinsberechtigung von Finanzdienstleistungs-Beratern ergibt sich unter anderem durch das immer komplexere und unüberschaubarere Angebot der Produktgeber. Ohne die Unterstützung eines fachkundigen Beraters steigt das Risiko von Fehlallokation. Daher ist es für den Anleger wirtschaftlich sinnvoll, diese Anlageentscheidung zu delegieren.

Zusammenfassung: Qualifizierte Beratung ist nicht gratis zu bekommen

Demzufolge ist die Anlageberatung eine Dienstleistung, die für den Kunden einen Wert darstellt und nicht gratis zu bekommen ist. Mit der Durchführung einer zeit- und kostenintensiven Anlageberatung entsteht somit auch ein berechtigter Anspruch des Beraters auf Vergütung dieser Dienstleistung (Pfisterer, 2016, S. 30). In diesem Kontext entscheidet der Anbieter, zu welchem Preis er dazu bereit oder in der Lage ist, seine Beratungsleistung anzubieten und der Kunde entscheidet, ob er diesen Preis zahlen kann und will.

Im Provisionssystem wird dem Kunden diese – zusätzliche – Entscheidung abgenommen. In einem einseitig ausgerichteten Honorarsystem würden möglicherweise wiederum bestimmte (mehrwertstiftende) Bankprodukte gar nicht mehr angeboten und es könnte eine neue Form der Fehlallokation entstehen (Boden, 2016, S. 244).

Ungeachtet dessen verfolgt die politische Zielstellung in Deutschland auf der einen Seite eine Förderung von unabhängiger Honorarberatung. Sie bindet diese allerdings eng an ihre jeweiligen Produktspektren. Wer vollständig Finanzdienstleistungsberatung anbieten will, benötigt drei unterschiedliche gewerberechtliche Zulassungen (Honorar-Finanzanlagenberater, Versicherungsberater, Honorar-Immobiliendarlehensberater). Unabhängige Beratung äußert sich für den Kunden nicht nur in der Unabhängigkeit des Beraters von Provisionen und Produktgebern, sondern vor allem in produktunabhängigen und marktübergreifenden Analysen und Empfehlungen.

Mit dieser Form der Regulierung wird die Sicht der Berater auf ihre Produkt-Silos beschränkt und lediglich ein Systemwettbewerb um den Preis der Beratung initiiert.

▶ Exkurs: Betriebsrentenstärkungsgesetz

Weitere politische Aktivitäten zielen auf das Renten- und Gesundheitssystem und ein mögliches Marktversagen für Altersvorsorge, die hier der Vollständigkeit halber noch erwähnt werden.

Sie unterstreichen zusätzlich die Relevanz, sich mit dem Thema auseinanderzusetzen und bieten Maklern die Möglichkeit, künftig auch zusätzlich und nicht nur ausschließlich mit Honorarberatung und -vermittlung tätig zu werden (vgl. 5.2 Rechtsgrundlagen für Honorarberater).

Der Gesetzgeber hat zum 1.1.2018 das Betriebsrentenstärkungsgesetz auf den Weg gebracht. Damit soll eine weitere Verbreitung der betrieblichen Altersvorsorge (bAV) gefördert werden. Die Maßnahmen richten sich insbesondere an kleine und mittlere Unternehmen sowie Beschäftigte mit geringem Einkommen (Soziales, 2016).

Umgesetzt wurden Neuregelungen im Arbeitsrecht (Betriebsrentengesetz), das Sozialpartnern ermöglicht, künftig auf der Grundlage von Tarifverträgen sogenannte reine Beitragszusagen einzuführen und damit die Arbeitgeber von bisherigen Haftungsrisiken für Betriebsrenten zu entlasten (Garantieverbot). Zusätzlich wurden die Rahmenbedingungen im Sozialrecht verbessert, in dem Anreize (Anrechnungsfreiheit bis 202 €) für den Auf- und Ausbau einer betrieblichen Altersversorgung insbesondere bei Geringverdienern gesetzt werden. Für Geringverdiener (< 2.000 € Brutto/ Monat) wurde ein neues spezifisches Steuer-Fördermodell für zusätzliche Beiträge des Arbeitgebers in eine betriebliche Altersversorgung des Arbeitnehmers eingeführt (30 % Förderbetrag einschließlich Verrechnung mit der vom Arbeitgeber abzuführenden Lohnsteuer) (Soziales, 2016). ◀

4.3.2 Umsetzung regulatorischer Anforderungen der EU

Nachdem 2014/2015 mit dem Lebensversicherungsreformgesetz (LVRG)[11] und zuvor mit dem Gesetz zur Novellierung des Finanzanlagenvermittler- und Vermögensrechts[12] (BGBl. S. 2481 vom 6.12.2011) die Vermittlung von Anlageprodukten (in diesem Fall Lebensversicherungen) und insbesondere deren Vergütung im Fokus der öffentlichen Diskussionen stand (und im Zuge der Überprüfung in 2018 wieder stehen wird), werden aktuell die anstehenden Umsetzungen der EU-Vorschriften für Finanzinstrument-Märkte (Markets in Financial Instruments Directive [MiFID II]) und der EU Versicherungsvermitt-

---

11 Seit dem 1.1.2015 ist das Lebensversicherungsreformgesetz (LVRG) in Kraft. Eine erste Evaluierung der Auswirkungen erfolgt aktuell in 2018. Wesentliche Änderungen sind bisher die Absenkung des Höchstrechnungszinses von 1,75 % auf 1,25 % (weitere Absenkung auf 0,9 % erfolgt zum 1.1.2017) sowie eine höhere Mindestbeteiligung der Versicherten an den Risikoüberschüssen. Sie steigt von 75 % auf 90 %. Des Weiteren müssen Lebensversicherungsverträge ab 2015 eine Kennzahl zur effektiven Kostenbelastung enthalten. Ebenfalls sinkt der Höchstzillmersatz von 4 % auf 2,5 %. Das bedeutet, dass die VR in den ersten fünf Jahren der Vertragslaufzeit die Abschlusskosten nur in Höhe von bis zu 2,5 % der Beitragssumme bilanziell anrechnen können. Dadurch entstehen bei vorzeitiger Vertragskündigung höhere Rückkaufswerte und gleichzeitig erhöht sich der Druck auf die Abschlusskosten.

12 Darin wurde u.a. die Höhe der möglichen Abschlussvergütung im Bereich der privaten Krankenversicherung gedeckelt.

lungsordnung (Insurance Distribution Directive [IDD]) in deutsches Recht bzw. deren Anwendungen im Vertriebsalltag diskutiert.

Mit der Umsetzung der Vorschriften zu Beginn des Jahres 2018 haben sich die regulatorischen Rahmenbedingungen für den Vertrieb von Finanzdienstleistungs- und Versicherungsprodukten in Deutschland weiter verändert.

4.3.2.1 MiFID II/Zweites Finanzmarktnovellierungsgesetz (2. FiMaNoG)

In Deutschland hat seit dem 1.1.2018 das Zweite Finanzmarktnovellierungsgesetz (2. Fi-MaNoG) unter anderem die Vorgaben der überarbeiteten Richtlinie über Märkte für Finanzinstrumente (MiFID II) sowie die entsprechende Umsetzungsverordnung (Markets in Financial Instruments Regulation [MiFIR]) im nationalen Recht verankert.[13]

Betroffen sind sämtliche Formen des Handels mit Finanzinstrumenten (nach § 2 WpHG) und das Wertpapierdienstleistungsgeschäft. Dabei soll der Entwicklung eines zunehmend umfangreicher und komplexer werdenden Spektrums an Dienstleistungen und Finanzinstrumenten Rechnung getragen und das volle Angebot der anlegerorientierten Tätigkeiten erfasst werden (Europäische Union, 2014, S. 1).

Insbesondere sollen mit MiFID II Konsequenzen aus der Finanzkrise 2008 bezüglich der Funktionsweise und der Transparenz der Märkte gezogen werden. Eine stärkere Regulierung soll zu erhöhter Transparenz und besserem Anlegerschutz führen und so verlorenes Vertrauen in die Märkte wiederherstellen (Europäische Union, 2014, S. 1).

In diesem Sinne wird mit MiFID II eine umfassende Kostentransparenz für Kunden hergestellt, die neben den Finanzinstrumenten auch die entsprechenden Dienstleistungen betrifft. Detaillierte Anforderungen stellt die EU-Kommission in der Delegierten Verordnung (DVO) vom 25.4.2016 in Bezug auf die organisatorischen Anforderungen an Wertpapierfirmen und die Bedingungen für die Ausübung ihrer Tätigkeit.

Darunter fällt die Offenlegung aller Kosten der Dienstleistung (Art. 47 DVO z.B. Anlageberatung, Vermögensverwaltung, Verwahrung) und des Wertpapiers selbst (Art. 48 DVO z.B. Verwaltungsgebühren, Tauschgebühren und Finanzierungskosten innerhalb des Produkts).

Der Berater ist dazu angehalten, dem Kunden (vorab) auch die Kosten seiner Beratung einschließlich Zahlungen von dritter Seite (z.B. Zuwendungen/Provisionen in Form von Abschluss- und Bestandsprovisionen) offenzulegen. Die Kosten sind potenziellen Kunden in aggregierter Form und mit den Auswirkungen auf die Anlagerendite darzulegen (Art. 50 DVO). Zuwendungen Dritter werden separat ausgewiesen und mit den aggregierten Kosten addiert (Art. 50 Abs. 2 DVO).

---

13 Richtlinie und Verordnung sind am 1.7.2014 in Kraft getreten. Die Bestimmungen sollten bis 3.7.2017 (mit 2. Fi-MaNoG) in nationales Recht umgesetzt werden. Die Anwendung ist zum 3.1.2018 erfolgt. Zur Umsetzung sind unter anderem Änderungen im Wertpapierhandelsgesetz (WpHG), Kreditwesengesetz (KWG) und Börsengesetz (BörsG) vorgenommen worden. Hinzu kamen Anpassungen des Versicherungsaufsichtsgesetzes (VAG) und im Kapitalanlagegesetzbuch (KAGB).

Im Vorgriff auf die umzusetzenden Regelungen der MiFID II[14] hat der deutsche Gesetzgeber zum 1.8.2014 die **Honoraranlageberatung** eingeführt[15] und ihr so erstmalig einen gesetzlichen Rahmen gegeben. Im Wesentlichen erfolgte dieses durch Änderungen des Wertpapierhandelsgesetztes (WpHG) für Wertpapierdienstleistungsunternehmen (WpDLU), die als Honoraranlageberater auftreten, und der Gewerbeordnung (GewO) für gewerbliche Honorar-Finanzanlagenberater (vgl. 5.2 Rechtsgrundlagen für Honorarberater).

Wertpapierhandelsgesetz (WpHG)

Die gesetzliche Ausgestaltung der Honoraranlage-Beratung basiert im Bereich des WpHG auf fünf Säulen (Tekathen, 2015, S. 38 ff.).

Diese fordern zunächst einen einer Anlageempfehlung zugrunde liegenden **hinreichenden Marktüberblick**. Demnach soll eine Anlageempfehlung nach Art und Anbietern weit gestreut sein und sich nicht auf eigene Produkte oder Produkte von Anbietern beschränken, die in einer engen Verbindung zum Wertpapierdienstleistungsunternehmen selbst stehen oder zu denen in sonstiger Weise Verpflichtungen bestehen (§ 31 Abs. 4c Nr. 1 a) und b) WpHG).

Weitere Voraussetzung ist die **alleinige Vergütung durch Kunden**. In Ausnahmefällen können Provisionen angenommen werden, die dann aber ungemindert und unverzüglich an den Kunden auszukehren sind. Diese Provisionsauskehrung ist dann zulässig, wenn ein empfohlenes oder vergleichbar geeignetes Finanzprodukt nicht ohne Zuwendungen von Dritten erhältlich ist. Sind also (im Umkehrschluss) vergleichbar geeignete Produkte erhältlich, sind nur diese zu vermitteln[16] (§ 31 Abs. 4c Nr. 2 WpHG).

Der Honorarberater hat des Weiteren gegenüber dem Kunden eine **Informationspflicht bei einer Abschlussempfehlung von hauseigenen und -nahen Finanzinstrumenten**. Er muss den Kunden über die Herkunft der Produkte informieren und ihm darlegen, dass für ihn mit diesen Produkten ein eigenes Gewinninteresse (in Form von Verkaufsmargen) verbunden ist (§ 31 Abs. 4d WpHG).

Mit Ausnahme der hauseigenen Finanzprodukte unterliegt der Honorarberater einem **Festpreisgeschäftsverbot**. Demnach darf ein auf Honorar-Anlageberatung beruhender Geschäftsabschluss nicht zu einem festen oder bestimmbaren Preis für eigene Rechnung (Festpreisgeschäft) mit dem Kunden ausgeführt werden (§ 41 Abs. 4d S. 2 WpHG). So wird für den Kunden die Transparenz über sämtliche mit dem Geschäft verbundenen Kosten gewährleistet.

---

14 Art. 3 Abs. 1 c) DVO sieht die Möglichkeit vor, Zulassung und Regulierung von Personen, die nur Dienstleistungsaufträge vermitteln, in nationalem Recht zu regeln.

15 Gesetz zur Förderung und Regulierung einer Honorarberatung über Finanzinstrumente (Honoraranlagengesetz) vom 15.7.2013, BGBL 2013, Teil I Nr. 38, S. 2390 ff.

16 Mit dieser Einschränkung grenzt der deutsche Gesetzgeber diese Möglichkeiten stärker ein, als es in den Regelungen der MiFID II vorgesehen ist. Demnach sind nur generell die Annahme und das Behalten von Provisionen unzulässig.

Abschließend unterliegen Wertpapierdienstleistungsunternehmen, die Honoraranlagenberatung anbieten, besonderen **Organisationspflichten**. Diese betreffen vor allem die Trennung (oder das isolierte Angebot) von Honorar-Anlageberatung und konventioneller Beratung. Das heißt, dass entweder nur Honoraranlagenberatung angeboten wird oder innerhalb des Unternehmens personell und funktionell deutlich von anderen Kollegen getrennte Berater ausschließlich Honorarberatung durchführen. Darüber hinaus dürfen hausinterne Vertriebsvorgaben nicht im Interessenkonflikt mit beziehungsweise zu Kundeninteressen stehen (§ 33 Abs. 3a WpHG).

Gewerbeordnung (GewO)

Für Honorar-Finanzanlagevermittler findet man im Bereich der GewO (hier alternativ zum Finanzanlagenvermittler) die vorgenannten Bestandteile hinsichtlich eines der Empfehlung zugrunde liegenden **hinreichenden Marktüberblicks** (§ 34h Abs. 2 GewO) sowie einer **alleinigen Vergütung durch Kunden** (§ 34h Abs. 3 GewO) mit Provisionsauskehrung im Ausnahmefall (nahezu wortgleich zum WpHG) wieder.

Die **Organisationspflichten** sind in der GewO auf das alleinige Ausüben der Tätigkeit als Honorar-Finanzanlagenberater (ausschließlich und eindeutig zum Finanzanlagenvermittler gem. § 34f Abs. 1 GewO abgrenzt) festgesetzt.

Beide Regelungen werden flankiert durch einen **Bezeichnungsschutz** für die honorarbasierte Beratung. Dieser weist Honorarberater als unabhängig aus, räumt ihnen aber gegenüber anderen Anbietern kein Exklusivrecht ein, Honorarvereinbarungen zu treffen.

Das WpHG lässt verschiedene Schreibweisen der Bezeichnung zu und verlangt einen Eintrag in das Honoraranlageberater-Register der BaFin mit entsprechenden Registrierungsvoraussetzungen und Aufsichtsregelungen (§§ 36c, 36d WpHG).[17]

Gewerbliche Honorar-Finanzanlagenberater bedürfen einer Gewerbeerlaubnis (§ 34h Abs. 1 GewO), die den Voraussetzungen des Finanzanlagenvermittlers gem. § 34f Abs. 1 GewO in Bezug auf ihre Zuverlässigkeit, Vermögensverhältnisse, Sachkunde und die erforderliche Berufshaftpflichtversicherung folgt. Die Registrierung erfolgt dann im Vermittlerregister des DIHK (§ 11 GewO).[18]

4.3.2.2 Gesetz zur Umsetzung der Versicherungsvertriebsrichtlinie (IDD)

Die Gesetzesinitiative der Bundesregierung zur Umsetzung der Versicherungsvertriebsrichtlinie (IDD) folgt zusätzlich dem im Koalitionsvertrag zur 18. Legislaturperiode (2013–2017) vereinbarten Ziel, Honorarberatung (als Alternative zu einer Beratung auf Provisionsbasis) für alle Finanzprodukte voranzutreiben (CDU, CSU und SPD, 2013, S. 64). Die Umsetzung der Versicherungsvertriebsrichtlinie (Insurance Distribution Directive [IDD]) hat die Bestimmungen in Folge der Richtlinie über Versicherungsvermittlung

---

17   WpDLU werden im Honoraranlageberater-Register der BaFin geführt: www.bafin.de.

18   Honorar-Finanzanlagenberater nach § 34h GewO werden im Vermittlerregister der DIHK (verwaltend) geführt.
      Entsprechende Statistiken werden erstellt: www.vermittlerregister.info.

(Insurance Mediation Directive [IMD]) aus dem Jahr 2002 ersetzt und deckt jetzt die gesamte Vertriebskette ab.[19]

Sie soll für Verbraucher, die Versicherungsprodukte erwerben, zu mehr Transparenz führen und die Qualität der Beratung erhöhen. Insbesondere werden Versicherungsvertreiber[20] aufgefordert, Preis und Kosten ihrer Produkte offener darzulegen. Der Verbraucher muss auf jeden Fall darüber im Bilde sein, ob der Verkäufer eines Versicherungsprodukts ein eigenes wirtschaftliches Interesse an dessen Verkauf hat (Europäische Kommission, 2015).

Konkret auf die Versicherungsvermittlung bezogen regelt die IDD in der europäischen Fassung, dass der Vermittler künftig vor Vertragsabschluss dem Kunden „die Art der im Zusammenhang mit dem Versicherungsvertrag enthaltenen Vergütung mitteilt und darüber hinaus Kunden und potenziellen Kunden (…) sämtliche Kosten und verbundene Gebühren zur Verfügung stellt" (Art. 19 Abs. 1 d) IDD). Die Regelung betrifft Versicherungsanlageprodukte und wird in § 7b VVG umgesetzt.

Die Offenlegung erfolgt allerdings (nur) in absoluten Beträgen (nur) auf Nachfrage des Kunden („Soft Disclosure"[21]) und soweit das möglich ist. Eine explizite Provisionsoffenlegung muss demnach nicht erfolgen.

Darüber hinaus sollen leicht verständliche und standardisierte Produktinformationen für Nichtlebensversicherungsprodukte zu Kaufentscheidungen auf Basis einer besseren Sachkenntnis der Verbraucher führen.

Für Lebensversicherungsprodukte werden entsprechende Verbraucherinformationsblätter mit der Solvabilität-II-Richtlinie und für Anlageprodukte mit der PRIIP-Verordnung[22] umgesetzt. Damit soll auch das geringere Niveau im Anlegerschutz von Versicherungsanlageprodukten (fondsgebundene Lebensversicherungsprodukte) im Verhältnis zu Finanzanlageprodukten, die in der MiFID II-Initiative reguliert werden, verringert werden.

Die Vorgaben der Richtlinie über die Anforderungen an Versicherungsvermittler werden, ebenso wie die Koalitionsvereinbarung zum Ausbau der Honorarberatung, im Rahmen der gewerberechtlichen Zugangsregeln der Gewerbeordnung (GewO) umgesetzt. Die Berufsausübungsregeln für Vermittler und Berater (sowie alle anderen Versicherungsvertreiber) finden sich im Versicherungsvertragsgesetz (VVG). Versicherer erhalten die

---

19 Das Europäische Parlament hat die IDD am 24.11.2015 verabschiedet. Die Umsetzung in nationales Recht ist zum 23.2.2018 erfolgt.

20 Der Begriff beschreibt die Erweiterung der Bestimmungen für Versicherungsvermittler (IMD) auf Versicherer (Direktvertrieb), Banken, Vergleichsportale, Verbraucherberatungen, Handel etc. und gesamte Vertriebskette (Telefonkontakt VN–VR etc.).

21 Eine weitergehende Regelung mit einer „Hard Disclosure", nach der der Vermittler die Provision immer offenlegen, auch wenn der Kunden nicht fragt, wäre in Deutschland möglich, ist aber im Gesetzentwurf nicht vorgesehen.

22 Die Packaged Retail and Insurance-based Investment Products (PRIIPs)-Verordnung ist zeitgleich mit der Einführung der MiFID Regeln zum 1.1.2018 in Kraft treten. Die PRIIPs-Verordnung sieht vor, dass Kunden von Finanz- und Versicherungsprodukten europaweit ein einheitliches Informationsblatt (Key Investor Document [KID]) ausgehändigt bekommen, in dem die Basisinformationen des Produktes verbraucherfreundlich dargestellt sind. Die Produktauswahl soll für Kunden und Berater dadurch einfacher werden und die Produkte besser dem Risikoprofil ihrer Käufer entsprechen.

entsprechenden Vorgaben in den veränderten Vorschriften des Versicherungsaufsichtsgesetzes (VAG).

Versicherungskunden haben nun die Möglichkeit, sich alternativ an einen **Versicherungsvermittler** (§ 34d Abs. 1 GewO) oder an einen **Versicherungsberater** (§ 34d Abs. 2 GewO) zu wenden.

Versicherungsberater können nicht nur beraten, sondern auch vermitteln. Versicherungsmaklern wird im Gegenzug weiterhin die Möglichkeit eingeräumt, mit ihren Kunden Honorarvereinbarungen (bspw. für die Vermittlung von Nettotarifen) zu schließen. Mit dieser Regelung soll ihnen der Einstieg in die Honorarberatung erleichtert werden, wodurch ebenfalls zu ihrer Verbreitung beigetragen werden soll.

Während der Versicherungsvermittler damit entscheiden kann, ob er sich für seine Vertriebstätigkeit von den Versicherungsunternehmen oder seinen Kunden vergüten lässt, wird der Versicherungsberater ausschließlich und direkt von seinen Kunden bezahlt. Er darf keine wirtschaftlichen Vorteile von einem Versicherungsunternehmen erhalten oder in anderer Weise davon abhängig sein. Damit bietet der Versicherungsberater ein nach außen klares und verbindliches Bild seiner Geschäftstätigkeit, während der klassische Makler weiterhin situativ entscheiden kann.

Mit dem (erst kurz vor der Verabschiedung im Bundestag [29.6.2017] erfolgten) Verzicht auf das **Honorarannahmeverbot** für Versicherungsvermittler ist für das Versicherungsgeschäft eine Analogie zur Finanzanlagenberatung hergestellt worden, in der es Finanzanlagevermittlern (§ 34f GewO) ebenfalls erlaubt ist, sich von den Produktgebern und/ oder Kunden bezahlen zu lassen.

In beiden Bereichen verpflichtet sich der Honorarberater auf die ausschließliche Vergütung durch den Kunden und ein eindeutiges Geschäftsmodell (mit entsprechendem Bezeichnungsschutz).

In Erweiterung des (ehemaligen) Versicherungsberaters (§ 34e GewO) darf der (neue) Versicherungsberater (§ 34d Abs. 2 GewO) dafür künftig auch Verträge vermitteln. Er behält die ausschließliche Erlaubnis zur Rechtsberatung von Verbrauchern (§ 34d Abs. 2, 1 GewO) und die Befugnis zur außergerichtlichen Vertretung seiner Auftraggeber (§ 34d Abs. 2, 2 GewO).

Durch die klare Abgrenzung und die erweiterten Vermittlungsmöglichkeiten für Honorarberater wird die beabsichtigte Stärkung von Honorarberatung, wie im Koalitionsvertrag vereinbart, zumindest grundsätzlich eingeleitet. Gleichermaßen können auch Kunden weiterhin übergreifende Beratungs- und Betreuungsleistungen in Anspruch nehmen, ohne dass sich ihr vertrauter Makler gewerberechtlich neu aufstellen muss.

Das im Vorfeld der Gesetzesinitiative diskutierte **Provisionsabgabeverbot** (das OLG Köln hat mit Urteil vom 11.11.2016 die Provisionsweitergabe noch für zulässig erklärt) wird nun in § 48b VAG gesetzlich verankert (bisher war es lediglich im Verordnungswege geregelt).

Mit § 48c VAG wird ein „**Durchleitungsgebot**" für Zuwendungen, die nicht dem Versicherungsvertrag zu Gute kommen und der Vertrag von einem Versicherungsberater vermittelt worden ist, eingeführt. Damit erfahren Honorarberater eine weitere Förderung durch den Gesetzgeber, sie erhalten die Möglichkeit, neben abschlusskostenfrei kalkulierten Nettotarifen auch Bruttotarife zu vermitteln.

Damit sind sie jetzt in der Lage, umfassend tätig zu werden, insbesondere so lange reine Nettotarife vorrangig im Lebensversicherungsgeschäft angeboten werden (vgl. Nettotarife). Des Weiteren bietet sich damit die Möglichkeit, das Risiko von Kunden, die aufgrund einer Risikoprüfung (in der Schaden- oder Personenversicherung) nicht von einer ausgewählten Gesellschaft (die Nettotarife anbietet) angenommen werden, bei anderen Anbietern zu platzieren.

Die Auskehrung erfolgt durch Gutschrift auf einem für den Vertrag zu führenden Prämienkonto (was die Kalkulation des Produktes nicht berührt) oder durch Prämienreduzierung des vermittelten Vertrages (das würde wiederum einem Nettotarif entsprechen). Die Verwaltung des Prämienkontos obliegt den Versicherungsunternehmen, die nach Abzug der ihnen für das Durchleitungsverfahren entstehenden Kosten maximal 80 % der Zuwendungen (bis zum Gegenwert von 80 % der in den ersten fünf Jahren nach Vertragsschluss zu zahlenden Prämie) auskehren müssen. Das Prämienkonto dient ausschließlich zur Prämienzahlung, angerechnet werden 80 % des jeweils in der Periode zu zahlenden Beitrags (Bundesregierung, 2017, S. 17, 44).

Die Beschränkung auf max. 80 % der Prämie zur Weiterleitung an den Kunden ist dabei nicht transparent nachvollziehbar. Die kalkulierten Abschlusskosten beinhalten ja bereits einen über den Provisionsbetrag hinausgehenden Aufwand zur Provisionsauszahlung. Kundenverbindungen und Konten sind ebenfalls bei Vertragsschluss ohnehin anzulegen bzw. zu erweitern.

In der Praxis wird sich daher anstelle dieses aufwendigen Verfahrens eine Erweiterung des Angebots von Nettotarifen durchsetzen.

Eine Durchleitung durch den Versicherungsberater ist (anders als in der Finanzanlagenberatung) nicht vorgesehen. So weit geht das Vertrauen des Gesetzgebers in die Honorarberater dann wiederum doch nicht.

Wie in der Finanzanlagenberatung sind auch im Versicherungsgeschäft Doppelzulassungen als Versicherungsvermittler und -berater nicht erlaubt (Bundesregierung, 2017, S. 37).

Versicherungsvermittler können seit Inkrafttreten des Gesetzes im Rahmen eines vereinfachten Erlaubnisverfahrens in den Status des Versicherungsberaters wechseln. Für Wechsler in den Status des Versicherungsberaters gibt es dann einen **Bestandsschutz**. Sie dürfen nach § 156 Abs. 3 GewO weiterhin Zuwendungen eines Versicherungsunternehmens (Bestandsprovisionen) für vor der Erteilung der Erlaubnis als Versicherungsberater geschriebenes Geschäft annehmen. Das gilt konsequenterweise dann nicht mehr für Neuverträge mit Altkunden. Damit wird für bisher als Versicherungsvermittler registrierte Makler eine weitere und deutliche Hürde genommen, in den Status des Versicherungsberaters zu wechseln.

4.3.3 Qualität der Berater und Weiterbildung

Während bislang die Vermittlerregulierung fachliche Qualifikationsanforderungen im Rahmen der Marktzugangskriterien festgelegt hat, wurden mit Umsetzung der IDD im Versicherungsbereich laufende Weiterbildungsverpflichtungen für gewerblich tätige Versicherungsvermittler und Versicherungsberater aufgenommen. Künftig unterliegen diese sowie die für sie bei der Beratung und Vermittlung Mitwirkenden einer nachweisbaren Weiterbildungsverpflichtung im Umfang von 15 Stunden pro Kalenderjahr (§ 34d Abs. 9 GewO).

Durch die Verankerung in der Gewerbeordnung stellt der Gesetzgeber die Weiterbildung genauso wie die Zulassung unter die Hoheit der Industrie- und Handelskammern.

Die 15 Weiterbildungsstunden umfassende Neuregelung, wurde auf ein breiteres Personenspektrum (als die bisherige und selbstverpflichtende Regelung der GDV-Verbandsinitiative „gut beraten") erweitert. Die Pflicht zur Weiterbildung trifft alle bei der Beratung und Vermittlung unmittelbar mitwirkenden Personen (§ 34d Abs. 9 GewO). Sie gilt nicht für die Vermittlung von Versicherungsverträgen im Zusatzgeschäft zu anderen Dienstleistungen (z.B. Autoverkauf).

Einzelheiten wie mögliche Inhalte, Art und Nachweise werden in der Versicherungsvermittlerverordnung (VersVermV) festgehalten. Darin sind u.a. die fachlichen Themenbereiche, methodische Möglichkeiten und die entsprechenden Nachweisverfahren geregelt.

Hinweis: Weiterbildung betrifft jetzt auch Versicherungsberater

Von der Weiterbildungsverpflichtung sind konsequenterweise auch Versicherungsberater betroffen, die bislang aufgrund der nicht möglichen Vermittlung für ein Versicherungsunternehmen hiervon nicht betroffen waren und für die aufgrund ihrer Unabhängigkeitsverpflichtung ebenfalls besondere Maßstäbe für die Weiterbildung gelten (vgl. 9.2 Beraterpersönlichkeit und Qualifizierung).

Darüber hinaus sind aufgrund der besonderen Anforderungen an Honorarberatung (vgl. 5.5 Definition Honorarberatung) deutlich weiterreichende Weiterbildungsmaßnahmen erforderlich, zumal der geforderte Weiterbildungsumfang von 15 Stunden im Jahr nicht einmal 1 % der Arbeitszeit eines Beraters entspricht.

Finanzdienstleistungsprodukte haben (größtenteils) eine hohe Erklärungsbedürftigkeit und unterliegen zudem einer starken Vertrauensempfindlichkeit. Hieraus resultieren Kaufwiderstände bei potenziellen Kunden, die nur durch qualifizierte Beratung und Vermittlung zu überwinden sind. Kunden sollen dazu in die Lage versetzt werden, qualifizierte Entscheidungen mit Unterstützung ihres Beraters eigenständig zu treffen. Die hierzu für den Berater erforderlichen Kompetenzen umfassen besondere fachliche und kommunikative Fähigkeiten.

Eine weitere Herausforderung und konkrete fachliche Vorgaben stellen neue Pflichten für Versicherungsanlageprodukte dar. Nach den Vorstellungen des Gesetzgebers sollen zukünftig die Kapitalanlagegrundsätze auch bei der Vermittlung von fondsgebundenen Lebensversicherungen angewendet werden. Vermittler sollen bei einer Beratung zu einem Versicherungsanlageprodukt Kenntnisse und Erfahrungen des Versicherungsnehmers im Anlagebereich (allgemein und auf die konkrete Anlage bezogen) erfragen und entsprechende Empfehlungen formulieren. Darüber hinaus sind die finanziellen Verhältnisse des Kunden und insbesondere seine Fähigkeit, Verluste zu tragen, zu erfragen.

Eine vergleichbare Regelung für Finanzanlagenvermittler (§ 34f GewO) oder Honorar-Finanzanlagenberater (§ 34h GewO) mit entsprechender Umsetzung in der Verordnung über die Finanzanlagenvermittlung (Finanzanlagenvermittlungsverordnung – FinVermV) steht derzeit nicht auf der politischen Agenda. Im politischen Betrieb geht durch die isolierte Auseinandersetzung mit Einzelinteressen mitunter der koordinierende Blick auf „das Ganze" etwas verloren.

5 Begriffsklärungen und Definitionen

Während Rechtsberatung eine Beratung in Rechtsfragen ist und Steuerberater zu steuerlichen Fragen Auskunft geben, ist Honorarberatung keine Beratung zu Honorarfragen. (Das leistet dieses Buch.)

Auch wenn die künftige Bezeichnung der GewO den Versicherungsberater neben dem existierenden Honorar-Finanzanlagenberater stellt und damit zumindest der Zusammenhang zum Finanzdienstleistungsgeschäft nachvollziehbar wird, drehen sich die öffentlichen Diskussionen nach wie vor um den wenig aussagefähigen Begriff Honorarberatung.

Mit dem Begriff Honorar wird im Allgemeinen die Entlohnung von Freiberuflern beschrieben, was für gewerblich tätige Unternehmer eigentlich ein Widerspruch ist. Mit Beratung kann aus Kundensicht zunächst allgemein die strukturierte Nutzung der Expertise Dritter bezeichnet werden.

Diese Sprachübungen zeigen – vor dem Hintergrund der bislang beschriebenen Rahmenbedingungen und der damit verbundenen komplexen Interessenlage – relativ schnell, dass eine semantische Beschreibung nicht zu einer brauchbaren Definition von Honorarberatung führt und auch nicht für Honorarvermittlung hilfreich ist.

Eine bislang fehlende Beschreibung oder Definition hängt sicher auch mit der Schwierigkeit einer Trennung von Beratung und Vermittlung zusammen. Der überwiegende Teil der Vermittlungsarbeit von Finanzprodukten besteht in der Beratung. Sollte ein Vertragsabschluss nicht zustande kommen, weil der Kunde (oder der Produktgeber, z.B. die Risikoprüfung in der Versicherung) nicht will, so erhält der Vermittler keine Vergütung. Die Beratungsleistung des Vermittlers erfolgt dann ohne Gegenleistung (Enke, 2013, S. 44). In der Kundenwahrnehmung hat sich so die Meinung verankert, Beratung erfolgt für sie kostenlos (Tekathen, 2015, S. 5).

Mit dem Begriff Honorarberatung wird nun aus Beratersicht der angebotenen Dienstleistung ein eigenständiger Wert – auch sprachlich – zugeordnet.

Sie zielt im Finanzdienstleistungsgeschäft auf die Beratung von Interessenten zu den Möglichkeiten und Grenzen von Finanzprodukten, ohne konkret Produkte einzelner Anbieter zu empfehlen oder vermitteln „zu müssen". Das Beratungsergebnis soll eigenständig vom Kunden „honoriert" werden. Eine derart absenderorientierte Beschreibung ist für die meisten Kunden in der Form noch nicht greifbar. Daher werden im Folgenden zunächst bestehende Berufsbilder, die verschiedene Marktteilnehmer für sich beschrieben haben, zusammengefasst. Zusätzliche Aspekte liefern Rechtsgrundlagen, eine wirtschaftswissenschaftliche Einordnung und wirtschaftspsychologische Aspekte, um darauf aufbauend Definitionen für Honorarberatung und Honorarvermittlung zusammenzufassen.

Abschließend werden aber auch hier keine neuen Begriffe erfunden. Wie auch immer die Begriffe in die Diskussion und den Markt gelangt sind, sie haben sich dort etabliert. Die Definitionen liefern Merkmale, mit denen die Dienstleistung beschrieben werden kann und die mit einem besonderen Kundennutzen verbunden sind.

5.1 Berufsbild(er) von Honorarberatern

Honorarberatung im Finanzdienstleistungsbereich ist in Deutschland eine „Praktiker-Disziplin". Charakteristisch ist, dass sie ein heterogenes Feld darstellt, in dem Honorarberatung unterschiedlich definiert, verstanden und von Anbietern beworben wird (Tekathen, 2015, S. 33). Eine Auswahl an übergreifenden Beschreibungen soll daher das Selbstbild beziehungsweise Grundverständnis der Anbieter aufzeigen und den Definitionen eine praktische Grundlage geben.

Berufsverband deutscher Honorarberater e. V.

Als Reaktion auf die heterogene Anbieterstruktur von Honorarberatern und die verstärkten Forderungen nach einem einheitlichen Berufsbild gründete sich z.B. der Berufsverband deutscher Honorarberater e. V. Er hat sich als Hauptaufgabe gegeben, ein „einheitliches Berufsbild für Honorarberater in Deutschland" zu entwickeln und zu etablieren. Honorarberatung wird dabei als „neutrale Dienstleistung" definiert, „bei der ausschließlich das Know-how (Beratungsleistung und Lösungsbeschaffung) und der Zeitaufwand unmittelbar vom Kunden vergütet werden. Sie beruht auf vollständiger Transparenz und der Ablehnung jeglicher offener und versteckter Vergütung durch Dritte und verfolgt die nachhaltige Betreuung von Kunden in deren ausschließlichem Interesse." (www.deutsche-honorarberater.de).

Zur Beschreibung dient auch hier zunächst die Frage der Vergütungsform. Eine Konkretisierung des Kundennutzens folgt im „Kodex der Honorarberatung" (www.deutsche-honorarberater.de), auf den sich die Verbandsmitglieder verpflichten. Demnach werden (bedarfsgerechte) Kundenempfehlungen mit definierten fachlichen Mindestanforderungen (standardisierter Katalog) und hoher Qualität (Auswirkung des empfohlenen Finanzproduktes in Bezug auf das Gesamtportfolio des Kunden, im Sinne einer Kosten-Nutzen-Analyse etc.) immer damit verbunden, dass „sämtliche dem Berater bekannten Preise, Kosten und mögliche Gebührenbelastungen der offerierten Finanzprodukte oder Versicherungen sowie daraus möglicherweise resultierende Abhängigkeiten der Berater" aktiv dem Kunden offengelegt werden.

Konsequenterweise verpflichten sich die Mitglieder keine Provisionen (insbesondere Vermittlungsprovisionen), Kick-back-Zahlungen und Zuwendungen jeglicher Art (insbesondere Provisionsrückvergütungen, Bestandsprovisionen) zu vereinnahmen und nicht an Incentive-Veranstaltungen von Produktanbietern oder Vertriebsorganisationen teilzunehmen.

Brancheninitiative Honorarberaterkongress 2016

Einen umfassenderen Ansatz beschreibt eine Initiative verschiedener Branchenvertreter[23], die im Vorfeld des Honorarberaterkongresses 2016[24] sechs „Leitlinien für mehr Qualität in der Finanzberatung" und damit ein Modell für Honorarberatung[25] beschrieben haben.

Mit diesem Ansatz sollte nicht die alternative Form der Vergütung, sondern eine höhere Qualität der Beratung und der damit verbundene Umgang mit Kunden in den Vordergrund gestellt werden.

Neben den (bekannten) Anforderungen an Gesetzeskonformität und produktunabhängige sowie ergebnisoffene Kundenorientierung wird auf transparente Vergütung (für Zeiteinsatz und Know-how) Wert gelegt.

Der Beratungsumfang erfasst in diesem Berufsbild die gesamte Vermögensstruktur des Kunden (als Individuum, Haushalt oder Unternehmen) und erfolgt ganzheitlich mit Orientierung an den Grundsätzen ordnungsgemäßer Finanzplanung und unter Beachtung rechtlicher und steuerlicher Rahmenbedingungen. Die Qualität der Beratung ist ebenfalls abhängig von zu beherrschenden finanzmathematischen Methoden und einzusetzender professioneller Software. An der Stelle werden zudem Kooperationen mit externen Experten (die zum Teil Mitverfasser sind) empfohlen.

Der Berater selbst hat hohe persönliche, fachliche und kommunikative Voraussetzungen mitzubringen, um eine hohe Beratungsqualität zu gewährleisten. Näher beschrieben sind die fachlichen Anforderungen: fundierte Kenntnisse zu Kapitalanlagen, Finanzierungen, Versicherungen. Solide finanzmathematische Kenntnisse zu Rendite- und Effektivzinsberechnungen sowie der Umgang mit Statistik zur Risikoberechnung.

Das (gewünschte) Ausbildungsniveau (das dem Kunden mitzuteilen ist) wird mit dem Level eines Wirtschaftsstudiums der Bank- oder Versicherungsbetriebswirtschaftslehre (oder adäquat erworbener Weiterbildungen) definiert. Interessanterweise wird eine mindestens dreijährige Berufserfahrung im Provisionsmodell gefordert.

Bundesverband der Versicherungsberater e. V.

Der Bundesverband der Versicherungsberater e. V. (www.bvvb.de) beschreibt sein Berufsbild (auf Basis des aktuell gültigen § 34e GewO) als neutrale und unabhängige Beratung in allen Versicherungsfragen. Dabei schließt er (noch) explizit den Verkauf und die Vermittlung aus.

---

23   Rolf Adam, Florian Dittert, Frerk Frommholz, Elgin Gorissen-van Hoek, Dr. Walter Hubel, Monika Müller, Ulf Niklas, Guido Pietsch, Heiko Reddman, Dr. Jörg Richter, Prof. Dr. Rolf Tilmes, Mike Uhl.

24   Eine Veranstaltung des Fachverlags der F.A.Z.-Verlagsgruppe FRANKFURT BUSINESS MEDIA GmbH. Die korrespondierende Online-Zeitschrift „Der Honorarberater" erscheint inzwischen (wie 2017 auch der Kongress) als „Der Neue Finanzberater".

25   Mit den Leitlinien ist auch die Honorarvermittlung und die Arbeit mit Mischmodellen erfasst.

Neutralität entsteht in der Beratung durch das fehlende finanzielle Interesse am Verkauf (der mit Ausführung der Beratungsdienstleistung bereits erfolgreich abgeschlossen worden ist).

Die hier zusammengeschlossenen Berater verstehen sich als „quasi ausgelagerte Versicherungsabteilung" (fachlich inhaltlich und administrativ ausführend) von Unternehmen (oder Privatpersonen), die Risikoprofile und Versicherungskosten gegeneinander abwägen. Im Auftrag des Kunden werden dann eingeholte Angebote geprüft und im Namen des Kunden Verträge vereinbart oder geändert.

Ebenso werden bei der Schadenregulierung die Interessen gegenüber Versicherungsunternehmen (außergerichtlich) vertreten.

Der Verband weist auf finanzielle Vorteile durch aufwandsadäquate Bezahlung und realisierbare Ersparnisse hin.

Bundesministerium der Justiz und für Verbraucherschutz

Das Bundesministerium der Justiz und für Verbraucherschutz (BMJV) hat im Rahmen einer von ihm beauftragen Marktforschungsstudie versucht, Ansätze für eine Berufsbezeichnung von Honorarberatern zu entwickeln (YouGov, 2016). Auch wenn es dabei vornehmlich um die Suche nach einem passenden und möglichst übergreifenden beziehungsweise einheitlichen Begriff geht, beschreiben die Fragestellungen und Auswahlattribute den mit der Beratungsform verbundenen inhaltlichen Ansatz.

Als wesentlich für Honorarberatung wurden folgende Merkmale definiert (und getestet):

- Honorarberatung erfolgt im alleinigen Kundeninteresse und stützt sich auf eine Produktauswahl von vielen verschiedenen Anbietern.
- Dafür erhalten die Berater keine Provisionszahlungen und haben dafür aber auch keinen Verkaufsdruck.
- Die Beratung ist entsprechend für Kunden kostenpflichtig.
- Die fachliche Eignung und die Unabhängigkeit der Berater werden von offiziellen Stellen geprüft und erst dann werden Berater zugelassen.
- Eine kompetente Beratung liefert verständliche und prägnante Ergebnisse (YouGov, 2016, S. 4, 17 ff.).
- Die Berufsbezeichnung „Unabhängiger Berater" kommuniziert, dass die Beratung anbieter- und provisionsunabhängig im alleinigen Interesse des Kunden erfolgt (YouGov, 2016, S. 7).
- Da das Thema Finanzberatung mit einem gewissen Maß an Misstrauen und Sorge vor unseriösen Beratungen verbunden wird, erscheint eine offizielle Bestätigung der Vertrauenswürdigkeit durch eine der staatlichen Kontrollstellen aus Kundensicht sehr wichtig (zertifiziert/staatlich geprüft/kontrolliert) (YouGov, 2016, S. 11).
- Daneben bestehen große Bedenken bezüglich einer zu hohen Kostenbelastung für den Kunden (YouGov, 2016, S. 10).

Die Studie und im Anschluss geführte Diskussionen mit Branchenvertretern führten zu einer Präferenz für die Bezeichnung „Unabhängiger Berater". Diesen Begriff lehnen verständlicherweise Makler, die diese Rolle bereits seit langem verkörpern, strikt ab. Einig ist man sich nur darüber, dass die bestehenden Bezeichnungen und der Überbegriff Honorarberater unglücklich gewählt sind.

Zusammenfassung und Definitionsansatz

Eine Zusammenfassung der in den Berufsbildern beschriebenen Aspekte führt zu einem übergreifenden Berufsbild, das zunächst auf die Vergütung für die Beratungsdienstleistung eingeht.

- Danach wird bei der Honorarberatung der Berater ausschließlich und unmittelbar für seinen Zeitaufwand und sein Know-how durch den Kunden vergütet.
- Darüber und über alle damit weiter verbundenen Kosten besteht von Beginn an und proaktiv durch den Berater forciert vollständige Transparenz.
- Honorarberatung erfolgt im alleinigen Kundeninteresse.
- Die Beratung erfolgt bedarfsorientiert und ergebnisoffen neutral und stützt sich auf ein breites Angebotsspektrum.
- Sie ist umfassend (produktunabhängig, produktübergreifend, fachlich übergreifend[26]) und (lebensphasen-)übergreifend.
- Honorarberatung ist fachlich hochwertig, weil sie übergreifende Zusammenhänge berücksichtigt und im Detail tiefergehende Methoden der Finanzmathematik und Risikopolitik/Statistik anwendet.
- Sie erfolgt persönlich und durch Berater mit einem hohen Ausbildungs- und Weiterbildungsniveau mit ausgeprägten persönlichen, fachlichen sowie kommunikativen Kompetenzen.
- Ein hohes Maß an Professionalität wird durch Nutzung von geeigneter Software und auf Basis zielgerichteter Konzepte erreicht.
- Die Ergebnisse führen zu einem Vorteil gegenüber alternativen Beratungsformen. Sie werden verständlich und prägnant erklärt.
- Honorarberater unterliegen einer staatlichen Zulassung und Aufsicht.

Auf Basis dieser Merkmale lassen sich nun – nach weiteren Zusammenfassungen und Konkretisierungen entsprechende Definitionen ableiten. Insgesamt erscheint in der Beschreibung das Verhältnis von Beratung und Vermittlung noch nicht einheitlich geklärt.

Es ist daher auch darauf zu achten, dass die Illusion der kostenlosen Beratung (Tekathen, 2015, S. 5) nicht einer Illusion der kostenlosen Vermittlung weicht. Hier geben die folgenden Rechtsgrundlagen Tätigkeitsfelder und Grenzen vor. Darüber hinaus kann der oft missverständlich diskutierte Konflikt zwischen Beratung und Vermittlung mit Hilfe der im Anschluss folgenden wirtschaftswissenschaftlichen Einordnung beschrieben und vor allem aus der Kundenperspektive heraus gelöst werden.

---

26   Beinhaltet auch rechtliche und steuerliche Aspekte.

5.2 Rechtsgrundlagen für Honorarberater

5.2.1 Wertpapiere und Geldanlage

Im Bereich der Wertpapiere und Geldanlage wurde mit Inkrafttreten des Honoraranlagenberatungsgesetzes (1.8.2014) erstmals ein eigenständiges rechtliches Berufsbild von unabhängigen Honorarberatern geschaffen (vgl. MiFID II/Zweites Finanzmarktnovellierungsgesetz [2. FiMaNoG]).

Danach gibt es zwei Beratertypen: Den gewerblichen Honorar-Finanzanlagenberater (nach der GewO) und den Honorar-Anlageberater (als WpDL nach dem WpHG).

Honorar-Anlageberater

Honorar-Anlageberater (§ 36c WpHG) sind Wertpapierdienstleistungsunternehmen (Kreditinstitute, Finanzdienstleistungsinstitute), die Wertpapierdienstleistungen allein oder zusammen mit Wertpapiernebendienstleistungen erbringen (§ 2 Abs. 4 WpHG) und sich dafür ausschließlich durch den Kunden vergüten lassen (§ 31 Abs. 4c Nr. 2 WpHG).

Wertpapierdienstleistungen (gem. § 2 Abs. 3 WpHG) beziehen sich auf den Kauf und Verkauf von Finanzinstrumenten in verschiedenen Vertragskonstellationen (Kommission, Vermittlung, Emission), die Verwaltung von in Finanzinstrumenten angelegten Vermögen (Finanzportfolioverwaltung) und die Abgabe von individuellen Empfehlungen für Geschäfte mit Finanzinstrumenten (Anlageberatung).

Finanzinstrumente (§ 2 Abs. 2b WpHG) sind im Wesentlichen Wertpapiere, Anteile an Investmentvermögen, Geldmarktinstrumente und Derivate.

Wertpapiernebendienstleistungen (§ 2 Abs. 3a WpHG) umfassen unter anderem das Depotgeschäft, die Kreditvergabe zur Durchführung von Wertpapiergeschäften, die Unternehmensberatung zur Kapitalstruktur, industrieller Strategie und im Zusammenhang mit Unternehmensverkäufen sowie Anlagestrategien und -empfehlungen.

Beratung und Abschluss sind in der Honorar-Anlageberatung miteinander verbunden.

Honorar-Anlageberater unterliegen bestimmten Verhaltens- und Organisationspflichten, die auch die besondere Form der Vergütung durch den Kunden betreffen (Vgl. MiFID II/ Zweites Finanzmarktnovellierungsgesetz [2. FiMaNoG]).

Honorar-Finanzanlagenberater

Honorar-Finanzanlagenvermittler „erbringen" Anlageberatung im Sinne der „Bereichsausnahme des § 2 Abs. 6 S. 1 Nr. 8 des Kreditwesengesetzes (KWG)". Sie erhalten hierfür keine Zuwendungen von Produktgebern (oder sind von ihnen abhängig), sondern lassen sich ausschließlich[27] durch den Anleger vergüten (§ 34h Abs. 3 GewO).

---

27 Die deutsche Auslegung ist hier schärfer als die vorgesehene Regelung der MiFID II. Dort sind die Annahme und die Weitergabe einer Zuwendung an den Kunden möglich, wenn das empfohlene Finanzinstrument ohne Zuwendung nicht erhältlich ist. Gemäß § 31 Abs. 4c S. 1 Nr. 2 WpHG darf ein WpDLU nur so verfahren, wenn kein in gleicher Weise geeignetes Finanzinstrument ohne Zuwendung erhältlich ist (Walz, 2015, S. 69; 75).

Die Bereichsausnahme des KWG ermöglicht es Unternehmen mit einer Gewerbeerlaubnis anstatt einer Erlaubnis und Aufsicht der BaFin (nach § 32 Abs. 1 KWG) tätig zu werden, obwohl sie materiell die Voraussetzungen dafür erfüllen würden. Hierzu beschränken sie die Anlagevermittlung und/oder Anlageberatung auf **Anteile an Investmentvermögen** und **Vermögensanlagen.**

Honorar-Finanzanlagenberater können sowohl beratend als auch vermittelnd tätig werden. Die Verhaltens- und Organisationspflichten entsprechen den für sie eingeschränkt relevanten Vorschriften für Honorar-Anlageberater (vgl. MiFID II/Zweites Finanzmarktnovellierungsgesetz [2. FiMaNoG]).

Die Gewerbeordnung sieht außerdem eine Zulassung als **Finanzanlagenvermittler** (§ 34f GewO) vor. Diese sind im gleichen Umfang wie Honorar-Finanzanlagenberater tätig. Sie können ebenso wie Honorar-Finanzanlagenvermittler mit ihren Kunden Honorarvereinbarungen schließen. Ein Honorarannahmeverbot gibt es auch für Finanzanlagenvermittler nicht, sodass diese Registrierungsform ebenfalls zur Honorarberatung und -vermittlung genutzt wird.

Anlagevermittlung und -beratung erfolgen auch hier gem. § 1 Abs. 1a Nr. 1 und 1a KWG nach den für Finanzdienstleistungsinstitute geltenden Regeln. Insbesondere muss sich bei der Anlagenberatung die Abgabe von persönlichen Empfehlungen auf eine Prüfung der persönlichen Umstände des Anlegers stützen.

Der in der Gewerbeordnung bestimmte Marktzugang schließt eine gleichzeitige Registrierung als Finanzanlagenvermittler (§ 34f GewO) und Honorar-Finanzanlagenberater (§ 34h GewO) aus.

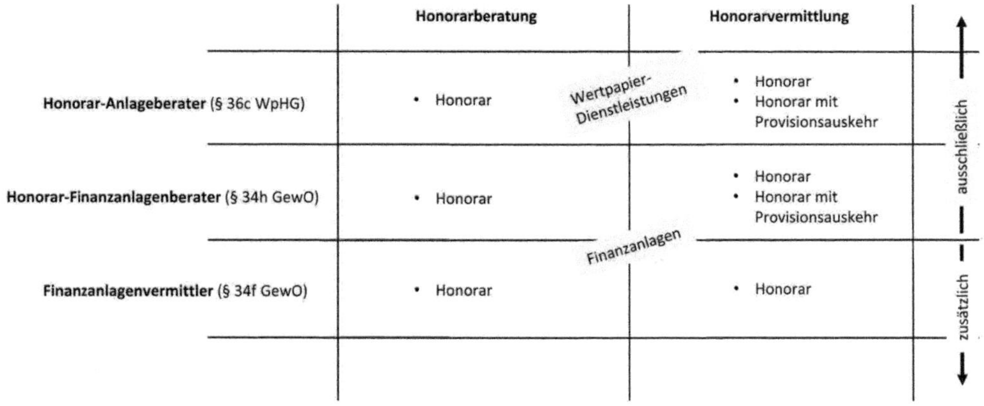

	Honorarberatung	Honorarvermittlung	
Honorar-Anlageberater (§ 36c WpHG)	• Honorar	• Honorar • Honorar mit Provisionsauskehr	ausschließlich
Honorar-Finanzanlagenberater (§ 34h GewO)	• Honorar	• Honorar • Honorar mit Provisionsauskehr	
Finanzanlagenvermittler (§ 34f GewO)	• Honorar	• Honorar	zusätzlich

Abb. 7: Zulässigkeit von Honorarberatung und Honorarvermittlung im Anlagebereich
Quelle: eigene Darstellung

5.2.2 Versicherungen und Altersvorsorge

Die IDD weitet die Auslegung der Regelungen des Versicherungsvertriebs auf alle Akteure im Versicherungsumfeld aus und beschreibt diese zusammenfassend mit dem Begriff „Versicherungsvertreiber" (Art. 2 Abs. 1 Nr. 8 IDD). Hierzu zählen Versicherungsvermittler (in den Ausprägungen als Versicherungsvermittler (Vertreter oder Makler) und Versicherungsberater), Versicherungsvermittler in Nebentätigkeit (z.B. Autohäuser) und auch neu die Versicherungsunternehmen, damit insbesondere deren Direktvertrieb.

Die Anforderungen an die Vertriebstätigkeit aller Akteure sind **Ehrlichkeit, Redlichkeit und Professionalität** (§§ 1a 1, 59 VVG). Da nach §§ 6 Abs. 1, 61 Abs. 1 VVG bereits (für alle Vermittlertypen) geregelt ist, Kunden nach ihren Wünschen und Bedürfnissen zu befragen und darauf abgestimmt zu beraten und zu vermitteln, wird mit dieser Beschreibung eine Klarstellung vorgenommen, die eine „anreizorientierte" Beratung ausschließt und im Fall einer nicht ehrlichen, unredlichen und unprofessionellen Beratung zu Schadenersatz nach § 6 Abs. 5 VVG führt (Bundesregierung, 2017, S. 47).

Professionelle Kundenberatung basiert auf fundierten versicherungsfachlichen Kenntnissen des Beraters oder Vermittlers und schließt unter Umständen die Berücksichtigung relevanter Aspekte z.B. des Steuerrechts und des Sozialversicherungsrechts mit ein.

Auch wenn die Beratung aufgrund der hohen Komplexität der Materie einen so großen zeitlichen Aufwand erfordert, dass die eigentliche Vermittlung aufwandsmäßig möglicherweise hinter die vorgelagerte Beratung im Rahmen der Bedarfsanalyse und Deckungskonzepterstellung zurücktritt (Schulz, 2015, S. 4), bleibt sie Teil der Vertriebstätigkeit. Sie hat schließlich „auch unter Berücksichtigung eines angemessenen Verhältnisses zwischen Beratungsaufwand und der vom Versicherungsnehmer zu zahlenden Prämien" (§ 61 VVG) zu erfolgen.

Eine darüber hinausgehende **Rechtsberatung** ist gem. § 3 RDG erlaubnispflichtig und für Versicherungsmakler gegen gesondertes Entgelt bei Nicht-Verbrauchern erlaubt (§ 34d Abs. 1 GewO). Honorarberater bzw. Versicherungsberater unterliegen dabei keiner besonderen Einschränkung. Sie haben zusätzlich die Erlaubnis zur außergerichtlichen Vertretung ihrer Auftraggeber gegenüber Versicherungsunternehmen (§ 34d Abs. 2 S. 1 und 2 GewO).

Der Versicherungsmakler ist treuhandähnlicher Sachwalter seines Kunden und damit üblicherweise zum „Tätigwerden" verpflichtet[28]. Zwischen dem Versicherungsnehmer und dem Versicherungsunternehmen besteht i.d.R. eine asymmetrische Wissensvertei- lung in versicherungsrechtlichen und versicherungstechnischen Fragestellungen. Eine Hauptaufgabe des Versicherungsmaklers ist es, für den Ausgleich von Wissens- und Erfahrungsdefiziten des Kunden zu sorgen (Schulz, 2015, S. 7).

In der Praxis wenden sich häufig Kunden an einen Makler, um diesen (zunächst) mit der Überprüfung seiner Verträge zu betrauen. Der Versicherungsmakler unterliegt dann für diese aus seiner Sicht fremdvermittelten Verträge einer Beratungspflicht. Ihm wird damit das Recht zur Erbringung von Rechtsdienstleistungen zugestanden beziehungsweise im Rahmen seiner Kardinalspflichten sogar abverlangt. Für diese separat erteilen Über- prüfungsaufträge gilt nichts anderes als für die entgeltpflichtige Hauptleistung (Schulz, 2015, S. 16).

Eine allgemeine Beratung zu Versicherungsfragen ist dagegen keine Rechtsdienstleis- tung, weil sie keine rechtliche Prüfung von Einzelfällen umfasst, sondern die Erfassung und Analyse wirtschaftlicher Risiken und die entsprechende Zuordnung und Beschrei- bung eines adäquaten Versicherungsschutzes beinhaltet (Schwintowski, VersR 2009, 1333), (vgl. 5.7 Service- und Dienstleistungspauschalen).

Die **Tätigkeitsbeschreibung von Vertrieb** umfasst neben der Beratung, der Ver- tragsvorbereitung und dem Vertragsabschluss nun auch explizit die Mitwirkung bei der Verwaltung und Erfüllung von Versicherungsverträgen, insbesondere im Schadensfall (§§ 1a Abs. 1, 59 VVG).

Auch wenn damit möglicherweise (noch) Grenzen des deutschen Rechts überschritten werden[29], wird damit die Schadenregulierung eindeutig der Vertriebstätigkeit zugeordnet und der Raum für diesbezügliche separate Vergütungen durch Kunden geschlossen. D.h. eine Berechnung ist für den Versicherungsmakler ebenso unzulässig wie ein Leis- tungsausschluss in der Honorarvereinbarung des Versicherungsberaters (vgl. 5.7 Ser- vice- und Dienstleistungspauschalen).

---

28   Nach dem Sachwalterurteil des BGH (BGH, 4a. Zivilsenat, Entscheidungsdatum: 22.5.1985, Aktenzeichen: IVa ZR 190/83) ist der Versicherungsmakler für den Bereich der Versicherungsverhältnisse des von ihm betreu- ten Versicherungsnehmers dessen Sachwalter (...) und anders als sonst der Handelsmakler oder Zivilmakler dem Versicherungsnehmer gegenüber üblicherweise zum Tätigwerden, meist sogar zum Abschluss des ge- wünschten Versicherungsvertrags verpflichtet.
Seine Pflichten gehen weit. Er wird regelmäßig vom Versicherungsnehmer beauftragt und als sein Interessen- oder sogar Abschlussvertreter angesehen (Prölss/Martin, 23. Aufl. Anh. zu §§ 43–48 Anm. 1 und 2; Bruck/Möller, a. a. O. Anm. 40). In diesem Sinn hat er als Berater seines Kunden oft kurzfristig passenden Versicherungs- schutz zu besorgen (Gauer a. a. O. S. 35).
Wegen dieser umfassenden Pflichten kann der Versicherungsmakler für den Bereich der Versicherungsverhält- nisse des von ihm betreuten Versicherungsnehmers als dessen treuhänderähnlicher Sachwalter (Trinkhaus, a. a. O. S. 132 m. w. N. in Fn. 21) bezeichnet und insoweit mit sonstigen Beratern verglichen werden.
Das gilt auch, wenn die Provision der Versicherungsmakler vom Versicherer getragen wird (Prölss/Martin, 23. Aufl. Anh. zu §§ 43–48 Anm. 1; Bruck/Möller, a. a. O. S. 66 ff.).
29   § 3 RDG und BGH-Urteil vom 14.1.2016 (I ZR 107/14), das eine schadenregulierende Tätigkeit eines Versiche- rungsmaklers als unzulässige Rechtsdienstleistung eingestuft hat.

Weil nun ebenso auch einfache Tätigkeiten wie das Übersenden von Informationsmaterial als Vorbereitung eines Versicherungsvertrags zur Vertriebstätigkeit zählen, ist es für Vermittlerbetriebe insgesamt erforderlich zu prüfen, welche Personen welche Tätigkeiten erbringen und ob diese künftig erlaubnispflichtig sind (Evers 2017, S. 41).

Hinweis: Kein Stornorisiko für Honorarberatung

Ein Versicherungsvertreter (§ 84 HGB) hat gegenüber seinem Versicherungsunternehmen Anspruch auf Provision (§ 87a Abs. 1 HGB), sobald der Versicherungsnehmer die Prämie gezahlt hat, aus der sich die Provision nach dem Vertragsverhältnis berechnet (§ 92 Abs. 4 HGB). Dieser sogenannte **Schicksalteilungsgrundsatz** wurde in der Praxis (ohne entsprechende Verankerung in den entsprechenden Vorschriften der §§ 93 ff. HGB) auch für Versicherungsmakler übernommen. Er wird zusätzlich von § 49 Abs. 1 VAG flankiert, der für den Bereich der substitutiven Krankenversicherung und der Lebensversicherung dem Versicherer vorgibt, im Fall der Kündigung eines Vertrags durch den Versicherungsnehmer in den ersten fünf Jahren nach Vertragsschluss die für die Vermittlung angefallene Provision anteilig einzubehalten. Während die Regelungen des HGB aufgrund der Vertragsbeziehungen des Versicherungsvertreters zu seinem Unternehmen davon ausgehen, dass der Versicherer die Einbehaltung der Provision sicherstellt, nimmt das VAG ausdrücklich den Versicherer hierzu in die Pflicht.

Daher folgt im Umkehrschluss, dass die Regelungen ausschließlich das Verhältnis zwischen Versicherer und Vermittler beschreiben und nicht auf Vereinbarungen eines Versicherungsmaklers mit Nicht-Verbrauchern oder Versicherungsberatern mit ihren Kunden zutreffen.

Der Versicherer ist an der Vergütungsverabredung zwischen Versicherungsmakler beziehungsweise Versicherungsberater und dem Versicherungsnehmer nicht beteiligt (Schulz, 2015, S. 24). Honorarvermittlung beinhaltet daher für den Vermittler im Falle eines Vertragsstornos kein Honorar-Rückzahlungsrisiko (und damit ggf. verbundene Rückstellungen). Gleiches hat der Bundesgerichtshof (BGH) bereits 2005 entschieden beziehungsweise bestätigt (III ZR 251/04 vom 20.1.2005).

Zusammenfassend sind hier noch einmal die verschiedenen Gestaltungsmöglichkeiten der Vergütung von Versicherungsmaklern und Versicherungsberatern dargestellt. Das Spektrum wird für den Versicherungsberater mit Inkrafttreten des Umsetzungsgesetzes zur IDD deutlich ausgeweitet.

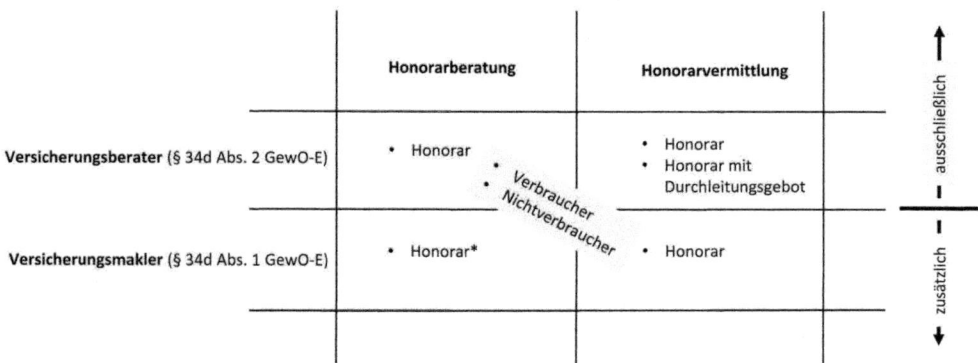

* Rechtsberatung für einzelne Verträge nur bei Nichtverbrauchern

Abb. 8: Zulässigkeit für Honorarberatung und Honorarvermittlung im Versicherungsbereich
Quelle: eigene Darstellung

5.2.3   Baufinanzierungen

Nach Ablauf einer Übergangsfrist (bis 21.3.2017) ist auch für Baufinanzierungen beziehungsweise die Vermittlung und Beratung von Immobiliar-Verbraucherdarlehensverträgen (§ 491 Abs. 3 BGB) oder entgeltliche Finanzierungshilfen (§ 506 BGB) eine (neue) gewerberechtliche Zulassung als Immobiliardarlehensvermittler (§ 34i GewO) erforderlich. Ein unabhängiger Berater tritt als Honorar-Immobiliardarlehensberater auf.

Wer unabhängige Baufinanzierungsberatung anbietet, muss – wie im Anlage- und Versicherungsbereich auch – seine Empfehlungen auf einen hinreichenden Marktüberblick stützen und darf keine Zuwendungen von Darlehensgebern annehmen und in keiner Weise von ihnen abhängig sein (§ 34i Abs. 5 S. 1 und 2 GewO).

Bei der Erteilung der Erlaubnis nach § 34i Abs. 1 GewO wird nicht zwischen der Immobilidarlehensvermittlung und Honorar-Immobiliendarlehensberatung unterschieden. Erst im Rahmen der Registrierung muss der Erlaubnisinhaber entscheiden, welches Modell er wählt. Beide Tätigkeiten schließen sich gegenseitig aus (§ 34i Abs. 5 GewO). Der Honorar-Immobiliendarlehensberater darf auch Baufinanzierungen vermitteln, allerdings nur, wenn diese keine Zuwendungen enthalten.

5.3   Wirtschaftswissenschaftliche Einordnung

In der wirtschaftswissenschaftlichen Literatur wird zwischen originären und derivativen Finanzdienstleistungen unterschieden (Wentlandt, 1993, S. 25 ff.).

Originäre Finanzdienstleistung umfasst die Angebotserstellung und Produktion der Finanzprodukte sowie die damit konkret verbundenen Dienstleistungen. Hierzu zählen auch die produktbezogene Beratung und Vermittlung, z.B. im Sinne von § 61 Abs. 1 VVG.

Auch als Teil originärer Finanzdienstleistung ist die Vermittlung eine eigenständige Dienstleistung, für die es einen eigenen Markt gibt. Der Verbraucher erkennt diesen oftmals in der Form nicht, weil die Kosten dafür in der Bruttoprämie versteckt sind (Sonnenberg, 2013, S. 52). Er triff seine Auswahlentscheidung daher vorrangig auf der Beziehungsebene und nicht (wie ansonsten allgemein üblich) auch nach Preis-Leistungskriterien.

Als derivative Finanzdienstleistung wird die Beratung im Zusammenhang mit Finanzdienstleistungen bezeichnet, die nicht mehr einer einzelnen Finanzdienstleistungsart (Finanzprodukt) zugeordnet werden kann, sondern dem Nachfrager eine komplexe, an seinen individuellen Bedürfnissen angepasste Problemlösung bietet. Diese weicht entsprechend vom konkreten Produktverkauf ab und soll zu einem an den persönlichen Wünschen des Kunden orientierten Beratungsergebnis führen (Dinauer, 2. Aufl., 2008, S. 15).

Damit kann eine Eigenständigkeit und Unabhängigkeit für Honorarberatung hergestellt werden.

Sie ist außerdem die Voraussetzung dafür, marktübergreifende Lösungen zu entwerfen. Eine anschließende Beschaffung ausgewählter und als geeignet identifizierter Produkte schließt sich damit nicht aus und ist i.d.R. im Sinne des Kunden, der ja auch eine anschließende Umsetzung aus einer Hand erwartet.

Die klare Trennung hilft, die Unabhängigkeit herauszustellen und entsprechende Leistungsbausteine eigenständig anzubieten und einzupreisen (vgl. 7.2.3 Preisgestaltung).

Merke: Honorarberatung erfolgt ausschließlich für den Kunden

Honorarberatung ist derivative Finanzdienstleistung und kann nur durch den Kunden vergütet werden. Neben dem Unabhängigkeitsaspekt kann das Beratungsergebnis ausschließlich ihm und nicht möglichen Produktgebern zugeordnet werden.

5.4 Wirtschaftspsychologische Aspekte

Grundsätzlich sollte das Verhalten eines Wirtschaftssubjektes, also auch eines Vermittlers von Finanzprodukten, zielgerichtet sein. Im klassischen Finanzdienstleistungsgeschäft ist sein Ziel im Kundengespräch, einen Abschluss zu forcieren, um die in Aussicht gestellte Vergütung zu erhalten (Enke, 2013, S. 45).

Diskussionen über (besondere) vertriebliche Incentivierungen führten auch in Deutschland zu einer Diskussion über das provisionsbasierte Vergütungssystem und damit schnell zu der Frage, ob das Beratungsergebnis mehr durch die in Aussicht gestellte Vergütung oder den tatsächlichen Kundenbedarf bestimmt wird.

Was treibt also Finanzdienstleistungsvermittler hauptsächlich dazu an, sich mit ihren Kunden an einen Tisch zu setzen und sie hoffentlich qualifiziert zu beraten? Wirtschaftspsychologisch gesehen sind das zwei übergreifende Quellen, nämlich ihre intrinsischen und die extrinsischen Motivationsfaktoren.

- Mit intrinsischer Motivation werden Aufgaben um ihrer selbst willen erledigt. Es geht dabei weniger um finanzielle oder materielle Vorteile, sondern darum, dass die Erfüllung der Aufgabe Spaß macht, Begeisterung auslöst oder ein gutes inneres Gefühl erzeugt. Motivierend ist hier eher der Weg zum Ziel als das Ziel selbst.
- Extrinsische Motivation treibt dazu an, eine in Aussicht gestellte Belohnung oder bestimmte Vorteile zu erhalten. Dabei handelt es sich um Dinge, die von außen an einen herangetragen werden, wie z.B. Bonuszahlungen, Karrierestufen, Incentives. Motivierend ist hier eher das Ziel als der Weg dorthin.

In der Regel gibt es im Berufsalltag eine Überschneidung beider Motivationsquellen.

Die Wirtschaftspsychologie beschreibt nun mit dem sogenannten Korrumpierungseffekt (auch Verdrängungseffekt) die Möglichkeit, das Verhältnis von intrinsischer Motivation zur extrinsischen Motivation zu verändern und diese möglicherweise zu verdrängen.

Ein Finanzdienstleistungsvermittler betrachtet seine Arbeit i.d.R. als sinnvoll und führt sie engagiert und mit Freude aus (intrinsische Motivation). Gleichzeitig ist davon auszugehen, dass er den Ertrag für seine Arbeit als angemessen und ausreichend für seinen Lebensunterhalt empfindet (extrinsische Motivation).

Wenn jetzt derjenige, der diese Vergütung (maßgeblich) zahlt, ein Bonussystem einführt, das eine bestimmte Leistung stärker belohnen soll, kann sich die Gewichtung der Motivationsquellen verschieben. Der Vermittler hat die Möglichkeit, durch das Erreichen bestimmter Geschäftsziele (oder die gezielte Auswahl und Vermittlung incentivierter Produkte) wesentlich mehr Geld zu verdienen als vorher.

In der Regel möchte sich der Vermittler diesen Bonus (Incentive) natürlich nicht entgehen lassen und wird nun verstärkt darauf hinarbeiten, die ausgelobten Vertriebsziele zu erreichen. Aufgaben, die nicht diesem konkreten Vertriebsziel dienen (Beratung ohne Vermittlung dieser Produkte), und damit kein Bestandteil des Bonussystems sind, wird er stärker als negative, da nicht explizit belohnte Arbeit empfinden. Die ursprünglich vorhandene intrinsische Motivation – der Spaß an der Sache und das Engagement für seine Kunden – wird durch die extrinsische Motivation verdrängt, er lässt sich „korrumpieren".

Diesen Effekt machen sich die vertrieblichen Steuerungseinheiten der Produktgeber zunutze und versuchen, die Zielrichtung der Arbeit ihrer Geschäftspartner zu „korrumpieren". Mit der Übernahme des Begriffes soll keine wertende Haltung eingenommen werden. Vertriebsführungskräfte stehen in diesem Sinn auch in der Verantwortung, steuernd wirtschaftlichen Schieflagen ihrer Geschäftspartner entgegenzuwirken.

Mit Umsetzung der Versicherungsvertriebsrichtlinie wird in § 48a Abs. 1 VAG eine produktbezogene Incentivierung im Versicherungsbereich untersagt. Einer vertrieblichen Steuerung und weiterer Interessenangleichung von Versicherungsunternehmen und Vermittlern steht damit dennoch nichts im Wege. Hierzu werden ohnehin bereits intelligentere Kennzahlen und Steuerungsgrößen diskutiert (vgl. 4.1.2.5 Spezifische Merkmale für Versicherungen).

Grundsätzlich sollte jeder, insbesondere jeder selbstständige Unternehmer intrinsisch motiviert sein, und mit Überzeugungskraft und Leidenschaft seine Dienstleistungen bei seinen Kunden vertreten. Um aber nicht nur inhaltlich gut, sondern auch erfolgreich zu sein, ist es ebenso wichtig, sich als Unternehmer zusätzlich extrinsisch zu motivieren. Wer nicht gesteuert wird oder nicht gesteuert werden will, muss dazu in der Lage sein, sich selbst zu steuern.

Allerdings nutzen viele Finanzdienstleistungsvermittler gerne den beschriebenen Korrumpierungseffekt, um sich bewusst oder unbewusst eine Begründung für das eigene Handeln oder Unterlassen zu geben. Sie korrumpieren sich selbst. Das gilt vor allem dann, wenn bei ihnen das Gen der extrinsischen Selbstmotivation nicht stark genug ausgeprägt ist.

Merke: Selbstkompetenz ist ein wesentlicher Erfolgsfaktor für Honorarberater

Honorarberater lehnen jede Form von Zuwendungen und Abhängigkeiten von Dritten ab. Damit verzichten sie bewusst auch auf extrinsische Motivation. Sie übernehmen diese Rolle in eigener Verantwortung für sich und ihre Mitarbeiter, in dem sie eigene Ziele definieren und diese kommunizieren. Die Zielerreichung wird strukturiert verfolgt sowie (selbst- und fremd-)motivierend unterstützt.

Eine Anforderung an das Persönlichkeitsprofil des Honorarberaters ist daher ein hohes Maß an Selbstmotivationsfähigkeit beziehungsweise Selbstkompetenz.

Wer das für sich nicht in Anspruch nehmen möchte, sollte weiterhin das Provisionsmodell und die damit verbundenen vertrieblichen Steuerungsaktivitäten der Produktgeber und/oder Pools für seine Beratungs- und Vermittlungstätigkeit nutzen.

Um als Berater (auch) wirtschaftlich erfolgreich sein zu können, muss der im Zusammenhang mit Honorarberatung oft beschworene Abbau des Vermittlungsdrucks durch einen selbst gesetzten Beratungsdruck ersetzt werden.

Ausreichend extrinsisch motivierte Berater sind ebenso davor geschützt, ihre Leistungen – auch wenn deren Umsetzung noch so viel Freude und Spaß macht – unter Wert zu verkaufen oder gar zu verschenken.

5.5 Definition von Honorarberatung

Auf Basis der einleitenden Grundlagen und Einordnungen werden nun die markantesten Merkmale in einer Definition zusammengefasst. Im Anschluss wird dann eine entsprechende Definition für Honorarvermittlung vorgestellt, um damit auch die Eigenständigkeit beider Leistungen zu unterstreichen.

Die Definitionen beinhalten Leistungskriterien, die Honorarberatung und Honorarvermittlung als eigenständige Finanzdienstleistung voraussetzt. Ebenso beschreiben sie Anforderungskriterien an diejenigen, die Honorarberatung oder Honorarvermittlung ausüben. Eine daran anschließende Abgrenzung zu möglichen Service- und Dienstleistungspauschalen soll den Anspruch an diese hochwertige Beratungsform verdeutlichen.

Die Definitionsmerkmale sind praktisch umsetzbare Kriterien, nach denen sich entsprechende Geschäftsideen und Geschäftsmodelle fundiert und strukturiert ableiten lassen. Ebenso sind sie jeweils mit einem besonderen Kundennutzen verbunden, der im Verkauf deutlich herausgestellt werden kann.

Honorarberatung

Honorarberatung ist unabhängige und hochwertige Finanzdienstleistung, die für komplexe Kundenanforderungen marktübergreifend individuelle Lösungskonzepte mit passgenauen Finanzprodukten entwirft.

Sie unterliegt strengen gesetzlichen Regelungen insbesondere in Bezug auf ihre Unabhängigkeit und stellt hohe Anforderungen an die persönliche, fachliche und soziale Kompetenz der Berater.

Honorarberatung umfasst im Wesentlichen sechs Merkmale, die für Kunden mit einem entsprechenden Nutzen verbunden sind und ihr den zu honorierenden Wert geben. Sie stellen gleichermaßen Ansprüche an die Qualität und Kompetenzen ihrer Berater (vgl. 9.2 Beraterpersönlichkeit und Qualifizierung und 11.4.1 Persönliche Weiterbildung).

1. unabhängig

   Unabhängigkeit bedeutet, dass die Dienstleistung eigenständig, d.h. unabhängig von Vermittlung oder Verkauf einen eigenen Mehrwert darstellt, den der Kunde ansonsten nicht erhalten würde. Er erhält eine besondere und i.d.R. für ihn neue Beratungsleistung.

   Das Ausmaß der Eigenständigkeit wird durch die persönliche Kompetenz des Honorarberaters, insbesondere seine Reaktionsfähigkeit auf Marktveränderungen und chancenorientierte Kreativität geprägt.

Der Honorarberater ist von Dritten (Produktgeber, Vertriebsgesellschaften) unabhängig. Er ist – auch in Form seiner Vergütung – ausschließlich seinen Kunden gegenüber (vertraglich) verpflichtet, die damit ausschließlich seine Leistung honorieren. Diese Verpflichtung untermauert er proaktiv durch vollständige Transparenz über sämtliche seine Leistung und Empfehlungen (Finanzprodukte) betreffenden Kosten.

Unabhängigkeit erfordert ein hohes Maß an persönlicher Kompetenz des Honorarberaters. Selbstkompetenz und unternehmerische Fähigkeiten (die auch Führungskompetenz beinhalten) versetzen ihn dazu in die Lage, sich und seinen Mitarbeitern eigene Ziele zu setzen und danach zu steuern.

Ebenso erfordert sie ausgeprägte fachliche und soziale Kompetenzen, um z.B. eigene Preise zu definieren und diese dann auch entsprechend durchzusetzen.

2. hochwertig

Honorarberatung ist fachlich hochwertig, in dem sie sich auf einen ausreichenden Marktüberblick, der übergreifende Zusammenhänge berücksichtigt, stützt und im Detail tiefergehende Methoden der Finanzmathematik sowie des Risikomanagements und der Statistik anwendet. Die Ergebnisse sind umfassend (produktunabhängig, produktübergreifend, fachlich übergreifend[30]) und (lebensphasen-)übergreifend.

Honorarberater verfügen entsprechend über fundierte fachliche Kompetenzen, die sie auf der Basis eines hohen Ausbildungsniveaus selbstständig erweitern. Der Unabhängigkeitsgrundsatz gilt auch für die Weiterbildung.

3. komplex

Komplexe Kundenanforderungen entstehen aus einem Beratungsbedarf, der Einzelproduktanforderungen deutlich übersteigt. Entsprechend sind auch unternehmerische Zusammenhänge und/oder differenzierte Anlageportfolios zu erfassen und zu durchdringen. Kunden von Honorarberatern sind überdurchschnittlich von gesellschaftlichen und beruflichen Veränderungsprozessen betroffen, sodass die relevanten Fragestellungen laufend aktualisiert und die Lösungskonzepte ggf. optimiert werden.[31]

Agilität und Flexibilität sind entsprechend weitere Anforderungen an das Persönlichkeitsprofil eines Honorarberaters. Insbesondere muss er dazu in der Lage sein, seinen Kunden auf Augenhöhe zu begegnen.

---

30 Beinhaltet auch rechtliche und steuerliche Aspekte.

31 Z.B. VUCCA: Aufgrund schneller greifender Veränderungen und damit verbundenen Unsicherheiten vor disruptivem Wandel greifen Methoden, die auf Weiterentwicklungen reagieren, schwerfälliger als bisher oder zeigen keine Wirkung. Ansätze, damit umzugehen und darauf zu reagieren, beschreiben in der Ausgangslage dieses Phänomen mit dem Begriff „VUCA" (volatility, uncertainty, complexity, ambiguity). Damit wird ausgedrückt, dass Entscheidungen mehr als bisher unter flüchtigen, unsicheren, komplexen und ambivalenten Rahmenbedingungen getroffen werden müssen.

4. marktübergreifend

Marktübergreifende Lösungen beinhalten Lösungen aus dem gesamten Finanz-
dienstleistungsspektrum. Sie sind unabhängig von zusammengestellten Portfolios
einzelner Berater. Idealerweise verfügen Honorarberater über ein Netzwerk mit Ko-
operationspartnern, die ergänzend ihre Expertise in das Lösungskonzept einbringen.

Um gegenüber ihren Kunden den (auch gesetzlich verankerten) Marktüberblick auf-
rechtzuerhalten, ist zielgerichtete Marktbeobachtung ein organisierter Bestandteil
im Aufgabenspektrum von Honorarberatern. Neben fachlichen Fähigkeiten verfügen
sie über die hierzu erforderlichen methodischen und organisatorischen Kompetenzen.

5. individuell

Individualität setzt immer das persönliche Gespräch voraus. Nur so können komplexe Kundenanforderungen erfasst werden. Der Kunde muss verstehen, an welcher
Stelle er und sein Berater gerade stehen. Der Berater erfasst die Kundenanforderungen strukturiert aufgrund zielgerichteter Fragestellungen.

Die Beratung kann Lebensphasen und Lebensplanungen von Privatpersonen oder
Entwicklungsphasen und Planungszyklen von Unternehmen umfassen.

Honorarberater benötigen daher ein hohes Maß an kommunikativer Kompetenz. Sie
sind sicher im Umgang mit Fragetechniken und helfen ihren Kunden bei der individuellen Entscheidungsfindung, in dem sie in der Kommunikation den Kundennutzen
deutlich herausarbeiten.

Sie sind aufgrund ihrer Kommunikationsfähigkeit dazu in der Lage, ihre Individualität
als Berater herauszustellen und sich als eine Eigenmarke zu positionieren.

6. passgenau

Passgenaue Finanzprodukte entsprechen dem individuellen Kundenbedarf, insbesondere seinen finanziellen Möglichkeiten und seinem Risikoprofil. Darüber hinaus
halten die empfohlenen Produkte das, was sie versprechen. Die Produkte zeichnen
sich durch ein hohes Maß an Qualität aus, die Empfehlung basiert nicht nur auf dem
Verzicht auf alternativ eingepreiste Provisionen.

Der Kunde wird dazu in die Lage versetzt, einen möglichen anschließenden Kauf
eigenständig zu entscheiden und umzusetzen.

Honorarberater sind dazu in der Lage, ihren Kunden entsprechende Risikoprofile zu
entwerfen und aufgrund finanzmathematischer Kenntnisse entsprechende Produkt-
strukturen zu beurteilen und darauf aufbauend Anforderungen an Produktgeber zu
artikulieren.

Sie nutzen stets aktuelle methodische Werkzeuge und technische Hilfsmittel (geeignete Software), um ihren Kunden die entsprechenden Wirkmechanismen transparent darzulegen.

5.6   Definition von Honorarvermittlung

Honorarberatung hat ausschließlich den Beratungserfolg zum Ziel, sie ist damit vermittlungsneutral. Sollen im Anschluss entworfene Lösungskonzepte auch umgesetzt werden, wird dem Berater i.d.R. auch die Beschaffung übertragen. Er beschafft für den Kunden die erforderlichen Finanzprodukte und schuldet nun den Vermittlungserfolg. In diesem Fall handelt es sich um Honorarvermittlung.

Honorarvermittlung kann im Anschluss an Honorarberatung oder isoliert ohne Honorarberatung erfolgen. Mit ihr gemeinsam ist die Form der Vergütung. Für die Preisfindung und Vertragsgestaltung gelten unterschiedliche steuerliche Vorschriften (vgl. 7.3 Steuerliche Aspekte).

Der Gesetzgeber fordert auch hier einen ausreichenden Marktüberblick, er sieht keinen Interessenkonflikt zu einem Beratungsmandat.

Honorarvermittlung ist im Gegensatz zur Honorarberatung keine Dienstleistung, die über das klassische Vermittlungsgeschäft hinausgeht. Sie hat sich u.a. durch kundeninitiierte Provisionsverhandlungen im Rahmen großvolumiger Geschäfte entwickelt.

Im Zusammenhang mit Honorarvermittlung erfolgt immer auch eine (produkt-)spezifische Beratung. Diese bezieht sich (im Gegensatz zur übergreifenden Honorarberatung) auf den konkreten Abschluss und wird damit als vermittlungsakzessorische Beratung bezeichnet.

Aufgrund ihrer Kostenstrukturen beinhalten die über diesen Weg vermittelten Produkte i.d.R. finanzmathematische nachzuweisende Kundenvorteile. In der Auswahl und Beschaffung dieser Produkte liegt der besondere Mehrwert von Honorarvermittlung.

> **Honorarvermittlung**
>
> Honorarvermittlung ist unabhängige und wertige Finanzdienstleistung, die für konkrete Kundenanforderungen passgenaue Finanzprodukte beschafft.
>
> Sie unterliegt strengen gesetzlichen Regelungen insbesondere in Bezug auf ihre Unabhängigkeit und stellt gehobene Anforderungen an die persönliche, fachliche und soziale Kompetenz der Berater.

Honorarvermittlung umfasst im Vergleich zur Honorarberatung noch vier nutzenstiftende Merkmale. Die Anforderungen an die Kompetenzen der Honorarvermittler sind nicht so ausgeprägt wie die an die Honorarberater.

1. unabhängig

   Der Honorarvermittler ist von Dritten (Produktgeber, Vertriebsgesellschaften) unabhängig. Er ist – auch in Form seiner Vergütung – ausschließlich seinen Kunden gegenüber (vertraglich) verpflichtet, die damit ausschließlich seine Leistung honorieren. Diese Verpflichtung untermauert er proaktiv durch vollständige Transparenz über sämtliche seine Leistung und Empfehlungen (Finanzprodukte) betreffenden Kosten.

Unabhängigkeit erfordert im Wesentlichen die Fähigkeit zur Selbstorganisation. Preisfindung und Preisdurchsetzung sind in diesem Zusammenhang die prägendsten wirtschaftlichen Anforderungen in der bilateralen Beziehung zu seinen Kunden.

Honorarvermittlung kann unabhängig von Honorarberatung angeboten werden und sich nur in der Vergütungsform von klassischer Finanzdienstleistungsvermittlung unterscheiden. Sie kann daher als Mischform mit dem Provisionsmodell angeboten werden.

2. wertig

Die Wertigkeit von Honorarvermittlung basiert auf einer ebenso umfassenden wie detaillierten Produktkenntnis. Honorarvermittler können Produktkalkulationen nachvollziehen und die entsprechenden Wirkmechanismen vermitteln. Der Wert der Beschaffungsleistung bemisst sich vor allem am Mehrwert der vermittelten Produkte. Honorarvermittler sind ebenso dazu in der Lage, großvolumiges Geschäft souverän zu realisieren.

Honorarvermittler verfügen über fundierte fachliche Kompetenzen, die sie auf der Basis eines hohen Ausbildungsniveaus selbstständig erweitern.

3. konkret

Konkrete Kundenanforderungen werden im Rahmen einer vermittlungsakzessorischen Beratung professionell und im alleinigen Kundeninteresse herausgearbeitet. Die Beschaffung erfolgt im ausschließlichen Kundeninteresse.

4. passgenau

Passgenaue Finanzprodukte entsprechen dem individuellen Kundenbedarf, insbesondere seinen finanziellen Möglichkeiten und seinem Risikoprofil. Darüber hinaus halten die empfohlenen Produkte das, was sie versprechen. Ein besonderer Fokus wird dabei auf die Vermeidung nachteiliger Effekte (z.B. Renditenverlust aufgrund versteckter Kosten gelegt).

Die Produkte zeichnen sich durch ein hohes Maß an Qualität aus, die Empfehlung basiert nicht nur auf dem Verzicht auf alternativ eingepreiste Provisionen und stützt sich auf eine Auswahl aus einem ausreichend umfangreichen Produktangebot zahlreicher Produktgeber. Hieraus werden zielgerichtet kostenoptimierte Produkte beschafft.

Die Qualität der Vermittlung wird vor allem durch die besondere Qualität der Produkte bestimmt. Danach bemisst sich entsprechend auch der Wert der Dienstleistung.

5.7   Service- und Dienstleistungspauschalen

Meistens ist der Einstieg in neue Kundenbeziehungen mit unsortierten Versicherungs-unterlagen und Wertmitteilungen verbunden, die der Vermittler dann mitnimmt und im zweiten Gespräch gut sortiert wieder zurückbringt.

Das Argument, für Ordnung zu sorgen, bietet dem Kunden die Möglichkeit, seine Unterlagen sortiert zurückzuerhalten, ohne dass er als Nichtfachmann etwas Falsches wegwirft. Der Berater hat die Chance, Versorgungslücken und Optimierungspotenzial zu identifizieren und sich so ein Bild über die Möglichkeiten für Neugeschäft zu machen. Eine klassische Win-win-Situation.

Wie sieht es aber aus, wenn aufgrund der Menge der Unterlagen die Arbeit für den Vermittler Ausmaße annimmt, die wirtschaftlich eigentlich nicht zu rechtfertigen sind. Zu viele Unterlagen weisen möglicherweise auch auf zu viele bereits erworbene Finanzpro-dukte hin, die dann zu wenig Potenzial für Neugeschäft bieten.

Wenn die aus der Beratung und Vermittlung resultierenden Abschluss- und insbesonde-re Bestandsprovisionen nicht mehr ausreichend sind, die Kosten der zusätzlichen Ser-viceleistungen zu decken, wird dieses zunehmend durch die Einführung einer Service-pauschale kompensiert.

Die Frage stellt sich aktuell insbesondere im Zuge der Digitalisierung und der damit verbundenen Verbreitung von digitalen Kundenordnern in App-Form. Die Sortierung und laufende Aktualisierung ist, unabhängig von den damit verbundenen Möglichkeiten der Kundenaktivierung, ein vom Beratungs- oder Vermittlungsergebnis losgelöster Zusatz-service, über dessen zusätzliche Vergütung nachgedacht werden kann. Dieses gilt ins-besondere vor dem Hintergrund anfallender Entwicklungs- und Bereitstellungskosten.

Beratern und Vermittlern im Provisionsmodell verschafft das weitere und von den Pro-duktgebern unabhängige Einnahmequellen. Honorarberater könnten den zusätzlichen Service in ihren Leistungskatalog integrieren.

> Tipp: Die Wertschätzung gegenüber dem Kunden erhöht den Wert der eigenen Leistung
>
> An dieser Stelle stellt sich immer auch die Frage der Wertigkeit bzw. Wertschätzung. Einem Kunden zu sagen, dass der Sortieraufwand (also der Aufwand für ihn!) zu hoch ist und er entsprechend für den Service zahlen soll, kann bestimmt intelligenter kommuniziert werden.
>
> Wichtiger ist hier allerdings die Frage, ob der Kunde seinen Berater als Sortier-Profi oder als Experte für hochwertige Finanzdienstleistung wahrnehmen (und bezahlen) soll. Möglicherweise ist das Sortieren der Unterlagen stattdessen einfach ein Teil einer hochwertigen Risiko- und Finanzanalyse, die dann auch hochwertiger honoriert wird.

Bei allen Ideen und Ansätzen für Zusatzvereinbarungen ist der rechtliche Rahmen zu beachten. Rechtsberatungen oder Steuerberatungen sind Finanzdienstleistungsvermittlern grundsätzlich nicht erlaubt.

Rechtsberatungen sind (wie beschrieben) nur in Bezug auf Versicherungsverträge und bestimmte Zielgruppen (Verbraucher, Nicht-Verbraucher) erlaubt.

Erlaubt sind darüber hinaus Nebenleistungen, die zum Berufs- oder Tätigkeitsbild gehören und nach ihrem Inhalt, Umfang und sachlichen Zusammenhang nur mit gleichen Kenntnissen, die für die Haupttätigkeit erforderlich sind, beurteilt beziehungsweise erbracht werden können (§ 5 Abs. 1 RDG).

Dieses umfasst z.B. eine umfassende Bedarfsermittlung, ohne dabei Vertragsüberprüfungen vorzunehmen sowie Wertermittlungen und marktbezogene Beratungen. Das Gleiche gilt für Verhaltensempfehlungen in generellem Bezug auf Geldanlage oder einem Systemwechsel in der Krankenversicherung.

In diesen Fällen erfolgt jeweils keine rechtliche Prüfung im Einzelfall und damit kann für diese Dienstleistungen eine entsprechende Vergütung verlangt werden.

Damit sind wesentliche Teilbereiche der Aufgaben des Beraters und Vermittlers keine Rechtsdienstleistung und können als separates Dienstleistungsprodukt gegen ein gesondertes Honorar angeboten werden (Schulz, 2015, S. 50).

Hinweis: Schadenregulierung ist keine besondere Dienstleistung

Ein besonderer und strittiger Fall ist die Unterstützung bei der Schadenregulierung. Das Mitwirken im Schadenfall gehört nach Auffassung des Gesetzgebers unmittelbar zu den Vertriebstätigkeiten (§ 1a VVG) des Versicherungsvertreibers (vgl. 5.2.2 Rechtsgrundlagen für Honorarberatung/Versicherungen und Altersvorsorge).

Der BGH vertritt hier eine andere Meinung und stuft dieses als unzulässige Rechtsdienstleistung ein (I ZR 107/14 vom 14.1.2016).

Unabhängig von dieser strittigen Frage bietet in beiden Fällen die Unterstützung in der Schadenregulierung keinen weiteren Raum für Service- oder Dienstleistungspauschalen. Beratungen zur Schadenverhütung können dagegen entsprechende und wertvolle Serviceleistungen sein.

Ebenso unzulässig werden Servicepauschalen sein, die von Versicherungsmaklern (zusätzlich zu einer Bestandsprovision) für persönliche oder telefonische Erreichbarkeit oder die Frequenz der Kundenbesuche erhoben werden.

Der Gesetzgeber räumt die Möglichkeit für – echte – ergänzende Dienstleistungen sowie darüber hinausgehende Serviceleistungen ein. Der Berater steht also vor der Herausforderung, Service zu bieten, um sich dadurch im Markt zu differenzieren und gleichzeitig wirtschaftlich zu handeln.

Eine dem Kunden nicht in Rechnung gestellte Serviceleistung kann auch (wie der Ouzo im griechischen Restaurant) an anderer Stelle eingepreist werden. Das ist dann eine Frage der Kommunikation und keine Frage der Kalkulation. Ein unwirtschaftliches Angebot von Zusatzservice widerspricht dagegen immer einer vernünftigen Preisfindung für die Haupttätigkeit (vgl. 7.2.2 Preisfindung).

Insgesamt sollte bei der Katalogisierung von Zusatzleistungen die Strategie für das Beratungsunternehmen nicht aus den Augen verloren werden. „Was zahlt auf mein Geschäftsmodell ein und was bereichert es?" Zusätzliche Leistungen ergänzen die Hauptleistung und bieten einen Mehrwert.

Die Suche nach Servicemöglichkeiten, um damit „möglichst viel zu Geld zu machen", kann keine Option sein. Welches Geschäftsmodell spricht potenzielle Kunden mit einem Leistungskatalog an, der zusätzlich zur Finanzdienstleistung „Baubetreuung, Büroservice, Immobilienvermittlung, Hausverwaltung, Unternehmensberatungen, Kfz-Zulassungsservice, Schadenverhütung, KfW-Einbruchschutz-Fördermittel" umfasst?

Der Versuch, wegbrechende Provisionseinnahme mit Zusatzleistungen zu kompensieren, ist häufig auch ein Grund für die fehlenden Provisionseinnahmen.

Hinweis

Da die Suche nach besonderen Leistungen zur Generierung zusätzlicher Honorare für viele Makler ein wichtiges Thema ist, ist aus der Arbeit (Beratungen, Workshops, Trainings) des Autors mit Ihnen die Beschreibung eines Vertriebs- und Beratungsprozesses entstanden (vgl. 11 Praktische Anwendung mit einem professionellen Vertriebs- und Beratungsprozess).

Die damit entworfene Struktur ermöglicht es, die hier angestellten Überlegungen mit neuen und besonderen Leistungsmerkmalen werthaltig zu gestalten und sich diese besonderen Service- und Beratungsleistungen zusätzlich vergüten zu lassen. Dabei sind allerdings auch Voraussetzungen zu erfüllen, die über das gewohnte Maß klassischer Finanzdienstleistungserstellung hinausgehen.

5.8 Zusammenfassung/Gegenüberstellung

Honorarberatung ohne Honorarvermittlung wird als eigenständige Dienstleistung vornehmlich im Versicherungsbereich angeboten. Sie wird z.B. als Rentenberatung, Pflegevorsorge oder allgemein Generationenberatung ohne Vermittlungsbezug im Sinne einer Rechtsdienstleistung vorgenommen.

Die Honorarvermittlung von Nettopolicen in Verbindung mit der Vergütung durch den Kunden im Rahmen von Honorarvereinbarungen erfolgt in diesem Bereich häufig im Rahmen der regulären Zulassung und Tätigkeit als Versicherungsmakler. Damit haben Berater die Möglichkeit, einen breiteren Markt und vor allem auch Kunden, die aufgrund ihrer Risikosituation keinen Nettotarif anbietenden Versicherer finden, zu bedienen. Viele von ihnen sind in ihrem Selbstverständnis dementsprechend bereits Honorarberater. Mit der Einführung des neuen Versicherungsberaters können Sie auch nach außen eindeutig als Honorarberater auftreten.

So wie im Anlagebereich folgt i.d.R. ganz selbstverständlich die Honorarvermittlung auf die Honorarberatung. Finanzdienstleistungsgeschäft ist aus allgemeiner Kundensicht i.d.R. nicht so spannend, dass sie sich nur fachlich darüber informieren beziehungsweise übergreifend beraten lassen wollen. Selbstverständlich ist es eine wertvolle Leistung, über die Grundzüge der Geldanlage mit wesentlichen Handlungsempfehlungen zu beraten.

Am Ende wollen Kunden das aber auch umsetzen und Produkte kaufen. Altersvorsorge löst sich nicht durch den theoretischen Blick darauf und das Wissen um den optimalen Einstieg, sondern durch Umsetzung und durch dann passgenaue Produkte.

Beratung und Vermittlung gehören zusammen und keine Vermittlung erfolgt ohne (vorgeschriebene und dokumentierte) Beratung. Und auch übergreifend beratene Kunden suchen (dann später) den Weg zum Vermittler.

Die hier herausgearbeitete Trennschärfe von Honorarberatung und Honorarvermittlung soll daher nicht dazu beitragen, das eine dem anderen gegenüberzustellen. Das geht auch so nicht, weil beides eigene und anders geartete Dienstleistungen sind, von denen Kunden separat profitieren können („Äpfel und Birnen").

Die Herausforderung für Berater und Vermittler besteht darin, attraktive und verständliche Leistungsbausteine zu definieren, die den Anforderungen nach und an Beratung und/oder Vermittlung gerecht werden und für Kunden nachvollziehbar transparent sind.

Daher wurden in diesem Kapitel Definitionen für Honorarberatung und Honorarvermittlung entwickelt, die auf Basis praktischer Berufsbilder und wissenschaftlicher Ansätze Anforderungen für die Umsetzung im eigenen Geschäftsmodell liefern.

Sie beschreiben die Leistungskriterien und Leistungsgrenzen und geben das Raster zur Ideenfindung und Modellentwicklung vor. So ist der Weg der Weiterentwicklung eines Finanzdienstleisters in die Honorarberatung mit deutlich höheren Herausforderungen versehen als zunächst der in die Honorarvermittlung. Eine wertige Dienstleistung für konkrete Kundenanforderungen wird grundsätzlich (und auch aus überwiegender Kundensicht) auch mit Provisionsvermittlung geliefert. Unabhängige und marktübergreifend individuelle Lösungskonzepte können dagegen nur im ausschließlichen Kundenauftrag entworfen werden.

In der folgenden Übersicht sind die Merkmale von Honorarberatung und -vermittlung zusammenfassend nebeneinander (nicht gegenüber) gestellt. Anhand dieser Merkmale kann Kunden die Dienstleistung prägnant beschrieben werden. Idealerweise wird hierzu das beschriebene Merkmal zusätzlich jeweils in seinen Kundennutzen übersetzt: „Das bedeutet für Sie ...“ „Das hat für Sie den Vorteil ...“

Honorarberatung	Honorarvermittlung
unabhängig	unabhängig
hochwertig	wertig
komplex	
marktübergreifend	konkret
individuell	
passgenau	passgenau

Abb. 9: Merkmale für Honorarberatung und Honorarvermittlung
Quelle: eigene Darstellung

In der Praxis wird auch künftig – schon allein aufgrund des potenziellen Marktvolumens – in deutlich höherem Umfang Honorarvermittlung als Honorarberatung angeboten. Die Differenzierung wird mit Umsetzung der Versicherungsvertriebsrichtlinie (wie bereits im Finanzanlagenbereich) hauptsächlich in der internen Zuordnung von Leistungsbausteinen erfolgen. Aus allgemeiner Kundensicht wird eine Trennung weder wahrgenommen noch erwartet.

Die folgende Übersicht stellt noch einmal die rechtlich zulässigen Tätigkeitsfelder für Honorarberatung und -vermittlung dar. Im weiteren Verlauf geht es nun darum aufzuzeigen, wie die Umsetzung gelingen kann. Hierzu gilt es zunächst, zündende Geschäftsideen zu entwickeln.

Trotz der erforderlichen Kreativität ist es gerade in diesem Geschäft zwingend erforderlich, die rechtlichen Schranken nicht zu durchbrechen.

	Honorarberatung		Honorarvermittlung	
Honorar-Anlageberater (§ 36c WpHG)	• Honorar	Wertpapier-Dienstleistungen	• Honorar • Honorar mit Provisionsauskehr	ausschließlich
Honorar-Finanzanlagenberater (§ 34h GewO)	• Honorar	Finanzanlagen	• Honorar • Honorar mit Provisionsauskehr	
Versicherungsberater (§ 34d Abs. 2 GewO-E)	• Honorar	Versicherungs-produkte	• Honorar • Honorar mit Durchleitungsgebot	
Finanzanlagenvermittler (§ 34f GewO)	• Honorar	Finanzanlagen	• Honorar	zusätzlich
Versicherungsmakler (§ 34d Abs. 1 GewO-E)	• Honorar*	Versicherungs-produkte	• Honorar	

* Rechtsberatung für einzelne Verträge nur bei Nichtverbrauchern

Abb. 10: Gesamtübersicht Zulässigkeit von Honorarberatung und Honorarvermittlung
Quelle: eigene Darstellung

6 Geschäftsideen für Honorarberatung

Eine Geschäftsidee stellt das eigene Leistungsangebot und vor allem den damit verbundenen Kundennutzen heraus (Brich, 18. Aufl., 2014, S. 1308). Die bei Honorarberatung häufig in den Vordergrund gestellten Vergütungsfragen sind Bestandteil eines darauf aufbauenden Geschäftsmodells. Wenn aber wie im oben definierten Sinn Honorarberatung auch eine eigenständige Dienstleistung sein soll, ist es wichtig mit ihr auch eine eigene Geschäftsidee und vor allem einen besonderen und zusätzlichen Kundennutzen zu verbinden.

Die Honorarvermittlung findet dagegen im Geschäftsmodell der klassischen Finanzdienstleistungsvermittlung statt. Die möglicherweise gerechtere Form der Vergütung oder der geringere Abhängigkeitsgrad sind Differenzierungsmerkmale gegenüber provisionsgesteuerten Geschäftsmodellen, die entsprechend herausgestellt werden können. Sie stellen in der Form aber noch keine neue Geschäftsidee für eine eigenständige und andere Dienstleistung dar.

Mit der eigenständigen Entwicklung der Geschäftsidee vor der Beschreibung der dann im Geschäftsmodell folgenden organisatorischen und finanziellen Fragen kann vor allem der Blick auf den Kunden, den Zugang zu ihm und den für ihn mit Honorarberatung verbundenen Nutzen im Vordergrund stehen.

6.1 Grundprinzipien zur Ideenfindung

Die Entwicklung einer Geschäftsidee orientiert sich idealerweise an den Grundideen beziehungsweise Grundprinzipen der engpasskonzentrierten Verhaltensstrategie nach Wolfgang Mewes.[32] Die von ihm entwickelte Strategie besagt, dass die Art und Weise, die eigenen und verbündeten Kräfte optimal zum Nutzen seiner Zielgruppe einzusetzen, im Vordergrund unternehmerischer Ausrichtung stehen sollten. Über den Zielgruppennutzen wird dann in der Folge der eigene Gewinn optimiert. Daher liegt das Ziel des unternehmerischen Strebens nicht in der Gewinnmaximierung, sondern in der Maximierung des Kundennutzens.

Ein erstes grundlegendes Prinzip bei der Suche nach einer erfolgversprechenden Geschäftsidee ist die **Konzentration auf die eigenen Stärken**. Wo entfalte ich meine größte Wirkung? Mit welchen Themen bin ich erfolgreicher als andere? Was kann und tue ich gut und gerne?

Die Konzentration auf diese Stärken erzielt die größte und damit eine dauerhafte Wirkung. Sie kann sich (eben durch die Konzentration hierauf) permanent weiter entwickeln und optimieren. Es entsteht automatisch ein Expertenstatus, der dann auch als besonders zu honorieren wahrgenommen und nachgefragt wird.

Darauf aufbauend gilt es, eine geeignete Zielgruppe zu bestimmen und vor allem zu prüfen, ob ein **Zugang zu** dieser **Zielgruppe** vorhanden oder möglich ist. Ebenso stellt

---

32 Engpasskonzentrierte Strategie (EKS), 1970 von Wolfgang Mewes begründet.

sich in diesem Zusammenhang die Frage, mit beziehungsweise für welche Menschen man gerne arbeitet und ob von diesen grundsätzlich erwartet werden kann, dass sie ein entsprechendes Engagement für sie auch wertschätzen (können).

Am Ende des Weges reicht es allerdings nicht aus, für seine herausragenden Eigenschaften die passende Zielgruppe definiert zu haben. Die Zielkunden müssen verstehen, welcher Vorteil für sie mit der angebotenen Dienstleistung verbunden ist. Der mit der Leistung verbundene **Nutzen** muss **aktiv herausgestellt** und den Zielkunden verkauft werden.

Eine erfolgversprechende und zukunftsfähige Geschäftsidee entsteht für Honorarberatung auf Basis dieser Grundprinzipien und beinhaltet mit der Konzentration auf die eigenen und wirkungsvollsten Stärken zunächst die **Ausrichtung** des angebotenen Leistungsspektrums. Den Zugang zur Zielgruppe verschafft man sich klassischerweise durch **Akquisition** und durch Finden und Lösen ihrer gravierendsten Themen. Abschließend gilt es, den Kundennutzen deutlich herauszustellen; vor der Beratung steht der **Verkauf** der Dienstleistung.

Da sich Honorarberater i.d.R. nicht ohne Vergangenheit und nicht losgelöst von bestehenden Ideen und Konzepten im Markt bewegen, geht es daher an dieser Stelle i.d.R. um Weiterentwicklung und Neuausrichtung. Das Rad ist nicht immer neu zu erfinden und auch hier ist stets „das Bessere der Feind des Guten". Für künftige Honorarberater stellen sich vereinfacht ausgedrückt folgende Fragen:

- *Wo bin ich gut?*
- *Wie kann ich da besser werden?*
- *Wie kann ich dazu ein vernünftiges Preismodell entwickeln?*

6.2   Ausrichtung des Leistungsspektrums

Die Auseinandersetzung mit Finanzprodukten steht auch im Zentrum von Honorarberatung und Honorarvermittlung. Daher beschreibt die Auseinandersetzung mit den eigenen Stärken in diesem Zusammenhang immer auch eine Affinität zu bestimmten Produkten.

Eine allumfassende und gleichermaßen fundierte fachliche Kompetenz eines Beraters entspricht weder der Erwartungshaltung der Kunden, noch dem Gedanken der Konzentration. In diesem Sinne ist es ratsam, sich fachlich auf ein bestimmtes Produktspektrum zu konzentrieren.

Die Fachlichkeit orientiert sich dabei idealerweise nicht an Produkten oder gewerberechtlichen Zulassungsvoraussetzungen. Sie folgt Fragestellungen beziehungsweise Themen, die Kunden dauerhaft oder wiederkehrend bewegen oder die sich für neue Kunden immer wieder stellen. Das vorhandene Produktwissen wird um spezifisches Kundenwissen erweitert. Die Produkte werden zu Lösungen im Rahmen übergreifender Beratung.

Dabei entwickeln sich die Fragestellungen der Kunden stetig weiter. Mit einer besonderen Expertise für Fragen der Existenzgründung werden bspw. nicht die spezifischen Fragen in darauf folgenden Wachstums- oder Konsolidierungsfragen eines Unternehmens gelöst. Die Konzentration auf diesen Leistungsbereich verlangt entsprechend regelmäßig Neukunden, die hiervon (Kundenwissen und Produktwissen) profitieren.

Weitere Beispiele finden sich in allen Berufs- und Lebensphasen sowie Komplexitätsgraden:

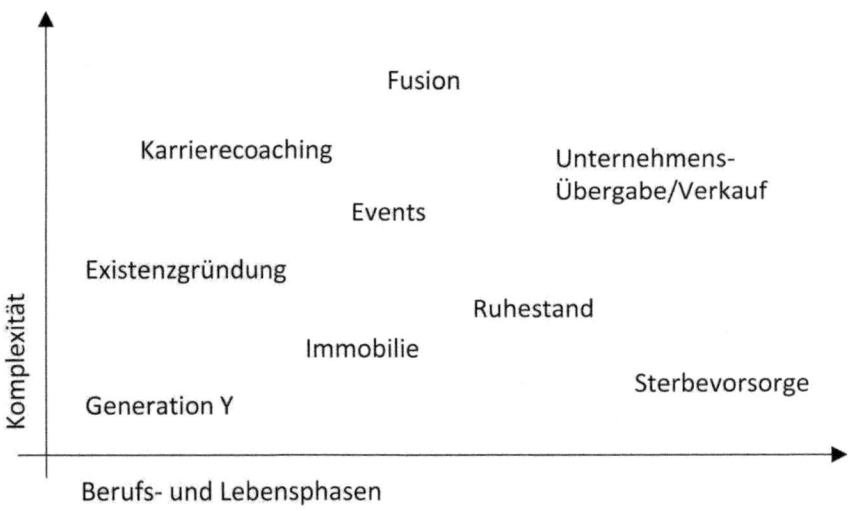

Abb. 11: Spezialisierung auf spezifische Fragestellungen von Zielkunden
Quelle: eigene Darstellung

Wenn diese Themen für die Kunden erledigt und gelöst sind, ist auch der spezifische Beratungsbedarf ausgeschöpft. Während im klassischen Finanzdienstleistungsgeschäft derartige Beratungsphasen oft als Einstieg in die Kundenbeziehung genutzt werden können, ist diese in der Honorarberatung damit beendet.

Der Problemlöser aus der Gründungsphase gehört aus der Kundenperspektive genau zu den spezifischen Fragestellungen für Gründer. Wer sich dagegen einen dauerhaften Zugang zu den in dieser Phase gewonnenen Kunden verschaffen möchte, sollte sein Angebot erweitern und sich z.B. als Unternehmenscoach positionieren.

Ebenso ist die Frage der Altersvorsorge eine Aufgabe, der man sich dauerhaft stellt und die wiederkehrenden Beratungsbedarf auslöst. Für sie gibt es aus Kundensicht eine schwer zu durchschauende Anzahl an Institutionen und Ansprechpartnern. Das gesamte Spektrum der Lösungsmöglichkeiten werden ihnen dagegen nur wenige davon professionell aufzeigen und erklären können.

Im definierten Sinn entwirft Honorarberatung Lösungskonzepte für komplexe Kundenan-forderungen. Dazu zählt dann auch die Altersvorsorge, wenn man sich mit ihr losgelöst von den gängigen Standardprodukten nähert. Marktübergreifende Lösungen umfassen in diesem Sinne das komplett hierfür geeignete Produktspektrum.

Altersvorsorgeprodukte umfassen definitionsgemäß zunächst Rentenversicherungspro-dukte, die kapitalbildend, fondsgebunden, als Hybridprodukte, in der Ausprägung von Index-Policen oder als Variable Annuities angeboten werden. Sie finden sich in drei un-terschiedlich steuerlich geförderten Schichten also in den Ausprägungen als Riester-Verträge, Rürup-Versicherungen, Direktversicherungen, Pensionskassen und Pensions-fondsversicherungen sowie Rückdeckungsversicherungen wieder. Ebenso als regulierte Pensionskassen und Pensionsfonds. Neben dem Versicherungsspektrum eignen sich Kapitalmarktprodukte für die Altersvorsorge. Diese umfassen Aktien, Anleihen, offene In-vestmentfonds Exchange Traded Funds (ETF) und Zertifikate. Investmentsparverträge, Banksparpläne oder Bundeswertpapiere und Bundesschatzbriefe können ebenso zur Altersvorsorge beitragen wie standardisierte Unternehmensbeteiligungen in Form von geschlossenen Fondsbeteiligungen oder Derivaten (Ortmann, 2010, S. 23 f.).[33]

Honorarberatung, die aus diesem umfangreichen Produktportfolio Lösungskonzepte entwirft, beginnt sinnvollerweise dann auch nicht mit Produktbeschreibungen, sondern beschäftigt sich zunächst generell mit Chancen und Risiken von Geldanlage oder der Funktionsweise der Märkte.

Eine Geschäftsidee zu entwickeln, die sich auf das Thema der Altersvorsorge konzen-triert, ist zunächst noch nicht innovationspreisverdächtig. Es geht darum, einen Weg zu finden, sich anders als bisher und anders als andere damit auseinanderzusetzen.

Dabei kann der Fokus auf die angesprochene Funktionsweise der Märkte oder auf für Kunden übergreifend relevante Themen, z.B. die Nachhaltigkeit der Anlagen mit green investments gelegt werden (vgl. 4.1.2 Verändertes Kundenverhalten).

Es sollte für Kunden relevant sein und fachlich beherrscht werden. Kunden werden sich nur mit den Themen übergreifend auseinandersetzen, die ihnen wichtig sind und zu de-nen sie dann auch entsprechendes eigenes Wissen mitbringen.

Selbstverständlich sind darüber hinaus zur Identifikation der passgenauen Finanzpro-dukte fundierte Produktkenntnisse erforderlich. Der Käuferstreik (auch in Bezug auf übergreifende Beratung) wird noch ausgeprägter, je weniger der Verbraucher die Pro-dukte versteht (Ortmann, 2010, S. 21).

---

33 Einen Grenzbereich bilden an dieser Stelle Immobilien, die allerdings aufgrund spezifischer Fragestellungen ein eigenes und besonderes Beratungsfeld eröffnen.

▶ **Exkurs: Die Idee von Allfinanz und Ansätze des Financial Planning**

Ein entgegen dem Prinzip der Konzentration deutlich generalistischerer Ansatz wurde mit der Idee der Allfinanz verfolgt.

Sie folgte der Auffassung, dass Finanzdienstleistungsgeschäfte in gewisser Weise einheitlich funktionieren und durch die Zusammenfassung aus Anbietersicht zu entsprechenden Synergiegewinnen führen müssten. Allfinanz ist demnach als übergreifende Integrationsfunktion zu verstehen. Integriert werden möglichst umfassend finanz- und risikobezogene Leistungen, die traditionellerweise von Banken und Versicherungen angeboten werden (Bernet, 2005, S. 471).

Durch die Zusammenfassung spielten neben den Synergieüberlegungen vor allem Größen- und Marktmachtbestrebungen der Finanzkonzerne eine wichtige Rolle. Bei den Zusammenschlüssen wurden Unternehmenskulturen und vor allem die jeweils selbstständigen Distributionskanäle beibehalten. Eine Bündelung beziehungsweise Integration für den Kunden konnte so nicht erfolgen. Ebenso wenig gab es technische Möglichkeiten, dem Kunden das komplette Leistungsspektrum abzubilden. Die fachliche und auch kulturelle Verschiedenheit von Banken und Versicherungen führte am Ende dazu, dass sich die Allfinanz nach und nach aus den Konzernzentralen verabschiedete.

Heute nutzen vor allem Banken und Sparkassen die Möglichkeiten, Kunden umfassend an sich zu binden. Dabei streben sie allerdings keine umfassende Kundenbetreuung aus einer Hand an, sondern versuchen, Kundendaten so zu nutzen, dass neben dem Kerngeschäft zusätzlich Provisionserlöse bspw. aus dem Versicherungsgeschäft generiert werden können. Die kulturellen Grenzen zwischen Versicherungen und Banken lösen sich damit nicht auf, der Wettbewerb um den besten Kundenzugang findet hausintern statt. Zusätzlich stellt sich auch hier die Filialproblematik der Flächeninstitute und die damit verbundene Frage nach dem geeigneten Kundenzugang (vgl. 4.1.2.4 Spezifische Merkmale für Banken).

Die Marktanteilsdynamik der Großbanken und Versicherungskonzerne hat sich inzwischen auf den internationalen Wettbewerb verlagert. So wurde bspw. im Januar 2017 zwischen der Allianz und der britischen Großbank Standard Chartered eine umfassende Allfinanzvereinbarung geschlossen, nach der die Bank (im asiatischen Raum) über ihr Filialnetz Schadenversicherungsprodukte der Allianz vertreiben wird[34].

Ein beratungsorientiertes Wertschöpfungsmodell setzt eine möglichst weitgehende Produktneutralität voraus. Allfinanzinstitutionen werden zu Informations- und Kommunikationsplattformen, deren Kernfunktion nicht mehr Produktion und Distribution von Finanzprodukten ist, sondern das Analysieren von segmentspezifischen Nachfragebedürfnissen und die Konzeption von Lösungen für die entsprechenden Problemstellungen (Bernet, 2005, S. 478 f.). Dieser Idee folgend entwickelten sich unter

---

34   https://be.invalue.de/d/publikationen/vwheute/2017/01/20/bankvertrieb-allianz-uebertrumpft-axa-in-asien.html.
      Für diese Vereinbarung zahlt die Allianz (Nachrichtenagentur Bloomberg) rund 200 Mio. Dollar und hat sich
      damit gegen den Mitbewerber Axa durchgesetzt. Im Gegenzug erhoffe sich Standard Chartered aus der Partner-
      schaft in den kommenden 15 Jahren Provisionserlöse von mindestens einer Mrd. Dollar.

dem Stichwort „Financial Planning" Ansätze, sich von der herkömmlichen Finanzberatung, die sich an der Angebotspalette des Beraters orientiert, weiterzuentwickeln und ein breitgefächertes Angebot von Finanzprodukten mit flankierender Betreuung für Privatkunden aus einer Hand anzubieten.

Anstelle einer absenderorientierten Erweiterung der Angebotspalette im Sinne der herkömmlichen mit Allfinanz bezeichneten Kooperationen sollten Beratung und Vermittlung mit der Konzentration auf die Lebensphasen der Kunden im Vordergrund stehen. Es wurde ein ganzheitlicher und umfassender Finanzberatungsansatz entwickelt, der sich an den Zielen und Wünschen der Zielgruppe orientiert und dazu beiträgt, diese zu realisieren. Finanzplanung ist damit eine Form von Lebensplanung.

Bereits hier war also die Idee verankert, einen Beratungsansatz umzusetzen, der ergebnisoffen und unabhängig von Anbieterinteressen ist (Trayser, 1998, S. 728 ff.). Konsequenterweise ist damit dann auch die Honorierung des qualifizierten Beraters durch den Kunden verbunden (Dinauer, 2. Aufl., 2008, S. 7).

In diesem Sinne sind bereits viele Honorarberater zertifizierte Financial Planner oder Estate Planner, wobei diese dann konsequenterweise auch ihre mit der Zertifizierung dokumentierte Kompetenz und nicht die Vergütungsform für ihre Beratungsleistung in den Vordergrund stellen. ◀

6.3   Zielgruppenzugang und Akquisitionsansätze

Zunächst unterscheidet sich die Zielgruppenidentifikation und -ansprache für Honorarberater nicht von der der klassischen Finanzdienstleistungsvermittlung. Dennoch sind hierfür einige spezifische Überlegungen hilfreich, die sich an der entwickelten Definition von Honorarberatung (vgl. 5.5 Definition von Honorarberatung) orientieren.

Eine „hochwertige" Dienstleistung wird nicht im Massengeschäft nachgefragt. Die im Zuge der Diskussionen über ein mögliches Provisionsverbot geführten Diskussionen über eine Unterversorgung breiter Bevölkerungsschichten mit Finanzprodukten haben entsprechend stets außer Acht gelassen, dass diese ja auch keinen Bedarf haben, besondere Vermögen anzulegen.[35]

In diesem Sinne organisieren z.B. Banken eigene Geschäftsbereiche für Retail-, Affluent- und Private-Kunden. Während die Herausforderung im Segment des Retail-Bankings dann darin liegt, die große Anzahl von Kunden mit geringerem Beratungsbedarf zu betreuen, steht die hohe Komplexität der Kundenbedürfnisse und entsprechend die Breite und Tiefe der Beratung im Affluent- und Private-Banking im Vordergrund.

Honorarberater müssen sich darüber klar werden, wie viele Kunden sie von ihrer Idee überzeugen können und ob sie dazu in der Lage sind, dauerhaft das zu leisten, was sie ihren Kunden versprochen haben. Dabei können 10 Kunden im Premiumsegment einen

---

35   In den Ländern, in denen ein Provisionsverbot eingeführt worden ist, kann weiterhin Risikoabsicherung mit provisionsvergüteten Produkten betrieben werden.

Berater ebenso gut beschäftigen und vor allem ernähren, wie 800 Kunden im Vielkundensegment.

Honorarberatung erfordert auf der einen Seite Individualität und persönliche Ansprache. Auf der anderen Seite wird Expertenwissen und übergreifendes Know-how, das es wert ist, besonders honoriert zu werden, nicht immer ausschließlich im unmittelbaren (räumlichen) Umfeld des Beraters nachgefragt.

Honorarberater können sich entsprechend räumlich oder fachlich spezialisieren oder ein differenziertes Angebot für Honorarberatung und (davon isolierte) Honorarvermittlung vorhalten.

So kann – beispielhaft – eine fachliche Affinität und Spezialisierung auf das Gewerbegeschäft regional im klassischen (Honorar-)Vermittlungsgeschäft „Rund um den Kirchturm" angeboten werden.

Eine darüber hinaus gehende Spezialisierung und besondere Beratung bspw. von „Geschäftsführern von Heizungsbaubetrieben" erfolgt dann in einem größeren regionalen Umfeld. Der Zusatzaufwand zur überregionalen Beratung ist bei der Preisfindung zu berücksichtigen bzw. gesondert in Rechnung zu stellen.

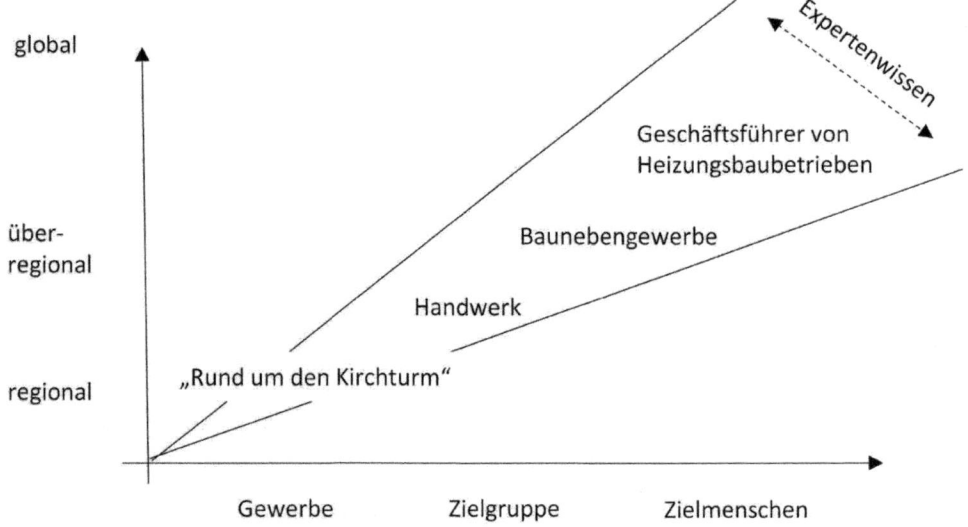

Abb. 12: Regionalität und Differenzierung zum Einsatz von Expertenwissen
Quelle: eigene Darstellung

Merke: Interesse für die Themen der Zielkunden als Türöffner in die Zielgruppe

Für den Unternehmenserfolg ist nicht die Definition, sondern der Zugang zur Zielgruppe entscheidend. Hierzu sind die Themen zu finden und vor allem (mit den Leistungen, die den eigenen Stärken entsprechen) zu lösen, die die Zielgruppe aktuell am stärksten beschäftigen.

Das betrifft neben den Versicherungsthemen insbesondere auch die gravierendsten privaten, beruflichen oder geschäftlichen Themen und Herausforderungen.

In sich weiterentwickelnden Märkten werden sich auch diese Fragestellungen verändern. Es wird neue gravierendste Themen geben, die der Berater neu zu finden hat und die es dann neu zu lösen gilt. Entsprechend sichern nur (echtes) Interesse, Empathie und Agilität den dauerhaften Zugang zur Zielgruppe.

Da sich die Fragestellungen zur Zielgruppenidentifikation nicht grundsätzlich vom klassischen Finanzdienstleistungsgeschäft unterscheiden und der Zugang zur definierten Zielgruppe nicht wettbewerbsfrei verläuft, lässt sich durch die Thematisierung der Honorarfrage immer auch ein zusätzliches Maß an Aufgeschlossenheit erreichen. Neues macht ja i.d.R. neugierig.

Einstellung von potenziellen Kunden zur Honorarberatung

Im Rahmen einer Studie der European Business School (EBS) (Tekathen, 2015) wurden potenzielle Kunden über ihre Kenntnisse zur Honorarberatung und den erwarteten Nutzen befragt.

Hierzu wurde ihnen Honorarberatung folgendermaßen beschrieben: „Honorarberatung ist von Interessen Dritter und vom Produktverkauf unabhängige Beratung im allgemeinen Kundeninteresse, bei der unabhängig vom Kauf eines Finanzproduktes ein Honorar anfällt, das nach Zeitaufwand mit einem Stundensatz verrechnet wird." (Tekathen, 2015, S. 245).

Auch wenn diese Definition keine Leistungsmerkmale beinhaltet, hilft sie die Kundeneinstellung einzugrenzen, da sie ausdrücklich den Fokus auf die Bezahlung auch im Falle eines Nichtabschlusses legt.

Von den Befragten haben bereits 13 % schon einmal Honorarberatung in Anspruch genommen und 87 % konnten entsprechend bisher keine diesbezüglichen Erfahrungen sammeln.

Von ihnen haben aber 38 % bereits schon einmal davon gehört. Diese wurden nun weiter gefragt, ob sie sich denn vorstellen können, Honorarberatung in Anspruch zu nehmen. Hierzu gaben ca. 30 % positive bejahende und weitere 30 % eine unentschlossene Rückmeldung.

Von denen, die weder Honorarberatung in Anspruch genommen noch davon gehört hatten, bleibt ca. die Hälfte dabei, dieses auch künftig nicht zu tun.

Insgesamt ergibt sich ein Bild, in dem ca. 30 % dem Modell der Honorarberatung bereits positiv gegenüberstehen und weitere 30 % nur noch aus ihrer Unentschlossenheit abgeholt werden müssen.

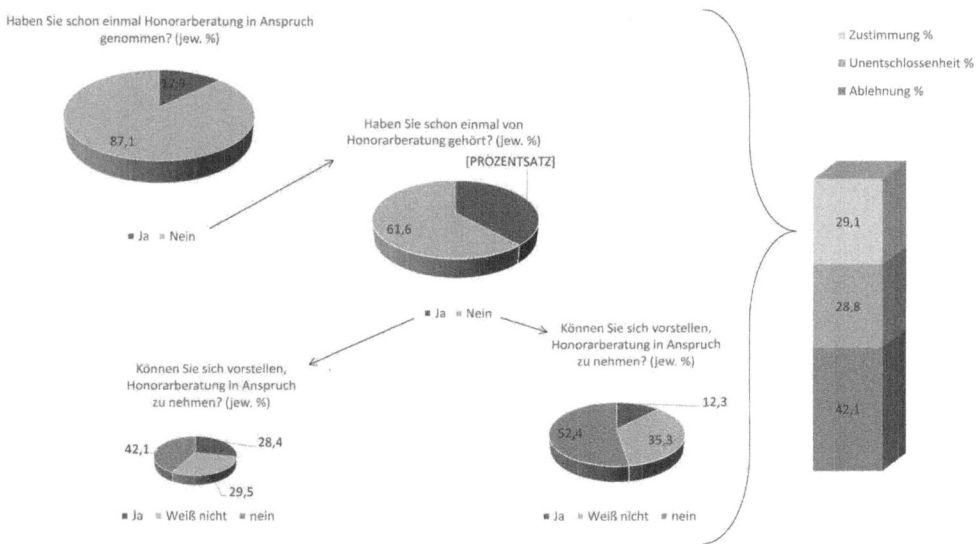

Abb. 13: Einstellung von potenziellen Kunden zur Honorarberatung
Quelle: Darstellung nach Tekathen, 2015, S. 218 ff.

Der geringe Nutzungs- und Bekanntheitsgrad in Verbindung mit den aufgezeigten Zustimmungswerten bieten entsprechend zusätzliche Akquisitionsansätze, sich in den scheinbar besetzten Zielgruppen (der Finanzdienstleistungsvermittlung) neu zu positionieren.

Die Befragten wurden auch nach ihren Gründen für ihre Einstellung gefragt. Die Aufgeschlossenen begründeten die Nutzung oder Bereitschaft, sich auf Honorarberatung einzulassen, (in der Reihenfolge der Häufigkeit der Nennungen) mit folgenden Aussagen: (Tekathen, 2015, S. 256 ff.)

- Der Berater ist nachweislich unabhängig.
- Die Beratungsqualität ist besonders hoch.
- Honorarberater sind kompetenter.
- Die Kostenstruktur ist transparent.
- Es fallen keine weiteren Kosten neben dem Honorar an.
- Die Kosten sind geringer, als wenn Provisionen fließen würden.
- Das Anliegen beziehungsweise die finanzielle Tragweite ist besonders groß.

Die genannten Punkte geben ausreichend Anknüpfungspunkte und Akquisitionsansätze, mit den grundsätzlich aufgeschlossenen Kunden ins Gespräch zu kommen. Weitere Ansätze beziehungsweise Ansatzpunkte, das zu entkräften, bieten die Aussagen, von denen die ihre Ablehnung gegenüber der Honorarberatung damit begründeten: (Tekathen, 2015, S. 258 ff.)

- Ich bin mit meinem Ansprechpartner zufrieden.
- Honorarberatung ist mir zu teuer.
- Ich kenne keinen Honorarberater.
- Mein Ansprechpartner bietet das nicht an.
- Ich honoriere lieber, wenn ich auch kaufe.
- Ich vergleiche lieber bevor ich kaufe.
- Ich kann Honorare nicht steuerlich absetzen.

Merke: Das Vertrauen des Kunden in vorherige Berater akzeptieren

Hier zeigen sich deutlich die persönliche Komponente des Geschäftes und die Zufriedenheit mit dem aktuellen Berater.

Entsprechend sensibel sollte mit der Aufdeckung vermeintlicher „Renditekiller" oder „provisionsbelasteter" Verträge in bestehenden Portfolios umgegangen werden.

Der Kunde hat die Verträge mit einem Berater geschlossen, dem er vertraut hat. Wird ihm dieses Vertrauen genommen, baut er nicht automatisch neues Vertrauen auf.

Wahrscheinlicher ist, dass dadurch zunächst kollektives Misstrauen gegen alle Berater entsteht.

Finanzdienstleistungsgeschäft ist Verdrängungsgeschäft. Bevor jemand die Möglichkeit hat, potenzielle Kunden von seinen Beratungsergebnissen oder Vermittlungserfolgen zu überzeugen, muss dieser zunächst die Chance dazu haben bzw. entsprechende Termine bekommen.

Hierzu ist dann oft erst einmal ein Schwager, Vereinskollege oder Nachbar zu überwinden und die Aussicht, mit dem Kunden auf Augenhöhe ins Gespräch zu kommen, ist entsprechend gering.

Mit den besonderen Vorteilen und der Eigenständigkeit von Honorarberatung ist eine Umgehung dieses „Nahkampfes" allerdings möglich.

Tipp: Kundenveranstaltungen

Erfolgreiche Honorarberater setzen bspw. Auszüge ihrer Dienstleistung in **Kunden-veranstaltungen** ein, in denen sich an bestimmten Fragestellungen interessierte Teilnehmer (z.B. Existenzgründer) zunächst allgemein über ein Thema informieren können.

Die Berater verschaffen sich mit einem komprimierten persönlichen Einsatz die Mög-lichkeit, für sich als Person und ihre Dienstleistung zu werben. Sie treten erkennbar in Vorleistung, das „Geben" und nicht der „Heizdeckenverkauf" sind Ziel und Zweck der Veranstaltung. An den Inhalten interessierten Kunden wird das auffallen und sie werden es honorieren.

In diesem Zusammenhang können auch digitale Formate (Webinare, Social-Media-Kanäle etc.) oder deren Kombination zielführend eingesetzt werden. Netzwerk- bzw. Kooperationspartner können sich zusätzlich ergänzen.

6.4 Kundennutzendarstellung und spezifische Verkaufsansätze

Honorarberatung muss wie jedes Produkt und jede Dienstleistung verkauft werden. Wie beschrieben spielt dabei – insbesondere in der Kundenansprache – die Persönlichkeit des Beraters eine entscheidende Rolle. Verkaufen bedeutet nicht nur, Kunden erfolg-reich anzusprechen, sondern ihnen auch (aktiv) zuzuhören, nachdem man sie zu ihren Zielen und Wünschen (offen) befragt hat.

Am Ende des Weges kaufen sie nur dann, wenn die ihnen angebotene Lösung mit einem entsprechenden Nutzen für sie verbunden ist.

Honorarberatern und Honorarvermittlern stehen (vor allem im Bereich der Altersvorsor-ge) Produktlösungen in Form von Nettotarifen zur Verfügung, mit denen sie deutlich den Kundennutzen herausstellen können. Sie sind wichtige Werkzeuge, Kunden von ihrer Dienstleistung zu überzeugen und werden im Folgenden als spezifisches Verkaufs-Element der Honorarwelt vorgestellt.

6.4.1 Nettotarife

Unabhängig von der Differenzierung in Honorarberatung und Honorarvermittlung sind Nettopolicen oder Nettotarife die Kernelemente der Honorarwelt. Die hiermit verbunde-nen Vorteile haben in den vergangenen Jahren zu einer erkennbaren Verbreitung ihrer Vermittlung geführt.

Auch mit Inkrafttreten des Gesetzes zur Umsetzung der Versicherungsvertriebsrichtlinie (IDD) am 23.2.2018 ist es neben dem Versicherungsberater auch dem klassischen Ver-sicherungsmakler erlaubt, Nettotarife zu vermitteln und sich dafür vergüten zu lassen.

Die Wirkung und Vorteile sind für Honorarberater (künftig auch für Versicherungsberater) elementar und bieten die Chance, sich einem breiten Kundenspektrum zu präsentieren. Entsprechend sicher sollte man als Honorarberater damit umgehen können und dazu in der Lage sein, Kunden die finanzmathematischen Wirkmechanismen nachvollziehbar aufzuzeigen.

Dieses sollte schrittweise nachvollziehbar und verständlich erfolgen und – auch – ohne fertige EDV-Lösungen gelingen. Durch das manuelle Vorrechnen auf einem Blatt Papier kann zusätzliches Vertrauen in die Kompetenz des Beraters aufgebaut werden. Das Rechentool kann danach dann immer noch zum Einsatz kommen.

Ebenso vorteilhaft ist es, die Funktionsweise und Logik der Tarife zu durchdringen und im Kundeninteresse versteckte Kosten zu identifizieren und vor allem zu vermeiden. Hierbei können Dienstleister und Verbunde unterstützen, indem sie fachlich dazu beitragen und gegenüber Produktgebern Verbesserungen einfordern. Im Verbund gelingt dieses i.d.R. erfolgreicher als alleine (vgl. 7.6 Organisation des Produktportfolios).

Und am Ende hat das in den Nettotarifen verborgene Potenzial Auswirkungen auf die eigene Vergütung. Damit lassen sich deutliche Kundenvorteile aufzeigen, die auch die Zahlungsbereitschaft für Beratungs- und Vermittlungshonorare positiv beeinflussen können. Sie unterstützen wesentlich die eigene Honorarkalkulation bzw. Preisfindung (vgl. 7.2.2 Preisfindung).

Im Folgenden werden zunächst Begriffsklärungen für Brutto- und Nettopolicen vorgenommen. Anschließend wird anhand einer Studie der Verbreitungsgrad im Versicherungsbereich beschrieben. Darauf aufbauend werden dann die Wirkmechanismen und Effekte auf den Kundennutzen und die Möglichkeiten der Vermittlungsvergütung dargestellt.

Die **Bruttopolice** beinhaltet in der vereinbarten Prämie sämtliche Kosten und damit auch alle vom Versicherer gezahlten Provisionen. Diese werden nicht nach tatsächlich anfallenden Kosten, sondern nach verteilten Durchschnittswerten berechnet. Unabhängig davon, in welchem Vertriebsweg welcher Vermittler eine individuelle Provision erhält, ist kalkulatorisch ein übergreifender Durchschnittswert erfasst (Icha, 2014, S. 13).

Zusätzlich über das Internet zugängliche Tarife sind ebenfalls Bruttotarife. Lediglich reine Direktversicherungen kalkulieren ohne Abschlussprovisionen (wohl aber mit eigenen Abschlusskosten).

Als **Nettopolice beziehungsweise Nettotarif** wurde ursprünglich ein Tarif bezeichnet, aus dessen Beitrag der Anteil für Vermittlungsvergütung herausgerechnet ist. Inzwischen gilt nach allgemeinem Verständnis nur der Tarif als Nettotarif, der weder Provisionskosten, noch die mit diesen im Zusammenhang stehenden Kosten beinhaltet (Icha, 2014, S. 14 f.; Beenken, 2016, S. 6).

In diesem Zusammenhang wird auch von echten und unechten Nettotarifen gesprochen. Eine einheitliche gesetzliche Regelung auf der Anbieterseite existiert nicht.

Brutto- und Nettotarif sichern rechnerisch und tatsächlich das gleiche Risiko ab (Icha, 2014, S. 15). Das heißt, unabhängig von der Beratungsform bleibt ein für den Kunden ungeeignetes Produkt ein ungeeignetes Produkt. Das Gleiche gilt, wenn die Produkte an sich (bspw. aufgrund schlechter Performance) generell ungeeignet sind.

Im Lebensversicherungsgeschäft und generell in Anlagethemen sind es Kunden inzwischen gewohnt, mit Analysen und Zahlenbeispielen auf Effekte hingewiesen zu werden, die sich am Ende so nicht immer einstellen. Dieses Misstrauen wird konsequenterweise zunächst auch Nettotarifen entgegengebracht. Daher ist es – nicht nur für Kunden, sondern insbesondere für Vermittler – entscheidend, die damit verbunden Effekte und Hebel fundiert zu verstehen und verständlich zu erklären.

Insbesondere wenn es darum geht, bestehende Verträge zu ersetzen, lassen sich leicht Rechenbeispiele konstruieren, die einen Sachverhalt aus unterschiedlichen Perspektiven darstellen.

Möglicherweise ist in diesem Zusammenhang Kunden, die für den Abschluss einer Lebensversicherung überzeugt werden sollten, schon einmal so eine Aufstellung präsentiert worden:

Kundenvorteil LV Produkt XY

Beitrag pro Jahr	1.200 €
Jahre	40
Beitrag gesamt:	48.000 €
Auszahlung	88.081 €
Gewinn	40.081 €
entspricht	84 %

Abb. 14: Irreführung: „Kunden-Gewinn aus einer Lebensversicherung"
Quelle: eigene Darstellung

Auch wenn die darin enthaltenen Zahlen isoliert betrachtet richtig sind, kann dieses selbstverständlich keine Basis sein, fundiert über Altersvorsorge zu beraten. Die Wirkmechanismen von einmaliger und laufender Geldanlage basieren bekanntlich nicht auf der Zins-, sondern der Zinseszinsrechnung. Auch wenn das für den Berater klar ist, gilt dieses noch lange nicht für jeden Kunden. Und das Ziel einer Beratung ist es, ihm durch mehr Wissen einen – ehrlichen – Mehrwert zu generieren.

Es ist heute nicht mehr erforderlich, schwer in den Taschenrechner zu übertragende Formeln wie $K_n = K_0 \left(1 + \dfrac{p}{100}\right)^n$ oder $Z = K \cdot q^t + \sum_{n=0}^{t} K_n \cdot q^n = K \cdot q^t + K_n \dfrac{q^t - 1}{q - 1}$ manuell als Berechnungsgrundlage einer Ablaufleistung heranzuziehen.

Zahlreiche Internetrechner oder besser noch Apps versetzen jeden Berater dazu in die Lage, bei Eingabe der richtigen Parameter die entsprechenden Effekte zu berechnen.

Insbesondere lassen sich damit verständlich und nachvollziehbar die wesentlichen Wirkmechanismen von Nettotarifen auf einem Blatt Papier und gemeinsam mit dem Kunden nachvollziehen.

Nicht vorab errechnete Ablaufleistungen, sondern die gemeinsame Vergleichserstellung stärken die Kompetenz und das Vertrauen in seinen Berater.

Sparvorgänge und Zinsverläufe sind zusätzlich ebenso einfach in Excel-Tabellen abzubilden und anschaulich in Grafiken zu übertragen und zu präsentieren.

Dienstleister im Segment der Honorarberatung (vgl. 9.1 Organisation von Kooperationen) bieten darüber hinaus entsprechende Software, die zusätzliche Kosteneffekte und das Beratungshonorar berücksichtigen und deren Plausibilitäten durch Aktuare oder unabhängige Institute getestet sind.

Für Nettotarife in der Lebensversicherung ergeben sich (wie auch bei anderen Anlageformen) bestimmte Vorteile und Effekte, die in den folgenden Betrachtungen zur Veranschaulichung jeweils vereinfacht, d.h. ohne Risikobeiträge oder Stornoreserven etc. dargestellt werden.

In einem ersten Schritt wird mit einem **unechten Nettotarif** gerechnet.

Provisionsbelastete Brutto-Tarife erreichen (wie bei allen Sparvorgängen) durch die beschriebenen Zinseszinseffekte deutlich verringerte Ablaufleistungen als Nettotarife.

Folgendes Beispiel (Abb. 16) beschreibt einen Lebensversicherungsvertrag mit einer laufenden und gleichbleibenden Verzinsung von 3 % und einer Laufzeit von 40 Jahren.

Angespart werden jährlich 1.200 €. Der Vermittler erhält eine 2,5-prozentige Abschlussprovision auf die Bewertungssumme (48.000 €), die in den ersten fünf Jahren gezillmert wird (240 € p.a.).

Die Provisionsbeträge werden dem Sparbeitrag entnommen, sodass zunächst jeweils 960 € in den Vertrag fließen. Anschließend können (annahmegemäß) 1.200 € zur Ansparung der Ablaufsumme verwendet werden. Insgesamt führt das so zu einer Ablaufleistung i.H.v. 89.504 €.

Im Nettotarif kann die volle Beitragssumme in der gesamten Laufzeit zur Ansparung der Ablaufsumme genutzt werden und es werden 93.196 € erreicht.

Im Vergleich zum Provisionstarif ergibt sich ein Nettovorteil i.H.v. 3.692 €, der allerdings erst nach Ablauf des Vertrages in 40 Jahren realisiert werden kann.

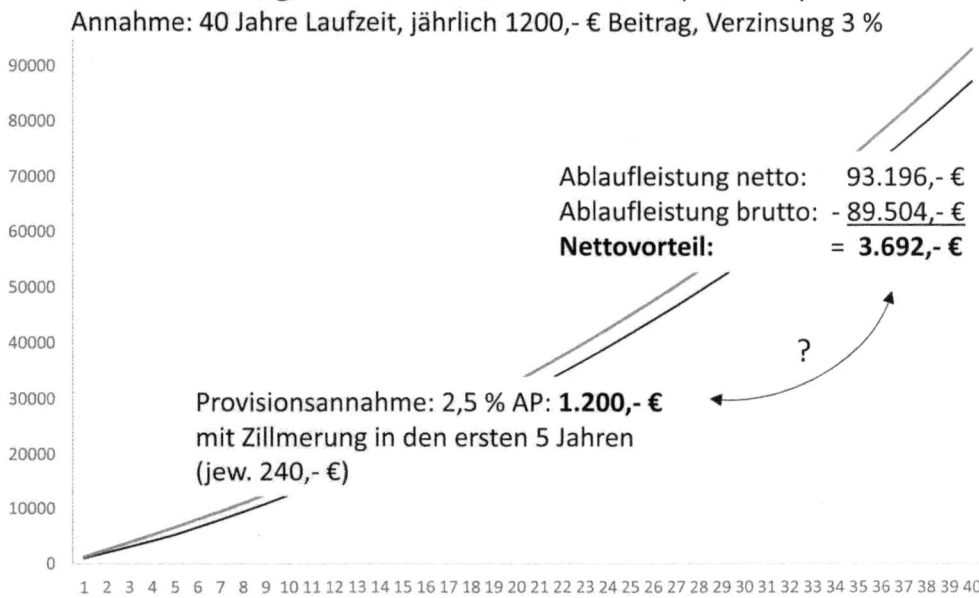

Abb. 15: Vereinfachter Vergleich Verlauf Brutto- und Nettotarif LV
Quelle: eigene Darstellung

Durch die lange Laufzeit fällt der (abschließende) Nettovorteil sichtbar höher aus als die eingesetzte Provision. Anders ausgedrückt bedeutet das, dass der Anlageverlust durch die Kapitalentnahme zur Befriedigung der Provisionsansprüche, den hierfür insgesamt entnommenen Betrag augenscheinlich deutlich übertrifft.

Aufgrund der Zillmerung in der Lebensversicherung folgt der Provisionsbetrag nicht unmittelbar dem Anlagebetrag des Kunden. Es wäre aber auch hier falsch, den abschließenden Nettovorteil unmittelbar dem Provisionsaufwand gegenüberzustellen. Die Beträge müssen von einem gleichen Zeitpunkt aus verglichen werden.

Hierzu wird der Barwert des Nettovorteils für den Zeitpunkt der vollständig gezahlten Provision (also nach 5 Jahren Laufzeit) berechnet. Dieser beträgt 1.312 €, d.h. würden einmalig 1.312 € für 35 Jahre mit einer 3-prozentigen Jahresrendite angelegt, werden 3.692 € erreicht. Das entspricht dem zum Ablauf erreichten Nettovorteil.

Dagegen wird nun der verzinste Kapitalverlust des gezillmerten Provisionsbetrags gestellt, der (erwartungsgemäß) ebenfalls 1.312 € entspricht.[36]

---

36 Unabhängig von der Provision ist die Zillmerung für den Kunden nachteilig und daher seit Einführung des LVRG auf 2,5 % (vorher 4,0 %) begrenzt worden. Sie führt zu geringeren Rückkaufswerten und zu einer geringeren Ablaufleistung als bei gleichverteilter Provisionsentnahme. In diesem Fall + 1.362 €.

Würde also die Provision gespart, um sie stattdessen alternativ anzulegen, ergibt sich für die Honorarvermittlung aus Kundensicht nur ein Sinn, wenn das Honorar geringer als die eingepreiste Provision ist. Ein Kundenvorteil kann nur durch einen Verzicht auf Vergütung (im Vergleich zur Provision) durch den Vermittler entstehen.

Vereinfachter Vergleich* einer Brutto-LV mit einem (unechten) Nettotarif
Annahme: 40 Jahre Laufzeit, jährlich 1200,- € Beitrag, Verzinsung 3 %
*reiner Sparvorgang, keine Berücksichtigung von Risiko, Stornorücklagen etc.

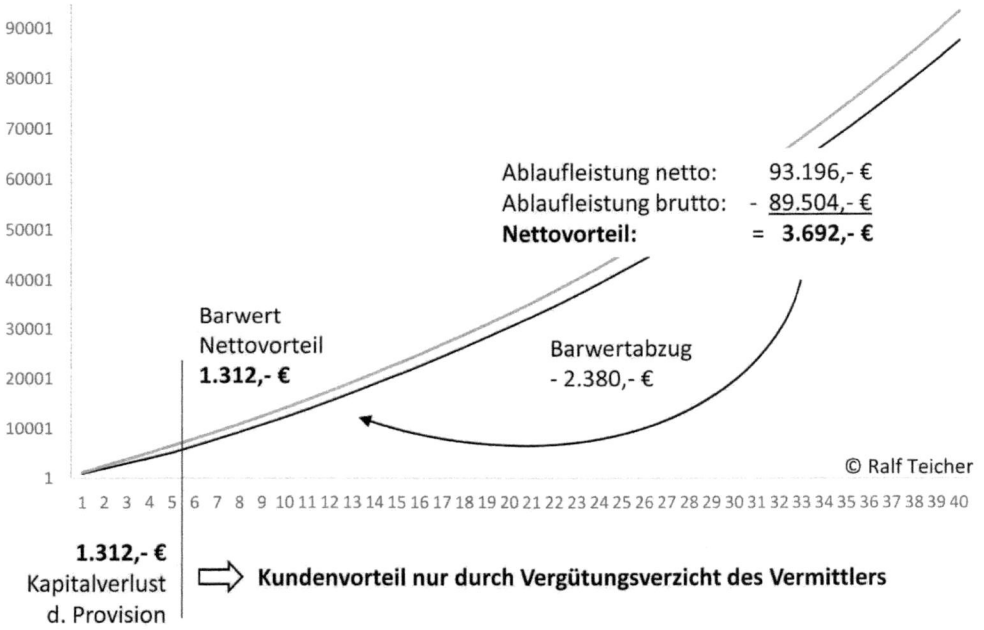

Abb. 16: Zeitgleicher Vergleich Nettovorteil und Provision
Quelle: eigene Darstellung

Merke:

Die Vermittlung von unechten Nettotarifen führt daher (nur) zu Arbitrage-Möglichkeiten für Kunden und zu einem Preiswettbewerb um die (geringste) Honorarhöhe auf Seiten der Vermittler.

Echte Nettotarife verzichten über den Provisionsbetrag hinaus zusätzlich auf mit der Provisionszahlung zusammenhängende (Abschluss-)Kosten. Die Abschlusskosten in der Lebensversicherung umfassen Aufwendungen, die vor und bis zum Vertragsabschluss entstehen. Sie fallen im Vertrieb (Provisionen, Produktschulungen etc.) und im Betrieb des Versicherers (Dokumentation, ärztliche Gutachten etc.) an. Sie liegen aktuell insgesamt bei 8,1 % der gebuchten Brutto-Beiträge (vgl. 7.2.2 Preisfindung).

Für den beispielhaft dargestellten Vertrag (Abb. 16, 17) werden nun in der Bruttoversion neben der Provision weitere 2 % Abschlusskosten auf die Bewertungssumme (beispielhaft und pauschal) angenommen, die über die gesamte Laufzeit verteilt werden. Hierzu würden dem Anlagebetrag zusätzlich 24 € p.a. entnommen und entsprechend würden nach der Zillmerungsphase (936 €) noch 1.176 € verzinslich angelegt.

Insgesamt führt das zu einer zusätzlich um 1.866 € verringerten Ablaufleistung i.H.v. dann 87.638 € und für den Nettotarif mit der Ablaufleistung i.H.v. 93.196 € zu einem (echten) Nettovorteil i.H.v. 5.558 €. (Für die vereinfachte Darstellung erfolgt der Vergleich jeweils auf den Nettotarif, der c. p. ohne Kosten berechnet wird und damit den reinen Sparvorgang zum Vergleich abbildet.)

Anders ausgedrückt ist im Vergleich zum unechten Nettotarif der Nettovorteil des echten Nettotarifs noch einmal um 1.866 € gestiegen. Auch dieser Vorteil realisiert sich erst in 40 Jahren, sodass auch hier der Barwert zum Vertragsbeginn gebildet wird. Dieser beträgt bei Laufzeitbeginn 572 €.

Dadurch, dass der Vermittler diesen zusätzlichen Kostenvorteil erwirkt, bietet sich für Kunden und Vermittler jetzt die Möglichkeit, mindestens ein Honorar in Höhe der bisher geflossenen Provision zu vereinbaren und damit (auch darüber hinaus) in jedem Fall eine Win-win-Situation herbeizuführen.

Wie weit der zusätzliche „Honorarspielraum" (i.H.v. 572 €) ausgeschöpft wird, steht im Ermessen des Vermittlers und am Ende des Kunden. Die Preisgestaltungs- und Preisdurchsetzungskompetenz ist im Finanzdienstleistungsgeschäft sehr heterogen verteilt.

Zusammenfassung: Hochwertige Produktbeschaffung führt zu hochwertigen Honoraren

Der Honorarvermittler steht mit echten Nettotarifen nicht mehr im ausschließlichen Wettbewerb um das günstigste Honorar.

Er differenziert sich durch die Auswahl und Beschaffung von Tarifen, die möglichst umfangreiche Kostenvorteile für seine Kunden bieten. Der Wert seiner Vermittlungsleistung bemisst sich nach der Beschaffungsqualität, die aus Sicht des Kunden im Wesentlichen sein Honorar rechtfertigt.

Im Vergleich zu Bruttotarifen (und unechten Nettotarifen) erhöht sich für den Kunden der Wert seines Vertrages. Das ist konsequenterweise mit einem Honorar zu vergüten, das die Höhe der durch den Produktgeber bemessenen Provision übersteigt.

Für die Vermittlung von (echten und unechten) Nettotarifen erhält der Kunde im Einzelfall zwei Rechnungen. Es kommt zu einer Aufspaltung der Märkte und die damit verbundenen Leistungen beurteilt er nun jeweils separat nach seinem Preis-Leistungsverhältnis. Der Kunde wird gewissermaßen geradezu gezwungen, sich auch mit der Entgeltlichkeit der Vermittlungsleistung und deren Höhe auseinanderzusetzen (Sonnenberg, 2013, S. 255).

▶ Exkurs: Für den Schadenversicherungsbereich ist eine Mischkalkulation erforderlich

Im Schadenversicherungsbereich können bei Honorarvermittlung künftig maximal 80 % der eingepreisten Provisionen aus Bruttotarifen, die kalkulatorisch nicht verändert werden, durch den Versicherer an den Kunden ausgekehrt werden (§ 48c VAG).

Damit wird Versicherungsberatern die Möglichkeit eröffnet, ihr Geschäftsfeld zu erweitern und vor allem im Privatkundenbereich Kunden umfassend zu betreuen.

Ein im Vergleich zur Provisionsvermittlung besonderer Produktvorteil kann aus derartigen Tarifen für Kunden nicht entstehen.

Es sind daher besondere Leistungsbausteine zu definieren und einzupreisen, die die bisherige „Mischkalkulation" der Versicherer übernehmen. Bei entsprechender Nachfrage können Zusatzleistungen, z.B. zur Schadenverhütung, das reine Vermittlungshonorar ergänzen.   ◀

6.4.2   Kostenstrukturen von Altersvorsorgeprodukten

Die Vermittlung unechter Nettotarife kann – wie dargestellt (vgl. 6.4.1 Nettotarife) – zu Lasten der Vermittler gehen und für Kunden vorteilhaft sein. Sie ist aber vor allem für Produktgeber interessant, die so neben dem ohnehin auszuzahlenden Provisionsbetrag alle anderen (Abschluss-)Kosten weiterhin vereinnahmen können.

Bspw. werden bei fondsgebundenen Rentenversicherungen bis zu 70 % der Beiträge als Kosten von den Produktgebern nicht zur Anlage gebracht. Den damit verbundenen Verlust für die Kunden bezeichnen Analysten mehr oder weniger offen sogar als „Geldvernichtung".

Die Aufgabe von Honorarvermittlern ist es daher, für ihre Kunden die Produkte zu beschaffen, die eine nachvollziehbar vernünftige Kostenstruktur aufweisen. Sie sollten sich entsprechend intensiv mit den Kostenstrukturen auseinandersetzen und vor allem versteckte Kosten identifizieren.

In der Kostenanalyse von Finanzprodukten wird zuerst zwischen expliziten und impliziten Kosten unterschieden. Explizite Kosten fallen tatsächlich an und lösen konkrete Zahlungen aus. Damit sind sie buchhalterisch zu erfassen.

Im Gegensatz dazu erfolgen bei impliziten Kosten keine konkreten Zahlungen und damit erfolgt auch keine buchhalterische Erfassung. Hierzu zählen die Kosten, die für den Kunden der Höhe nach nicht feststehen und für ihn damit „unsichtbar" sind. Das umfasst vor allem Transaktionskosten während der Laufzeit, die die Anlageperformance maßgeblich beinträchtigen und bspw. Opportunitätskosten, die sich gegenüber einer alternativen und ertragreicheren Anlageentscheidung ergeben.

Explizite Kosten werden extern ausgelöst (der Kunde zahlt) oder als interne Kosten mit dem Anlagebetrag verrechnet. Sie fallen jeweils als Transaktionskosten bei Erwerb und

Veräußerung des Finanzproduktes an oder werden während der Vertragslaufzeit regelmäßig oder unregelmäßig erhoben (Ortmann, 2010, S. 25 f.).

Während externe Kosten einmalig in der Größenordnung anfallen, in der sie gezahlt werden, wirken sich interne Kosten unmittelbar auf das Anlageergebnis aus, da sie (wie beschrieben) das Schicksal der Anlage teilen. Das gilt auch für die impliziten Kosten, die für den Anleger zusätzlich nicht transparent sind.

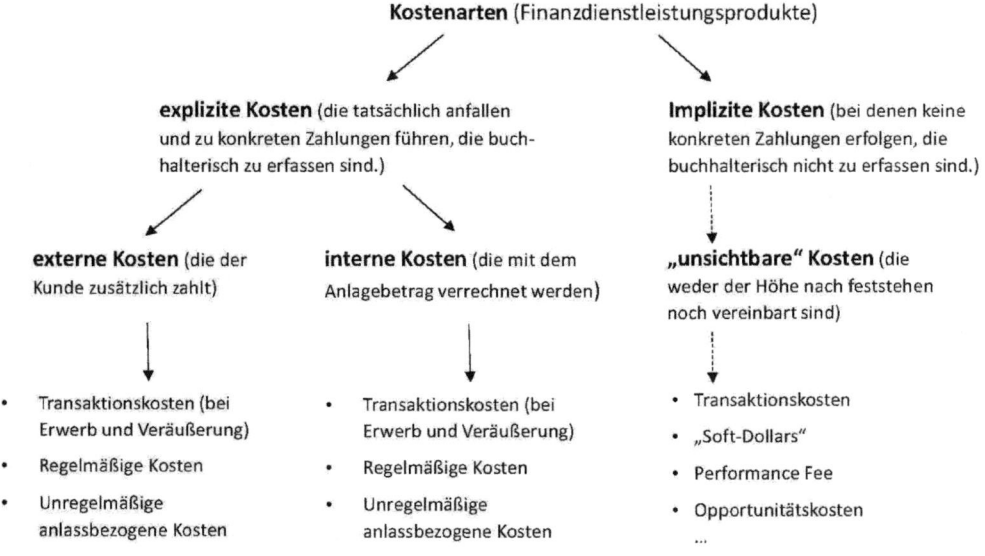

Kostenarten (Finanzdienstleistungsprodukte)

explizite Kosten (die tatsächlich anfallen und zu konkreten Zahlungen führen, die buchhalterisch zu erfassen sind.)

Implizite Kosten (bei denen keine konkreten Zahlungen erfolgen, die buchhalterisch nicht zu erfassen sind.)

externe Kosten (die der Kunde zusätzlich zahlt)

interne Kosten (die mit dem Anlagebetrag verrechnet werden)

„unsichtbare" Kosten (die weder der Höhe nach feststehen noch vereinbart sind)

* Transaktionskosten (bei Erwerb und Veräußerung)
* Regelmäßige Kosten
* Unregelmäßige anlassbezogene Kosten

* Transaktionskosten (bei Erwerb und Veräußerung)
* Regelmäßige Kosten
* Unregelmäßige anlassbezogene Kosten

* Transaktionskosten
* „Soft-Dollars"
* Performance Fee
* Opportunitätskosten
* ...

Abb. 17: Einteilung der Kostenarten von Finanzdienstleistungsprodukten
Quelle: Darstellung nach Ortmann, 2010, S. 25 f.

Am Beispiel offener Investmentfonds, deren Funktionsweise kurz dargestellt wird, wird exemplarisch die Bandbreite und Vielschichtigkeit der vereinnahmten Kosten von Finanzprodukten dargestellt (Ortmann, 2010, S. 42 ff.).

Investmentfonds sind von einer Kapitalanlagegesellschaft (KAG) für Rechnung der Anleger verwaltete Sondervermögen. Die KAG legt die bei ihr gebündelten Gelder im eigenen Namen für gemeinschaftliche Rechnung der Einleger (Anteilinhaber) in Fonds an. Der hinten den Investmentfonds stehende Gedanke ist es, die Gelder vieler Anleger zu bündeln und einem Management zur professionellen Verwaltung zu unterstellen. Daraus ergeben sich drei Grundprinzipien: Risikodiversifizierung, Fremdverwaltung und kollektive Kapitalanlage.

Während die KAG den Fonds verwaltet, führt die Depotbank die Verwahrung und Überwachung des Investmentvermögens aus. Diese Trennung dient dem Anlegerschutz, da das Vermögen damit gegen die Insolvenz der KAG geschützt ist.

Der Anteilinhaber erhält über seine Eigentumsrechte Anteilscheine. Der Anteilspreis eines Fonds errechnet sich aus dem gesamten Vermögen des Fonds (Nettoinventarwert), das durch die Anzahl der umlaufenden Anteile dividiert wird. Zu diesem Anteilspreis werden abschließend Anteile vom Fonds zurückgenommen.

Funktion und Konstellation von Fonds verursachen Kosten, die nun anhand der dargestellten Struktur der Kostenarten beschrieben werden.

Explizite externe Kosten können in Form von Gebühren erhoben werden, wenn Fonds über die Börse gekauft und verkauft werden. Dieses ist bei den Exchange Traded Funds (ETF) der Fall, hat aber für die Betrachtung der dargestellten Investmentfonds keine Relevanz (Ortmann, 2010, S. 45).

Fondskosten werden hier als explizite interne Transaktionskosten erhoben. Bei Erwerb wird ein **Ausgabeaufschlag (Agio)** fällig, der auf den Rücknahmepreis berechnet wird.[37] Das Agio deckt die Vertriebskosten und wird i.d.R. in voller Höhe an den Vertrieb durchgereicht.

Zum Teil werden bei laufenden Fondssparplänen die Ausgabeaufschläge auch gezillmert. Die Höhe der Aufschläge und deren Verwendung sind im Verkaufsprospekt transparent darzustellen.

Bei Veräußerung der Anteile können **Rücknahmeaufschläge** erhoben werden. Anders als bei Publikumsfonds ist dieses eher bei Immobilien- oder Hedgefonds üblich. Hierzu wird dann vom Auszahlungsbetrag ein Anteil einbehalten. Rücknahmekosten sind ebenfalls deutlich im Verkaufsprospekt darzustellen.

Im Gegensatz zu den Ausgabeaufschlägen (Front End Load) oder Rücknahmeabschlägen (Back End Load) werden auch sogenannte No Load Fonds angeboten, bei denen der fehlende Ausgabeaufschlag durch eine höhere Managementgebühr kompensiert wird.

Neben den einmalig bei Erwerb oder Verkauf entstehenden Kosten, werden laufend verschiedene Gebühren erhoben, die ebenfalls direkt vom Investment abgezogen werden (explizit, intern, regelmäßig) (Ortmann, 2010, S. 47 ff.).

Für das Fondsmanagement wird eine jährliche **Managementgebühr** berechnet. Sie wird aus dem Nettoinventarwert der Fonds entnommen und richtet sich grundsätzlich nach dem Management-Aufwand. Dieser ist bei Aktienfonds höher als bei Geldmarktfonds oder Rentenfonds. Zusätzlich werden zum Teil auch monatlich absolute Beträge entnommen.

---

37   Beträgt das Agio 5 %, wäre der Ausgabepreis bei einem Rücknahmepreis von 100 € entsprechend 105 €.

Managementgebühren dienen der Fondsgesellschaft für ihren Aufwand und das Ergebnis. Zum Teil werden daraus zusätzlich Bestandsprovisionen an den Vertrieb (Kick-backs) gezahlt. Die **Kick-back-Zahlungen** sind so offenzulegen, dass der Kunde entscheiden kann, ob er den Fonds kauft oder nicht.

Für die in Deutschland vorgeschriebene Hinterlegung bei der Depotbank werden **Depotbankgebühren** erhoben. Diese werden der Bank ebenfalls aus dem Fondsvermögen gezahlt. Vor allem innerhalb eines Konzerns sind bei der Frage der Gebührenhöhe Interessenkonflikte mit den Anlegern vorstellbar (Ortmann, 2010, S. 48).

Die Gesamtkostenquote aller aufgeführten expliziten, internen regelmäßigen Kosten wird mit der **Total Expense Ratio (TER)** ausgewiesen.

Implizite Kosten werden dagegen dem Fondsvermögen entnommen, ohne dass sie in der TER ausgewiesen werden. Da diese weder der Höhe nach feststehen noch vereinbart sind, werden sie als für Kunden „unsichtbar" bezeichnet.

Hierzu zählen vor allem **Transaktionskosten**, die dann ausgelöst werden, wenn der Fondsmanager kauft und verkauft. Wird das Depot oft gedreht, fallen entsprechend häufig Gebühren bei der Depotbank an. Der Anleger kann vorab nicht in Erfahrung bringen, wie hoch diese sind. Ihm ist lediglich bekannt, dass Transaktionskosten anfallen und dass diese nicht in der TER enthalten sind.

Sind nun wiederum KAG und Depotbank Teile eines Konzerns, besteht auch hier ein Interessenkonflikt. Je öfter das Depot gedreht wird, desto mehr Gebühren fallen an.

Auch wenn die Transaktionen nicht konzernintern abgewickelt werden, sind z.T. weitere anlegerschädigende Zahlungen, in Form sogenannter „**Soft-Dollars**" üblich. Der Broker erhält damit für Nebenleistungen, die keinen direkten Depot- und Kundenbezug haben (allgemeine Analysen etc.), eine Zusatzvergütung. Der Anleger merkt i.d.R. nicht, ob zu oft oder zu hohe Gebühren anfallen (Ortmann, 2010, S. 51).

Performancegebühren werden ebenfalls nicht in der TER erfasst und orientieren sich an bestimmten Benchmarks. Dabei sind auch Konstellationen denkbar, bei denen trotz sinkender Kurse die Benchmark noch übertroffen wird und entsprechende Gebühren anfallen (Ortmann, 2010, S. 52).

Ebenso implizit entstehen zwischen der Anlageentscheidung und der Durchführung der Transaktion **Wartekosten**. Da in den Fonds regelmäßig große Vermögen verwaltet werden, zieht der Fondsmanager mit seiner Nachfrage den Kurs nach oben (Market Impacts). Zwischen Ordererteilung und Ausführung steigt der Kurs und verursacht implizite Verluste (Ortmann, 2010, S. 53). Der gleiche Effekt tritt bei Verkäufen ein, die dann entsprechend mit geringeren Verkaufserlösen umgesetzt werden.

Wie bei allen Anlagen fallen schließlich auch bei Fonds **Opportunitätskosten** an, die aufgrund der Handlungsalternativen bei der Anlageentscheidung entstehen. Der Fondsmanager verwaltet nicht sein eigenes Geld. Die sog. **Agency Costs** (Agenturkosten) sind subjektive Kosten, die durch die Unbeteiligtheit des Managers entstehen (Ortmann, 2010, S. 54).

Bei Dachfonds und fondsgebundenen Lebensversicherungen kommen die Kosten der übergeordneten Institutionen hinzu, wobei Lebensversicherungsmäntel wiederum steuerliche Vorteile haben.

Zusammenfassung: Erhebliches Kostenpotenzial in Fondsanlagen

Je komplexer ein Finanzprodukt ist, desto mehr Möglichkeiten der Kostenerhebung bietet es und desto teurer wird es für den Anleger. Im Vergleich zu Direktanlagen in Aktien oder Anleihen fallen bei offenen Investmentfonds deutlich mehr Gebühren an. Sie werden allerdings nur zum Teil in der TER (Total Expense Ratio) erfasst. Nicht abschätzbar sind die impliziten Kosten, die innerhalb des Fondsvermögens anfallen. Vor allem die Transaktionskosten und Performance-Gebühren, die maßgeblich zum Renditeverlust beitragen, sind nicht greifbar.

Versuche, mit der TER eine Vergleichbarkeit herzustellen, haben bislang zu keinem Ergebnis geführt (Ortmann, 2010, S. 56). Darüber hinaus ist keine der gängigen Kostenkennzahlen[38] dazu in der Lage, sämtliche Kosten zu erfassen (Ortmann, 2010, S. 217 f.). Unsichtbare Kosten verhindern Transparenz und behindern einen objektiven Wettbewerb.

Die Transparenzdiskussion zur Offenlegung der Kostenstruktur von Altersvorsorgeprodukte erinnert daher mitunter an ein „Katz-und-Maus-Spiel", bei dem die Beteiligten um die Effekte wissen und entsprechend den damit für sie verbundenen Vorteil nicht hergeben wollen.

Tipp: Kostenoptimierung ist nachvollziehbarer Kunden-Mehrwert

Aus diesem Grund empfiehlt es sich, die Kostenstruktur der angebotenen Finanzprodukte sehr genau zu durchdringen und zu hinterfragen. Eine Auseinandersetzung mit der Kostenthematik und eine entsprechende Selektion oder Optimierung bringt für Kunden einen echten Mehrwert und für den Berater einen wertvollen Ansatz für Honorarberatung und -vermittlung.

Die Kostenthematik zeigt insgesamt sehr deutlich, warum viele Kunden das Vertrauen in die Finanzindustrie verloren haben und wie wichtig es ist, als Berater und Vermittler mit allen Beteiligten auf Augenhöhe zu agieren.

In diesem Sinne ist es unerlässlich für die Produkte, die im Rahmen erstellter Lösungskonzepte empfohlen werden, zu gewährleisten, dass diese grundsätzlich das halten, was sie versprechen. Aus Vertrauensgesichtspunkten ist es darüber hinaus elementar, an jeder Stelle für absolute Transparenz zu sorgen und diese ggf. einzufordern.

---

[38] Total Expense Ratio TER als Gesamtkostenquote bei Fonds (Ortmann, 2010, S. 169 f.), Portfolio Turnover Ratio PTR Umschlagsrate des Portfolios zur Einschätzung der Transaktionskosten (Ortmann, 2010, S. 170 f.), Renditeeffekt (GDV), der die alternativ ohne laufende Kosten erwirtschaftete Beitragsrendite einer Lebensversicherung auswirft (Ortmann, 2010, S. 172), Reduction in Yield (verpflichtend in GB) zur Angabe der Auswirkungen sämtlicher Kosten auf die Rendite als Abzug von der Rendite (Ortmann, 2010, S. 173 f.).

Einige der Dienstleister für Honorarberatung und -vermittlung bieten mit ausgewiesenen Gütesiegeln die Gewähr, mit echten und transparenten Nettoprodukten zu arbeiten.

Sie nehmen dem Vermittler die Arbeit einer umfangreichen Marktrecherche und intensiven Produktanalyse. Aufgrund der Größenvorteile im Verbund können Einkaufsvorteile gegenüber Produktgebern genutzt werden.

6.5 Überwindung des doppelten Prinzipal-Agent-Problems

Die Entwicklung einer Geschäftsidee mit dem Ziel, für potenzielle Kunden einen Mehrwert und Nutzen zu generieren, ist stark mit der persönlichen Einstellung verbunden.

Die Diskussion über Honorarmodelle ist Teil einer umfassenden Transparenzdebatte, die auch in diesem Zusammenhang gerne den besonderen Charakter von Finanzdienstleistungen als Vertrauensgut herausstellt.

In der Branche ist es für übergreifende Organisationen (z.B. GDV) oder Verbände geübte Praxis, mit bestimmten Kodizes (ehrbare Versicherungskaufleute des BVK, Kodex der Honorarberatung des BDH u.a.) die besondere Vertrauenswürdigkeit der vertretenen Mitglieder herauszustellen. Die Verbandsethik verbalisiert die Einstellung seiner Mitglieder. Eigentlich sollte aber bereits die innere Einstellung und Haltung des Beraters ausreichend sein, um die erforderliche Qualität der Begegnung und Beziehung mit seinen Kunden zu gewährleisten.

Das Vertrauensgeschäft der Finanzdienstleistungsindustrie ist allerdings an einigen Stellen auseinandergebrochen. Trotz vielfältiger digitaler Möglichkeiten findet persönliche Betreuung seine Daseinsberechtigung im Misstrauen der Kunden gegenüber ihren Produktgebern. Produktgeber misstrauen grundsätzlich ihrem Vertrieb und dieser sieht sich ohnehin in der Defensive und verliert vor diesem Hintergrund mitunter das richtige Maß in der Abwägung von Eigeninteresse und Kundennutzen.

Die Einstellung jedes einzelnen Markteilnehmers und damit die Summe aller Einstellungen können diese Konflikte lösen. Einzelne Marktteilnehmer unterstreichen das durch ihre Verpflichtung auf die angebotenen Kodizes, andere nicht.

Die (neue) Institutionenökonomik analysierte diese Fragestellungen und beschreibt das damit verbundene Phänomen mit dem Prinzipal-Agent Problem. Im Folgenden wird nun gezeigt, wie es gelingt, dieses – mit einem reinen Appel an die Einstellung der Marktteilnehmer nicht lösbare – Problem im Finanzdienstleistungsgeschäft zu reduzieren und zu überwinden.

Gegenstand der Prinzipal-Agent-Theorie ist die Ausgestaltung vertraglicher Übereinkünfte in Kooperationsbeziehungen, in denen unterschiedlich Informierte und von unterschiedlichen Zielen geleitete Parteien durch den Austausch von Informationen und Dienstleistungen ihre jeweilige (Nutzen-)Position verbessern möchten (Oehlrich, 2016, S. 115).

Dabei delegiert ein Auftraggeber (Prinzipal) bestimmte Aufgaben und Entscheidungskompetenzen an einen Auftragnehmer (Agent). Typisch für derartige Delegationsbeziehungen sind asymmetrische Informationsverteilungen und Interessenunterschiede (Oehlrich, 2016, S. 116). Das heißt, es besteht die Gefahr, dass sich der Agent nicht ausschließlich an der delegierten Aufgabe orientiert, sondern auch eigene Interessen verfolgt. Dies kann dann zum Nachteil des Prinzipals geschehen.

Dabei wird zwischen drei unterschiedlichen ungleich verteilten Informationstypen unterschieden, die hidden characteristics, hidden action und hidden intention. Wesentlich und primär greifbar ist die hidden action, also die ungleiche und jeweils für den anderen nicht sichtbare Aktion (oder unterlassene Aktion) (Icha, 2014, S. 176). Der Auftraggeber (Prinzipal) kann die Arbeit seines Agenten nicht kontrollieren, er sieht nur die Ergebnisse.

Zur Lösung dieses Problems kann der Auftraggeber seinen Agenten entweder überwachen oder durch Anreizsysteme an seinen Ergebnissen beteiligen, um damit eine stärkere Interessengleichheit herzustellen (Wöhe, 26. Aufl., 2016, S. 23 f.; Icha, 2014, S. 176 f.).

Die Vermittlung von Finanzprodukten ist ein prototypischer Fall und die Vermittlung mit unabhängigen Vermittlern darüber hinaus ein besonderer Fall der Prinzipal-Agent-Theorie.

Der Vermittler unterliegt als Agent dem steuernden Einfluss seiner Produktgeber beziehungsweise vertrieblichen Geschäftspartner. Die Ausprägungen der Einflussnahme durch die Vertriebsressorts der Finanzdienstleistungsunternehmen in der Rolle des Prinzipals sind vielfältig und reichen (je nach Bindungsintensität) von kleinteiliger Kontrolle der Telefonkontakte zur Terminierung bis zu exzessiven Incentive-Veranstaltungen.

Der Makler ist darüber hinaus Agent seines Kunden, mit dessen Mandat er tätig wird. Er hat ihn auf der Beratungsgrundlage des § 60 VVG bestmöglich zu vertreten. (Sollten sich hieraus offene und schädliche Auswirkungen für den Kunden ergeben, würde den Vermittler eine Schadenersatzpflicht (§ 63 VVG) treffen, die vom Kunden allerdings zunächst erkannt und dann nachgewiesen werden müsste.)

Damit ist er zweifacher Agent für zwei unterschiedliche Prinzipale, mit zum Teil gegensätzlichen Interessen. Ein Versicherungskunde bspw. möchte Versicherungsschutz zu einer günstigen Prämie und großzügiger Regulierung im Schadenfall. Der Versicherer dagegen versucht, eine möglichst hohe Prämie durchsetzen und sich im Schadenfall gegen hohe Schadenforderungen abzusichern. In einer derart gegensätzlichen Interessenkonstellation berät und vermittelt nun der Vermittler, der hierfür ein Mandat des Kunden erhält, am Ende aber durch einen Versicherer bezahlt wird (hidden intentions).

In dieser Konstellation konkurrieren nun zwei Prinzipale um einen Agenten. Dabei zeigt sich, dass die Anreizsysteme des Produktgebers, insbesondere die Provisionsvergütung und Provisionsgestaltung einen stärkeren steuernden Einfluss auf die Auswahl des Vermittlers haben, als die reine (unentgeltliche) Verpflichtung, für seinen Mandanten tätig zu werden. Der Produktgeber hat die „stärkeren Argumente".

Auch die hier gerne geführte Transparenzdebatte löst diesen vergütungsindizierten Interessenkonflikt nicht. Der Kunde muss ja nur über die für den konkreten Einzelfall anfallenden Kosten Auskunft geben (die er dann hoffentlich entsprechend verkäuferisch argumentieren kann). Alternative Produkte und Kosten bleiben dem Kunden weiterhin verborgen.

Daher kann nur die Beschränkung auf einen Prinzipal und durch Honorierung der Vermittlung durch den Kunden (Honorarvermittlung) dieses doppelte Prinzipal-Agent-Problem aufgelöst werden.

Aber auch in diesem Fall bleiben die beschriebenen Informationsasymmetrien zwischen Vermittler und Kunde bestehen. Der Kunde wird möglicherweise nicht alle Informationen preisgeben oder der Vermittler lässt sich von eigenen Interessen leiten. Diese sind nun nicht durch einen zweiten Prinzipal gesteuert und können z.B. fachlich (nach wie vor ungeeignetes Produkt) oder aufwandsbezogen (Bequemlichkeit) begründet sein.

Vollständig aufgelöst wird das Prinzipal-Agent-Problem erst in einem weiteren Schritt mit Honorarberatung. Kunde und Vermittler haben sich in diesem Fall bereits im Vorfeld hierüber verständigt. Der Kunde (als externer Faktor) wirkt am Ergebnis mit. Der Vermittler bzw. Honorarberater schuldet das Beratungsergebnis, das er konfliktfrei und im ausschließlichen Kundeninteresse entwickeln kann.

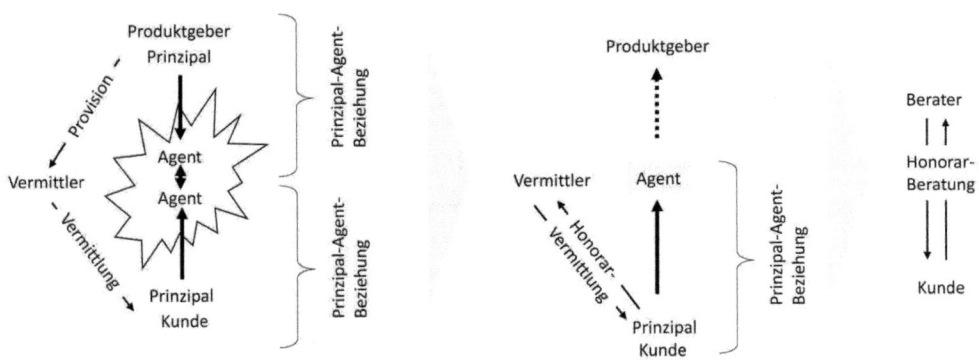

Abb. 18: Überwindung der doppelten Prinzipal-Beziehung durch Honorarberatung
Quelle: eigene Darstellung

6.6 Praxistipps und Praxisbeispiele

Selbstverständlich gibt es auch für Honorarberatung nicht die eine und für alle gleichermaßen zündende Geschäftsidee.

Die meisten Honorarberater und -vermittler teilen jedoch die Grundüberzeugung, dass die Vorteile von Nettoprodukten und die Überwindung der Kostenbelastung zu deutlichen Kundenvorteilen führen. Dieser „Robin-Hood-Effekt" treibt viele Berater sehr engagiert und überzeugend an, die Missstände in den Depots und Portfolios ihrer Kunden aufzudecken und vorteilhaftere Produktalternativen zu empfehlen.

Am Ende des Weges verlangen Kunden nicht nur Lösungskonzepte, sondern auch Produkte (vgl. 5 Begriffsklärungen und Definitionen). Die Beschaffung von deutlich kostenoptimierten Nettotarifen mit erkennbaren Kundenvorteilen erhebt den Honorarvermittler aus Sicht des Kunden zu einem für ihn „besseren Makler".

Die Einstellung und Grundüberzeugung, etwas Gutes zu tun und die richtigen Werkzeuge und Produkte hierfür einzusetzen, ist damit bereits ein stabiles Fundament der Geschäftsidee.

Im Kern geht es darum, Kunden zu ermöglichen, in Bezug auf ihre Finanzdienstleistungsthemen ruhig zu schlafen. Ob das als Finanz-Coach, Vermögensschmied oder (landwirtschaftlicher) Hofberater erfolgt, ist zunächst zweitrangig, die Mission ist immer die gleiche.

Daher ist Kunden möglichst konkret der ihnen aus der Beratung entstehende Nutzen sowie das, was zur Realisierung des Nutzens zu tun ist, zu beschreiben. Das kann z.B. eine umfassende Finanzanalyse, die wissenschaftliche Anlageberatung oder die private Liquiditäts- und Vermögensplanung sein. Im Versicherungsbereich beschreibt die Optimierung industrieller Versicherungsportfolios bereits das konkrete Ziel der Beratung.

Der Kunde muss eine Relevanz und persönliche Betroffenheit erkennen. Eine private Finanz- und Liquiditätsplanung ist sicher jedem Kunden zu empfehlen. Sie hat für denjenigen, der sich auf Basis einer Abfindung aus dem Angestelltenverhältnis selbstständig macht, allerdings eine deutlich erhöhte Relevanz, die er dann selbst auch erkennt.

Im Rahmen der Ideenfindung geht es nicht darum, die Welt neu zu erfinden.

Die Basis jeder Idee ist die Konzentration auf die eigenen Stärken und so können allein aus einem einfachen Perspektivwechsel (der Blick von außen in das eigene Büro) wertvolle Ideen entstehen.

Mit dem Blick von außen stellt sich aus der Kundenperspektive die einfache Frage „Warum soll ich da rein gehen?" Und Kunden werden dann eintreten, wenn kein Weg daran vorbeiführt, weil es keine Alternative gibt oder weil für sie relevante und brisante Themen besser und unabhängig beraten werden (und nicht nebenan im nächsten Finanzdienstleister-Büro).

Eine besondere Relevanz und oft auch Brisanz haben aus Kundensicht Leistungs- und Schadenfälle. Eine Spezialisierung auf die Leistungsabwicklung für Versicherte im (vermeintlichen) Berufsunfähigkeitsfall kann ein entsprechendes Betätigungsfeld (in diesem Fall als Versicherungsberater) sein.

An diesem Beispiel zeigt sich auch, dass Honorar- und Provisionswelt gut miteinander kooperieren können. Unabhängig von der Form der Vergütung ist so eine Dienstleistung im Zweifelsfall für jeden Kunden wichtig und damit auch von Versicherungsmaklern empfehlenswert.

Das Beispiel der Berufsunfähigkeit bietet wiederum Ansätze, in diesem scheinbar begrenzten Feld eigene Ansatzpunkte zu finden. Flugkapitäne haben z.B. sehr spezielle Anforderungen an ihre Absicherung und bieten in ihrer Nische gleichzeitig ein hohes Weiterempfehlungspotenzial für den Berater, der so mehr und mehr zum Experten avanciert. Für diese Zielgruppe gibt es zudem bereits erfolgreich spezialisierte Steuerberater, die sich zusätzlich als Kooperationspartner eignen.

Der Anspruch zu umfassender Beratung kann auch dazu führen, dass verwandte Rechtsgebiete nicht abgedeckt werden können. Eine Rechtsberatung im Sozialversicherungsrecht ist mit alleiniger Registrierung als Versicherungsberater z.B. nicht zulässig. Aus diesem Grund sind viele im Bereich der Altersvorsorge tätigen Versicherungsberater auch als Rentenberater zugelassen und registriert.

▶ Exkurs: Rentenberatung

Rentenberater sind keine Mitarbeiter der Deutschen Rentenversicherung oder eines Versicherungsunternehmens, sondern zur unabhängigen Rechtsberatung im Bereich des Sozialrechts und weiterer Rechtsgebiete zugelassen. Für Rentenberater gelten die gesetzlichen Bestimmungen des Rechtsdienstleistungsgesetzes (RDG).

Rentenberater müssen ihre (besondere) Qualifikation und Berufserfahrung gegenüber dem die Registrierung vornehmenden Gericht nachweisen und dürfen die geschützte Berufsbezeichnung **Rentenberater** erst nach Eintragung im Rechtsdienstleistungsregister führen.

Tätigkeitsfelder sind die gesetzliche Rentenversicherung, die gesetzliche Kranken- und Pflegeversicherung und die gesetzliche Unfallversicherung. Darüber hinaus engagieren sie sich im sozialen Entschädigungsrecht, dem Schwerbehindertenrecht, beim Versorgungsausgleich sowie betrieblichen und berufsständischen Versorgungen.

In diesen Rechtsgebieten können Rentenberater die prozessuale Vertretung in Verwaltungsverfahren oder vor den deutschen Sozial- und Landessozialgerichten übernehmen.

Grundlage der Vergütung von Rentenberatern ist – wie bei Anwälten auch – das Rechtsanwaltsvergütungsgesetz (RVG) (www.rentenberater.de). ◀

Ein Entwicklungsgrund für Honorarberatung und Honorarvermittlung sind großvolumige Versicherungspakete im gewerblichen und industriellen Bereich. Entsprechend entstehen für Versicherungsmakler oder Angestellte von großen Maklerhäusern schnell und gerne Geschäftsideen, sich mit der Optimierung derartiger Portfolios verdient zu machen. Quick-Hits durch die Einsparung der Versicherungsteuer (vgl. 7.3 Steuerliche Aspekte) sind demzufolge ja auch schnell gefunden.

Unabhängig davon, dass nicht in jedem Unternehmen der kaufmännische Leiter darauf wartet, dass man ihm vorführt, welche „Verluste" er in der Vergangenheit für sein Unternehmen verursacht hat, ist dieser Markt im Wesentlichen bereits besetzt.

Ein Perspektivwechsel durch das Aufsetzen der Brille des kaufmännischen Leiters verhilft dann wiederum zu einer anderen Geschäftsidee, für die der Markt noch offen scheint.

Vielleicht muss man Kunden an der Stelle nicht immer von sich und seinem Mehrwert überzeugen und ihnen eine vertrauensvolle Zusammenarbeit und professionelle Betreuung versprechen.

An dieser Stelle kann es ausreichen, punktuell seinen Nutzen zu bringen, indem z.B. der angesprochene kaufmännische Leiter dabei unterstützt und unabhängig (nicht nur vom Verkaufsdruck, sondern auch vom „Optimierungsmandatsdruck") dabei beraten wird, seinen Versicherungsbedarf auszuschreiben und anschließend selbstständig einzukaufen. (Für die notwendigen Impulse sorgen dann die optimierungswillig akquirierenden Kollegen.)

Auch hierbei gibt es weitere Spezialisierungsfelder im Rahmen der gewerblichen Sachversicherungen, Kraftfahrzeugflotten oder der betrieblichen Altersvorsorge und betrieblichen Krankenversicherung. Erfolgswirksam wird diese Idee dann wiederum erst durch eine Spezialisierung und den Zugang zu einer klar umrissenen Zielgruppe.

Das Gleiche gilt im Übrigen auch für die sogenannten Zielgruppenberater für die Ruhestandsplanung oder in der Ansprache der Generation Y. Ein 50-jähriger selbstständiger Rechtsanwalt hat andere Themen als ein 52-jähriger Abteilungsleiter eines Automobilkonzerns und ein Kunststudent ist wahrscheinlich nicht für die gleiche Ansprache empfänglich wie ein BWL-Absolvent im dualen Studium.

Dafür haben sie alle gemeinsam, dass sie bereits mehrfach auf ihre spezifischen Bedarfe bezüglich ihrer Finanzdienstleistungen angesprochen worden sind. Möglicherweise hat dieses aber noch niemand getan, der zunächst mit ihrer Zielgruppe entsprechenden und relevanten Zusatzleistungen in Vorleistung getreten ist.

Ob es der zielführendere Weg ist, die Gerechtigkeit von Servicepauschalen und Honoraren zu thematisieren, um dann im Anschluss die Ausweglosigkeit ihrer Versorgungssituation zu besprechen, werden am Ende die Kunden selbst entscheiden. Zum einen interessiert es hier eher sekundär und am Ende des Weges führt nicht die Tatsache der Honorarvergütung, sondern ein überzeugendes Leistungsangebot zum Erfolg.

Auch hier kann mit einem weiteren Perspektivwechsel ein Impuls entstehen. Wenn die Themen Gerechtigkeit, Unabhängigkeit und Transparenz für die Beratung im Vordergrund stehen sollen, dann auch konsequent. Der Bund der Versicherten BdV beziehungsweise die BdV Mitgliederservice GmbH zeigen, dass auch mit dieser Idee ein wirtschaftlich tragfähiges Geschäftsmodell entwickelt und erfolgreich umgesetzt werden kann.

Tipp: Patentfragen sachkundig klären lassen

Eine neue und gute Geschäftsidee oder die Neuausrichtung seines Geschäfts nach einem Perspektivwechsel sind i.d.R. Anstöße für neues Wachstum und Erfolg, der auch Mitbewerbern nicht verborgen bleibt.

Oft sind damit auch technische Entwicklungen und Anwendungen verbunden. Daher empfiehlt es sich, zu klären, ob und wie weit diese Ideen oder Ansätze als Patent zu schützen sind.

Ansprechpartner hierzu bieten die örtlichen Industrie- und Handelskammern, die entsprechende Anwälte vermitteln. Im Rahmen der Gründerförderungsprogramme werden dort auch regelmäßig Veranstaltungen und Sprechstunden zum Patentschutz angeboten.

Wer für die Entwicklung einer Geschäftsidee **die Welt nicht komplett neu erfinden** möchte und dennoch von der grundsätzlichen Idee und den Vorteilen von Honorarberatung überzeugt ist, kann sich alternativ auch Partner suchen, die ihm das Geschäft beibringen und ihn in der operativen Umsetzung unterstützen.

Ein **Pionier-Unternehmen** der Honorarberatung, das sich auch in der Ausbildung von Beratern engagiert, ist die **Honoris Finance GmbH**[39]. Die Mission des Teams um Geschäftsführer Andree Breuer ist es, Kunden in die Lage zu versetzen, ihr Geld richtig anzulegen. „Das Geld der Kunden soll nicht umsonst verdient sein" (Teicher, Interview mit Andree Breuer, Geschäftsführer der Honoris Finance GmbH, 2016).

Das Unternehmen untersucht bereits seit 2005 mit Unterstützung ausgewiesener finanzwissenschaftlicher Experten die Qualität von Finanzprodukten. Ziel ist es, die „**Renditekiller**" darin für Kunden zu identifizieren und zu eliminieren. Produktgeber nutzen darüber hinaus die Expertise für die Produktentwicklung, indem sie die Honoris Finance GmbH intensiv in ihre Entwicklungsprozesse einbeziehen.

Aus der Überzeugung heraus, dass Berater „in der Verantwortung stehen, nicht tatenlos zuzuschauen, wie das Geld ihrer Kunden vernichtet wird" (Teicher, Interview mit Andree Breuer, Geschäftsführer der Honoris Finance GmbH, 2016), gibt das Unternehmen die Erkenntnisse aus den beauftragten wissenschaftlichen Untersuchungen und finanzmathematischen Gutachten auch an andere Berater weiter.

Diese werden dazu ausgebildet, ihren Kunden für die Geldanlage Empfehlungen auszusprechen, die gewährleisten, dass ihr Geld ausschließlich in ihrem Interesse und nicht zusätzlich für die Finanzindustrie oder den Fiskus arbeitet.

Die Honoris Finance GmbH führt zusätzlich bundesweite Informationsseminare für interessierte Geldanleger durch. Der Einstieg in die individuelle Honorarberatung erfolgt für potenzielle Kunden im Rahmen eines Erstgesprächs, das ohne Berechnung angeboten wird. Damit treten die Berater für ihre Kunden in Vorleistung und ermöglichen diesen, sich vorab mit grundsätzlichen Fragen ihrer Geldanlage auseinanderzusetzen.

---

39   HONORIS FINANCE GMBH, Wilhelmshofallee 75, 47800 Krefeld.

Umfangreiche Unterlagen und eine professionelle Software geben Neueinsteigern die erforderliche Struktur und Sicherheit, die Interessen ihrer Kunden souverän zu vertreten.

Diese erhalten individuelle finanzmathematische Gutachten, die in einem ersten Schritt transparent aufzeigen, wie versteckte Kosten und Provisionen den Gewinn ihrer Geldanlagen schmälern. Dagegen werden (auf Wunsch bereits im Erstgespräch) alternative Angebote in den direkten Vergleich gestellt.

Berater, die sich zum Premium Partner der Honoris Finance GmbH ausbilden lassen, haben i.d.R. eine fünf- bis zehnjährige Berufserfahrung im Anlagebereich. Nach einer intensiven theoretischen Ausbildung sind sie daher kurzfristig dazu in der Lage, mit ihren Kunden auf dieser neuen Basis zu arbeiten. Unterstützung erhalten sie hierbei durch ein breit aufgestelltes Back-Office und zielgerichtetes Praxiscoaching.

Ein weiterer Vorteil, eine Partnerschaft mit diesem (oder einem vergleichbar aufgestellten) Unternehmen einzugehen, ist die vertriebliche Ausrichtung der Zusammenarbeit. Auch wenn Honorarberatung der Nimbus des „Nicht mehr verkaufen müssen" anlastet, kann der Berater nur wirtschaftlich vernünftig existieren, wenn er seine Dienstleistung in ausreichendem Maße verkauft. An die Stelle der Finanzprodukte tritt das Beratungs- und Betreuungsmandat. Gerade in der Anfangsphase wird dieser Aspekt oft nicht so deutlich wahrgenommen, sodass ein gezieltes Verkaufs-Coaching den Einstieg in das Geschäft messbar beschleunigen kann.

7 Geschäftsmodelle mit Honorarberatung

Ein Geschäftsmodell stellt in Erweiterung der Geschäftsidee die zugrunde liegende Kosten- und Erlössystematik dar. Es bildet die externen und internen Ressourcen sowie deren Transformation in Dienstleistungen ab, wobei die Preispolitik dabei eine zentrale Rolle einnimmt. Aus einer Geschäftsidee kann mit einem guten Geschäftsmodell ein Unternehmen werden (Brich, 18. Aufl., 2014, S. 1307 f.).

Für Honorarberatung stellt sich die Herausforderung, die damit verbundene Geschäftsidee oder die neue Sicht auf das bestehende Geschäft in ein Modell zu übertragen, das zu einem realistischen und wirtschaftlichen Honorar führt. Dabei sollte das Honorar Kunden gegenüber nicht im Vordergrund stehen.

Hierzu ist es erforderlich, zunächst ein **Leistungskatalog** zu erstellen, der nachvollziehbare und greifbare Beschreibungen für Kunden und eine detaillierte Auflistung der hierzu erforderlichen Arbeitsschritte mit dem dazugehörigen zeitlichen Aufwand enthält.

Daran schließen sich dann **preispolitische Entscheidungen** an, die zu einer Preisfindung führen, mit der Honorarberatung ertragreich darstellbar und marktfähig umsetzbar ist. Aus der Unternehmersicht fließt das in die **vertriebliche Steuerung** ein und stellt besondere Herausforderungen an die finanzielle Planung und Umsetzung (Inkasso etc.).

Weitere Elemente des Geschäftsmodells mit besonderen Honorarberatung betreffenden Fragestellungen sind dann die Organisation geeigneter **Technik** und des **Produktportfolios** sowie die **Vertragsgestaltungen**.

7.1 Aufbau eines Leistungskatalogs

Das Leistungsspektrum beschreibt die Produkte, die Kunden im Rahmen von Honorarberatung kaufen. Sie werden weder etwas damit anfangen können, dass sie unabhängige und hochwertige Finanzdienstleistung für ihre komplexen Anforderungen erhalten, noch dass sie für individuelle und marktübergreifende Lösungskonzepte einen ihnen nicht nachvollziehbaren Zeitaufwand vergüten sollen. Kunden kaufen keine Zeit (die sie zudem zusätzlich selbst investieren), sie kaufen Leistungen und Ergebnisse.

Daher sind ihnen möglichst konkret der aus der Beratung entstehende Nutzen sowie das, was zur Realisierung des Nutzens zu tun ist, zu beschreiben.

Diese Leistungspakete werden z.B. gerne als umfassende Finanzanalyse, wissenschaftliche Anlageberatung oder private Liquiditäts- und Vermögensplanung beschrieben. Im Versicherungsbereich wird die Optimierung des Versicherungsportfolios häufig zur Beschreibung verwendet.

Es mag Kunden geben, die sich bereits vorstellen können, was sie (um ein weiteres Beispiel zu nennen) mit einer Persönlichen Finanzstrategie kaufen, andere eher nicht.

Eine Konkretisierung der damit verbundenen Schritte hilft den Kunden zu verstehen, was sie erwartet und es hilft dem Berater zu kalkulieren, was er dafür vom Kunden erwartet.

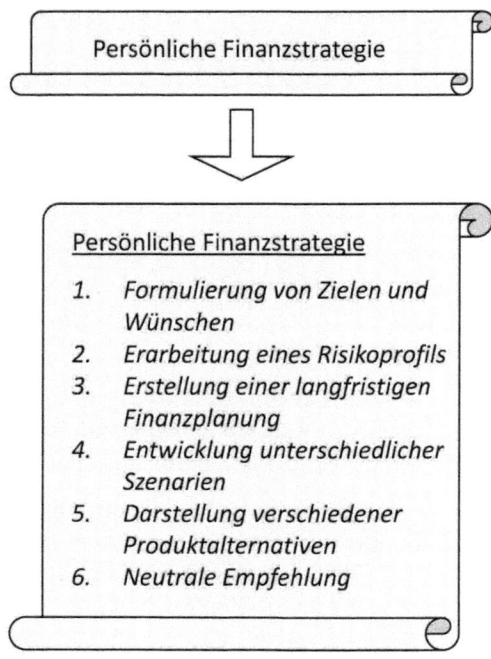

Abb. 19: Konkretisierung von Leistungsinhalten, z.B. Persönliche Finanzstrategie
Quelle: eigene Darstellung

Mit der Konkretisierung ist das Beratungsgespräch nicht mehr ergebnisoffen und erhält eine verbindliche Grundlage für die Leistung des Beraters und die Gegenleistung durch den Kunden. Sie stellt die Leistung in den Vordergrund.

Hinweis: Kunden kaufen Dienst-Leistungen, nicht Dienst-Zeiten

Das Ziel ist es nun, diese Leistung mit ihrem Nutzen zu beschreiben und dem Kunden zu verkaufen. Der Kunde leitet seinen Nutzen von der empfundenen Relevanz des Themas und dem konkret zu erwartenden Ergebnis ab. Den Nutzen wägt er gegen den für ihn hierfür anfallenden Aufwand ab und trifft dann seine Kaufentscheidung.

Soweit die Theorie. Häufig wird der Kunde an dieser Stelle jedoch mit Honorarsätzen auf Stundenbasis konfrontiert. Der Berater möchte die Zeit, die er bei ihm verbringt, als Abrechnungsgrundlage nutzen. Nicht seine Leistung und auch nicht den Nutzen und Vorteil, den er seinem Kunden bringt, sondern nur seine Zeit.

Im folgenden Kapitel zur Preisstrategie wird deutlich, welche unternehmerischen Möglichkeiten sich der Berater damit nehmen würde. Honorarberater sollten ihr Geschäftsmodell daher auf einem Leistungs- und Preismodell aufbauen, in dem wirtschaftliche und marktfähige Preise zum Unternehmenserfolg beitragen.

Zurück zur „Persönlichen Finanzstrategie". Die einzelnen Leistungsschritte können nun noch detaillierter beschrieben werden.

Es wird wahrscheinlich mehrere Besuchstermine geben, die vor- und nachzubereiten sind. Zuvor gab es Akquise-Aufwendungen, Vorgespräche haben (für den Kunden ohne Berechnung) stattgefunden. Die Gesprächszeiten inkl. An- und Abfahrten sind nachvollziehbar. Möglicherweise werden Unterlagen zu Gesprächsvorbereitung verschickt. Produktangebote werden eingeholt, entsprechende Unterlagen gesichtet und aufbereitet.

Diese Arbeitsschritte sind konkret einer Leistung und einem Kunden zuzuordnen. Der Berater kann abschätzen, wer was dafür **in welcher Zeit und mit welchem Aufwand** zu erledigen hat.

Er liefert gegenüber dem Kunden allerdings nicht nur Zeit sondern – wie ausgewiesen – Ergebnisse in Form Neutraler Empfehlungen.

Diese entstehen nicht nur durch organisierte Abläufe. Sie basieren auf der Erfragung von Zielen und Wünschen, deren Qualität maßgeblich durch die Kommunikationsstärke des Beraters beeinflusst wird. Sie entstehen auf Basis seines Fachwissens, z.B. für die Szenarien-Entwicklung oder die Fähigkeit der Produktbeurteilung. Und sie drücken sich in seiner Fähigkeit aus, Ergebnisse prägnant und verständlich darzustellen.

Der Aufbau und die Aufrechterhaltung dieser Fähigkeiten kostet zusätzlich Zeit und Geld. Die tägliche Lektüre relevanter Medien, der Besuch von Schulungsveranstaltungen sowie regelmäßiges Training kommunikativer und methodischer Fähigkeiten erhalten und erweitern sein **Wissen und Können**, das er in die Beratung einbringt.

Die konkrete Zuordnung zu diesem Leistungspaket fällt nun schon deutlich schwerer. Dennoch entscheidet nicht die mit dem Kunden verbrachte Zeit, sondern der Einsatz seines Wissens und Könnens über die Qualität seiner Beratung.

Um grundsätzlich mit oder für den Kunden arbeiten zu können, muss er seinen **Geschäftsbetrieb** organisieren und aufrechterhalten. Hierzu fallen regelmäßig Betriebskosten in Form von Büromiete, Personal, Werbung, Betriebsausstattungen, Rücklagen, Versicherungen, Energiekosten, Steuerberatung, Steuern, Reinigung, Technik, Softwarelizenzen, Kredite u.ä. an.

Auch der Geschäftsbetrieb ist kein notwendiges Übel oder ein Kostentreiber, der einfach so da ist. Eine bewusste und zielgerichtete Leistungserstellung orientiert sich an den eigenen Ansprüchen, den Anforderungen potenzieller Kunden und gegebenen Möglichkeiten.

Die Wahl und Ausstattung der Geschäftsräume spiegelt die Absicht, dort auch Geschäft zu schreiben und nicht nur ein Büro zu haben. (Trotzdem gibt es immer noch Versicherungsvermittler, die als Versicherungsbüro auftreten.)

Die Wertigkeit der Kundenunterlagen, die Qualität des Verkaufstrainers und der Außenwirkung des Beraters sowie seine werblichen Aktivitäten sind Maßstab und Anspruch an sein Leistungsniveau. Er trifft bewusste Investitionsentscheidungen in den Aufbau seines Leistungskatalogs.

Der Kunde sieht aber nach wie vor das angebotene Leistungspaket in Form der Persönlichen Finanzstrategie mit dem zu erwartenden Ergebnis einer Neutralen Empfehlung. Dafür ist er bereit, zu zahlen. Nicht für den Zeitaufwand der morgendlichen Newsletter-Lektüre seines Beraters oder seinen Anteil an der Reinigungskraft.

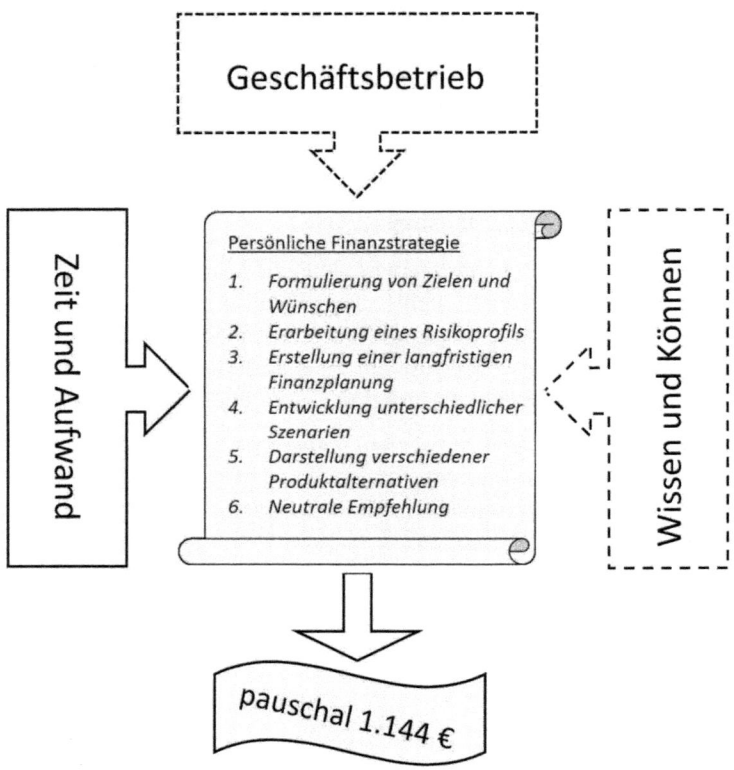

Abb. 20: Einfluss und Aufwand zur Leistungserstellung
Quelle: eigene Darstellung

Die im folgenden Kapitel vorgestellten Orientierungsgrößen unterstützen den Berater bei der konkreten Preisfindung. Mit der Erstellung des Leistungskatalogs bzw. mit Betrachtung des Zeitaufwandes aller Tätigkeiten zur Leistungserbringung in Form einer Arbeitsanalyse werden die entsprechenden Vorarbeiten geleistet.

Arbeitsanalyse

Über einen bestimmten Zeitraum werden möglichst alle anfallenden Arbeitsschritte erfasst und zugeordnet. Die Erfassung gelingt mit einer einfachen Excel-Tabelle, die dann über ihre Filterfunktionen auszuwerten ist.

Dabei ist selbstverständlich abzuwägen, dass die Erfassung nicht zum Selbstzweck eskaliert und jeder Gang vor die Tür oder der Small-Talk mit dem Postboten erfasst wird. Auch hier gibt es einen sinnvollen Graubereich zwischen Datenfriedhof und Blindflug. Der Aufwand zahlt sich aus.

Werden bestimmte Tätigkeiten ausschließlich von einem Mitarbeiter erledigt und sind dieses allgemeine Aufgaben, kann eine Einzelerfassung entfallen. Der Mitarbeiter hat bereits einen Preis in Form seiner Gehaltskosten.

Mit der Auswertung kann der Berater einschätzen, wie viel Zeit er und sein Team direkt für ihre Kunden verbringen und wie viele potenzielle Beratungen durchgeführt werden können. Der Aufwand für den individuellen Beratungsprozess und die potenzielle Anzahl der Beratungen bestimmen dann am Ende die Preisuntergrenze eines Leistungspaketes.

Je nach Betriebsgröße und Leistungsspektrum reicht es unter Umständen bereits aus, die Zeit beim Kunden zu erfassen und den verbleibenden Aufwand auf die Besuchszeiten zu verteilen.

Bei der Entwicklung von Pauschalpreisen im Rahmen von Beratungsgesprächen mit Vermittlern kommt oft der Hinweis auf immer neue und individuelle Kundensituationen und mögliche Mehraufwendungen, die dann nicht erfasst sind und nicht vergütet werden können. Bei einer zeitgenauen Abrechnung könne das nicht passieren.

Unabhängig davon, dass die wenigsten bei den so gerne zum Vorbild genommenen Rechtsanwälten, Notaren und Steuerberatern in Anspruch genommenen Leistungen stundenweise abgerechnet werden, liefern Handwerker hierzu sehr passende Lösungen.

Beispiel: Unvorhersehbarer Zusatzaufwand in der Gartengestaltung

Soll ein Garten gestaltet werden, erhält der Kunde ein Angebot, mit dem er sich konkret vorstellen kann, was passiert: Abtragen von Erde und Errichten einer 1,5 Meter hohen Trockenbaumauer. Da im Garten des Kunden – ebenso wie in seinen Finanzangelegenheiten – unvorhersehbare Hindernisse vorhanden sein können, die nur mit zusätzlichem Aufwand zu beseitigen sind (altes Betonfundament in der Erde), weist der Gärtner dieses vorab mit dem Hinweis im Angebot aus, dass für eben diese zusätzlichen Arbeiten ein Zusatzbetrag anfällt, der nach dem dafür verwendeten Zeitaufwand und mit einem Stundensatz (zzgl. Material) berechnet wird.

Kunden akzeptieren das, weil sie es nachvollziehen können und weil es ihnen transparent dargelegt wird. Warum soll ein Kunde das nicht auch im Rahmen der Persönlichen Finanzstrategie genauso können bzw. wollen.

Der Stundensatz des Beraters liegt ja vor und ist die Basis seiner Preisgestaltung, er kann jederzeit ergänzend hinzugefügt werden (vgl. 7.2.2 Preisfindung).

Tipp: Eine Arbeitsanalyse ist auch für Provisionsvermittler sinnvoll

Auch für Provisionsvermittler empfiehlt es sich, eine derartige Analyse vorzunehmen und mit dem vorgegebenen Preis (der erhaltenen Provision) zu vergleichen.

Der Betrachtungsrahmen sollte allerdings vom Kunden und nicht von den Produkten bestimmt werden. Entscheidend ist, ob Aufwand und Ertrag aus der Gesamtkundensicht wirtschaftlich gestaltet sind.

Die isolierte Betrachtung eines Kundentermins mit dem Ergebnis der Vermittlung einer Privaten Haftpflichtversicherung führt wahrscheinlich nie zu einem positiven Ergebnis. Auch wenn dieses dagegen bei der Vermittlung einer Lebensversicherung der Fall wäre, wird diese eher nicht in einem Termin und losgelöst von der Gesamtkundenbeziehung verkauft.

Unabhängig von der Vergütungsform bemisst sich der Wert der Beratung immer an der Qualität der Kundenbeziehung.

Im Laufe der Zeit werden sich die einzelnen Arbeitsschritte bzw. der Aufwand dafür, aufgrund von Lernerfahrungen mehr und mehr reduzieren. Der Nutzen für den Kunden bleibt aber der gleiche, möglicherweise erhöht er sich durch die zusätzlichen Erfahrungen sogar. Konsequenterweise müsste sich dieses auch auf die Kundenabrechnungen auswirken, wenn diese immer noch mit einem Stundensatz versehen wären. Auch wenn nur die Zeit beim Kunden ausgewiesen wird, soll ja vertrauensvoll und transparent gearbeitet werden.

Das pauschale Honorar für das Leistungspaket ermöglicht dagegen die Skalierbarkeit der Leistungen und schränkt nicht von vorne herein (anzustrebende) Wachstumsmöglichkeiten ein.

Einen Zusatznutzen für Kunden und Berater bieten außerdem unterschiedlich umfangreich gestaltete Leistungspakete. Differenzierungen im Sinne einer Bronze-Silber-Gold Stufung führen in der Ansprache des Beraters und für den Kunden in seiner Entscheidungsfindung zu weiterer Flexibilität und Sicherheit.

Tipp

Eine Stufung bzw. Klassifizierung mit PREMIUM – DELUXE – VIP ist anders und suggeriert eine noch höhere Wertigkeit.

Ergänzend können Einzelmodule zu- oder abwählbar sein. In der oben dargestellten Persönlichen Finanzstrategie ist z.B. die Sichtung und Analyse vorhandener Verträge nicht berücksichtigt.

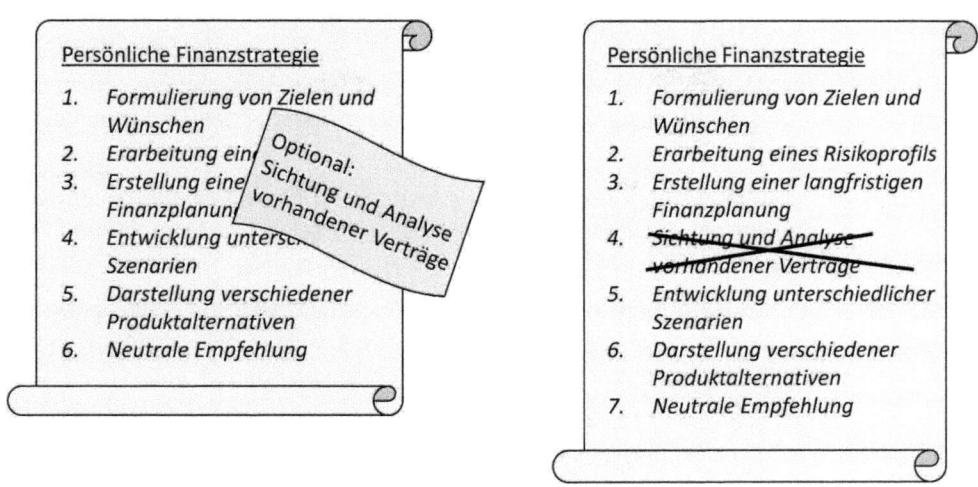

Abb. 21: Leistungsdifferenzierung durch Ergänzung oder Herausnahme einzelner Module
Quelle: eigene Darstellung

Die Aufgliederung des Angebots führt dazu, dass der Kunde die Möglichkeit hat, einzelne Module „abzuwählen". Das vermeidet am Ende eine pauschale Preisdiskussion und hat den Vorteil, dass der Kunde, der eigene Module auswählt, die grundsätzliche Kaufentscheidung i.d.R. bereits getroffen hat. Er hinterfragt nicht mehr das Preis-Leistungsverhältnis des Leistungskatalogs, sondern erstellt individuell sein eigenes Paket.

Wenn dem Gast im Restaurant (in dem er sich wohlfühlt) das Steak zu teuer ist, nimmt er das Schnitzel. Dennoch bleibt er und zahlt, nachdem er gegessen hat.

7.2 Preispolitik und Wert der Beratung

Im Rahmen der Preispolitik wird der Wert der angebotenen Beratungsleistung bestimmt.

In den Diskussionen über Finanzdienstleistungsvermittlung generell und speziell über Honorarberatung steht die Frage nach der Vergütung als „Gretchenfrage" meistens im Mittelpunkt. Sie ist damit eine der sensibelsten Fragen zum Einstieg in die Honorarberatung, mit der sich jeder Berater entsprechend umfassend und gründlich beschäftigen sollte.

Eine Geschäftsidee für Honorarberatung lässt sich nur mit der Begeisterung Dritter für diese Idee erfolgreich am Markt platzieren. Die Frage der Preisgestaltung bildet dabei das Fundament, die Geschäftsidee dann auch wirtschaftlich erfolgreich umzusetzen.

Dieses gilt im Übrigen gleichermaßen für Honorarvermittlung, die ja entweder isoliert oder zusätzlich Teil des Leistungskatalogs der Versicherungsberater oder Honorar-Finanzanlagenberater ist.

Auch wenn der politische Verbraucherschutz ein maßgeblicher Förderer von Honorarberatung ist, bedeutet das nicht, dass Honorarberatern wirtschaftliches Handeln nicht „erlaubt" ist. Daher ist auch in der Honorarberatung das Ziel, im Rahmen preispolitischer Entscheidungen den gewinnmaximalen Angebotspreis zu bestimmen und durchzusetzen.

Ein hochwertiges Leistungsangebot kann nur erbracht und dauerhaft aufrechterhalten werden, wenn der Berater damit die Zahlungsbereitschaft seiner Kunden trifft und eine Nachfrage entsteht.

Dieses setzt voraus, dass er nicht einen zu geringen Preis kalkuliert und so auf einen Teil seiner möglichen Gewinnmarge verzichtet. Damit würde er seine Leistungsfähigkeit von vorne heraus unnötigerweise einschränken.

Ebenso wenig sollte er sein Honorar zu hoch ansetzen und die Zahlungsbereitschaft seiner potenziellen Kunden überbewerten. In diesem Fall werden sie den Weg zu ihm nicht finden.

Auf dem Weg zur professionellen Preisfindung sind preispolitisch folgende Entscheidungsfelder zu bearbeiten (Wöhe, 26. Aufl., 2016, S. 424 ff.):

- Welche **Preisstrategie** soll grundsätzlich verfolgt werden?
- Wie zeigen relevante Orientierungsgrößen den Gestaltungsspielraum im Rahmen der **Preisfindung**?
- Wie sieht die konkrete **Preisgestaltung** in Verbindung zum Leistungsspektrum aus?
- Kann **Preisdifferenzierung** dazu beitragen, das Kundenspektrum zu erweitern?

Für Kunden stehen unabhängig davon der für sie erzielbare Nutzen und Mehrwert durch die Inanspruchnahme von Honorarberatung (Honorarvermittlung) im Vordergrund. Entsprechend ist das Nachfrager-Urteil zur Angemessenheit des Preis-Leistungs-Verhältnisses die maßgebliche Orientierungsmarke zur Preispolitik (Wöhe, 26. Aufl., 2016, S. 424).

Merke: Das Kundenurteil ist im Sinne des Beratungspreises beeinflussbar

Erfolgreiche Honorarberater nehmen dieses Urteil nicht nur zur Kenntnis, sondern sie beeinflussen es zu ihren Gunsten. Daher ist die **Preisdurchsetzung** am Ende des Weges die wichtigste preispolitische Maßnahme.

7.2.1 Preisstrategie

Honorarberater werden sich nicht in der gleichen Häufigkeit wie Vollsortimenter im Lebensmitteleinzelhandel mit preispolitischen Entscheidungen auseinandersetzen. Sie können ihre Entscheidungen genauso wenig so beliebig testen und korrigieren, wie ein Lebensmitteldiscounter bei der Einführung einer neuen Joghurtmarke.

In diesem Sinne ist Preisstrategie an dieser Stelle die gründliche und umfassende Auseinandersetzung der angebotenen Dienstleistung und der eigenen Person sowie der Einstellung und dem Selbstbewusstsein für den Wert, den diese Dritten gegenüber haben (sollen).

Der Wechsel von der provisionsvergüteten Vermittlung zur Honorarberatung erfolgt häufig vor dem Blickwinkel, nach Umstellung die etwa gleichen Einnahmen wie im „alten System" generieren zu wollen. Demzufolge wird vereinfacht der bisher erzielte Umsatz durch die zur Verfügung stehende Arbeitszeit geteilt und so ein erster Stundensatz ermittelt.

Beispiel: Anlehnung und Orientierung an gewohnten Einkommensstrukturen

Für einen Einzelmakler, der bisher z.B. (andere Zahlen führen zur gleichen Aussage) einen Jahresumsatz in Höhe von 80.000 € erzielt hat, ergibt dieses bei den üblicherweise zugrunde gelegten 220 Arbeitstagen im Jahr ein Grundstundensatz von (ca.) 45 €/h.

220 Tage x 8 Stunden = 1.760 Arbeitsstunden

80.000 € / 1.760 h = (ca.) 45 €/h

Dieser Stundensatz wird nun so auf den Einzelkunden übertragen, dass die nicht unmittelbar bei ihm verbrachte Zeit (Verwaltung, Fortbildung, Akquise, Vorbereitung etc.) anteilig mit berechnet wird.

An einem Arbeitstag sind in diesem Beispiel 360 € zu erwirtschaften. Wenn pro Tag drei Kundentermine realisiert werden, werden den Kunden in der Logik jeweils 120 € dafür in Rechnung gestellt.

8 h x 45 € = 360 €/Arbeitstag

1 Arbeitstag / 3 Kundentermine = 360 € / 3 = 120 €/Kundentermin

Wenn für einen Termin zwei Stunden veranschlagt werden, verlangt der Berater (unabhängig vom Leistungsinhalt) einen Honorarstundensatz in Höhe von 60 €. Wenn nun aber lediglich zwei Termine realisiert werden, müsste jeder Kunde stattdessen einen um 50 % höheren Stundensatz und insgesamt 180 € für die gleiche Beratungsleistung zahlen.

8 h x 45 € = 360 €/Arbeitstag

1 Arbeitstag / 2 Kundentermine = 360 € / 2 = 180 €/Kundentermin

Beispiel Fortsetzung

Hier zeigt sich deutlich, dass eine derart einfache Preispolitik potenziellen Kunden gegenüber in der Praxis nicht durchsetzbar ist. Honorare werden vorab verkauft und kein Markt duldet, dass der schlechteste Anbieter gleichzeitig der teuerste ist. Ebenso wenig lässt es sich wohl dauerhaft verkaufen, einen nicht zustande gekommenen Termin an anderer Stelle durch die Verlängerung der Beratungszeit zu kompensieren.

Ebenso wenig werden damit wesentliche betriebswirtschaftliche Größen berücksichtigt. Möglicherweise sind andere und kostenintensivere (weil hochwertigere) Büro- und Prospektmaterialien, ein erweiterter Trainingsaufwand etc. erforderlich.

Dieses sehr vereinfachte Beispiel zeigt deutlich die Fallstricke einer nicht fundierten und einseitig am angestrebten Umsatz orientierten Kalkulation. Der Misserfolg ist für den Systemwechsel zumindest sehr wahrscheinlich und programmiert. Daher sollte sich jeder Berater darüber bewusst sein, dass mit einem Wechsel zur Honorarberatung ein Wechsel des Geschäftsmodells verbunden ist. So ein Wechsel verursacht zusätzlichen Aufwand und erfordert Investitionen, die im Vergleich zum bisherigen Geschäftsmodell zusätzlich erwirtschaftet werden müssen.

Merke:

Der Umkehrschluss der von Henry Ford geprägten Aussage „Wer immer tut, was er schon kann, bleibt immer das, was er schon ist." wird damit zur Aufforderung, sich zunächst mit der Tragweite und dann intensiv mit den Fragestellungen eines Systemwechsels in die Honorarwelt auseinanderzusetzen: „Wer immer das bleiben will, was er schon ist, der sollte das tun, was er immer tut." Und dieses muss kein Fehler sein.

Die Preisstrategie beziehungsweise die operative Leitlinie für die anstehenden preispolitischen Entscheidungen kann in diesem Sinne nur der Aufforderung „**Honorarberatung muss preiswert sein!**" folgen.

Diese Aussage leitet keineswegs dazu an, eine Preisstrategie zu verfolgen, die einer vermeintlichen Preissensibilität der Kunden folgend, versucht durch Honorarvereinbarungen und Nettotarife möglichst noch günstiger als im konventionellen Modell anbieten zu können.

Sie bezieht sich vielmehr auf den Wert von Honorarberatung, die ja als eigenständige und hochwertige Dienstleitung definiert ist. Und genau an diesem Wert richtet sich der Preis dafür aus, Honorarberatung ist ihren Preis wert, also „preiswert".

Ein Beitrag in einen Fonds, der trotz fallender Kurse für die Performancegebühr des Fondsmanagers verwendet wird, ist dagegen kein Preis, der für den Kunden einen Wert darstellt.

Der Preis orientiert sich am Ende auch an angestrebten Umsatzerwartungen, sodass die grundsätzlich angestellte Überlegung, diese im Zeitablauf zu verteilen durchaus sinnvoll ist. Zusätzliche Orientierungsgrößen werden im Folgenden dazu beitragen, dieses differenzierter zu gestalten und damit auf eine solidere Basis, als im aufgeführten Beispiel, zu stellen.

Zusammenfassung: Die Einstellung des Beraters bestimmt seinen Preis.

Die zur Preisfindung entwickelten Modelle bilden komprimiert eine Struktur ab, mit der das eigene Preismodell entwickelt werden kann. Eine detaillierte Erarbeitung (z.B. anhand von Kalkulationstabellen) kann sich hieran (in Form von Beratungen) anschließen.

Zunächst geht es darum die Einstellung zum Wert der angebotenen Dienstleistung zu entwickeln, das der Wechsel in die Honorarberatung und Honorarvermittlung mit höheren Aufwendungen (Kosten) für den Berater und damit mit einem höheren Wert (Preis[40]) für den Kunden verbunden ist. Es entsteht gewissermaßen ein gegenseitiger Mehrwert.

7.2.2   Preisfindung

Die interne Sicht auf den Preis entsteht durch die Kalkulation von **Kosten** und Erträgen. Ein Unternehmer kennt seine Grenzen, bis zu denen er wirtschaftlich arbeitet.

Da Mitbewerber i.d.R. auch wirtschaftlich handeln, bildet sich im Markt (mit weiteren Wettbewerbern) ein darüber liegender Preis. Dieser **Wettbewerb**spreis gibt einen Branchendurchschnitt wider, zu dem bereits Angebot und Nachfrage erfolgreich aufeinander treffen und Unternehmen gewinnbringend arbeiten.

Jeder Preis unterliegt der Kaufentscheidung des **Kunden**. Er wägt am Ende ab, ob der ihm in Aussicht gestellte Nutzen den dafür zu zahlenden Preis übertrifft oder nicht.

Eine marktfähige und erfolgreiche Preisfindung berücksichtigt daher immer alle drei Faktoren: die Kosten, den Wettbewerb und die Kunden.

Honorarberatung und Honorarvermittlung unterliegen den Spielregeln des Marktes und der Marktteilnehmer. Wer also nicht alle drei Orientierungsgrößen zur Preisfindung berücksichtigt, definiert i.d.R. einen nicht marktfähigen Preis. Und dieser Preis beziehungsweise dieses Honorar wird mit sehr hoher Wahrscheinlichkeit zu gering und nicht zu hoch sein.

Da Honorarberatung eine Form von (Finanz-)Dienstleistung ist, werden zusätzliche dienstleistungsspezifische Besonderheiten in der Preisfindung berücksichtigt (Meffert, 8. Aufl., 2015, S. 33 ff.).

Honorarberater sind permanent leistungsfähig. Die Aufrechterhaltung der **permanenten Leistungsfähigkeit** führt zu einem hohen Anteil an fixen Bereitstellungskosten im Ver-

---

40   Damit ist der Preis der Beratung gemeint. Die Kostenvorteile, ohne die ein Kunde zumindest Honorarvermittlung nicht in Anspruch nehmen würde, entstehen durch Produktvorteile (Vgl. Nettotarife und Kostenstrukturen von Altersvorsorgeprodukten).

hältnis zu geringen variablen Kosten. Die Kapazitätsauslastung, d.h. ein ausreichendes Maß an Terminen, ist entsprechend ein maßgeblicher Erfolgsfaktor. Ein zeitraumbezogener Misserfolg könnte auf der Basis nicht eingeholt werden.

Die **Immaterialität**, also die fehlende Sichtbarkeit und Greifbarkeit der Leistungsmerkmale führt gerade bei neuen Dienstleistungen (wie der Honorarberatung) dazu, dass die Preisbereitschaft der Kunden schwer zu erfassen und der damit zu transportierende Nutzen schwer zu vermitteln ist. Zusätzlich haben Honorarkunden die Dienstleistung bisher als kostenlos wahrgenommen, da sie hierfür nicht direkt bezahlt haben. So verstärken die damit für sie unsichtbaren Kosten der Beratung die Immaterialität der Finanzdienstleistung. Der Konkurrenzpreis ist nicht sichtbar.

Der sogenannte **externe Faktor** ist Teil der Dienstleistung. Damit ist der Kunde gemeint, der in den Leistungsprozess vollständig integriert bzw. zentraler Bestandteil davon ist. Das führt zu einem hohen Individualisierungsgrad und damit zu einer geringen Preis-Vergleichbarkeit. Die „Qualität des externen Faktors" (Meffert, 8. Aufl., 2015, S. 338) oder anders ausgedrückt die Aufgeschlossenheit und Mitarbeit des Kunden beeinflusst sehr stark die Beratungsergebnisse. Grundsätzlich kann qualitativ hochwertige Dienstleistung nur unter Einbeziehung des externen Faktors entstehen (Icha, 2014, S. 38).

Die Zusammenführung dieser Orientierungsgrößen ergibt nun insgesamt den Gestaltungsrahmen zur Preisfindung.

Kosten und Leistungsfähigkeit des Anbieters

Die Leistungsfähigkeit des Anbieters erfordert eine vernünftige betriebswirtschaftliche Struktur. Hieran muss er sich orientieren und angestrebte Wachstumsoptionen daran ausrichten. Sie ist ebenfalls die Voraussetzung für die persönliche Existenzsicherung des Beraters.

Wettbewerb und Immaterialität

Die Immaterialität der Leistungsmerkmale verstärkt für Dienstleister die Herausforderung, sich zu differenzieren. Für Honorarberater sind genau die Wettbewerber zu identifizieren, die aus Kundensicht vergleichbare Ergebnisse liefern können. Viele Kunden haben dabei die Beratung bislang als kostenlos wahrgenommen. Diese Illusion ist den Kunden zu nehmen. Es ist ein transparenter Vergleich von „Äpfeln mit Äpfeln" erforderlich, um die Wettbewerbsvorteile von Honorarberatung herauszustellen.

Kunden und Integration des externen Faktors

Der Kunde ist wesentlicher Teil der Dienstleistung und des Ergebnisses. Seine Integration und Einflussnahme bieten Chancen, positive subjektive Kundenerlebnisse und Beratungsergebnisse zu erzeugen. Der Preis wird zum Qualitätsindikator.

7.2.2.1 Kosten und Leistungsfähigkeit des Anbieters

Die bereits angesprochene Orientierung an den Umsatzerlösen zur Preisfindung ist prinzipiell geeignet, wenn sie schrittweise erfolgt und damit auch Veränderungen in den anderen Positionen zulässt, die dadurch eine Weiterentwicklung ermöglichen.

Viele Vermittlerbetriebe nehmen den Erhalt der Betriebswirtschaftlichen Auswertung (BWA) ihres Steuerberaters monatlich nachrichtlich zur Kenntnis, um sie dann zu archivieren. Im Rahmen der eigenen Preisfindung kann sie allerdings auch als nützliches Steuerungsinstrument dienen.

Die darin enthaltenen wirtschaftlichen Kennzahlen sind ein geeignetes Gerüst, den erwarteten Umsatz aktiv zu planen.

Idealerweise erfolgt dieses mit der Betrachtung vom angestrebten Ergebnis über die geplanten Kosten bis zu den erwarteten Umsatzerlösen, die dann Grundlage der vertrieblichen Planung sind.

Die Kalkulation setzt bereits außerhalb der BWA und noch vor dem angestrebten Betriebsergebnis an. Das betriebliche Ergebnis sollte ausreichend Spielraum für private Ausgaben und angestrebte Rücklagen beinhalten. Ein Großteil der Vermittlerbetriebe ist nicht so strukturiert, dass ein fester Unternehmerlohn gezahlt wird. In diesem Fall ist die private Betrachtung an dieser Stelle vorweg zu stellen. Und wenn der Unternehmerlohn in die Personalkosten einfließt, spielen darüber hinaus private Motive und Bedürfnisse eine Rolle in der persönlichen Planung des Unternehmers.

Die Kosten sind nun so zu planen beziehungsweise zu überprüfen, dass sie den Wechsel des Geschäftsmodells berücksichtigen.

Wahrscheinlich sind aufgrund des Unabhängigkeitsgebots Unterlagen, die bisher kostenfrei von den Produktgebern bezogen werden konnten, künftig selbst herzustellen. Zusätzliche Schulungs- und Trainingsmaßnahmen für Mitarbeiter führen ebenso wie neue und möglicherweise hochwertigere Geschäftspapiere zu erhöhten Kosten.

Die Addition des angestrebten Ergebnisses mit den geplanten Kosten führt zum erwarteten Umsatz.

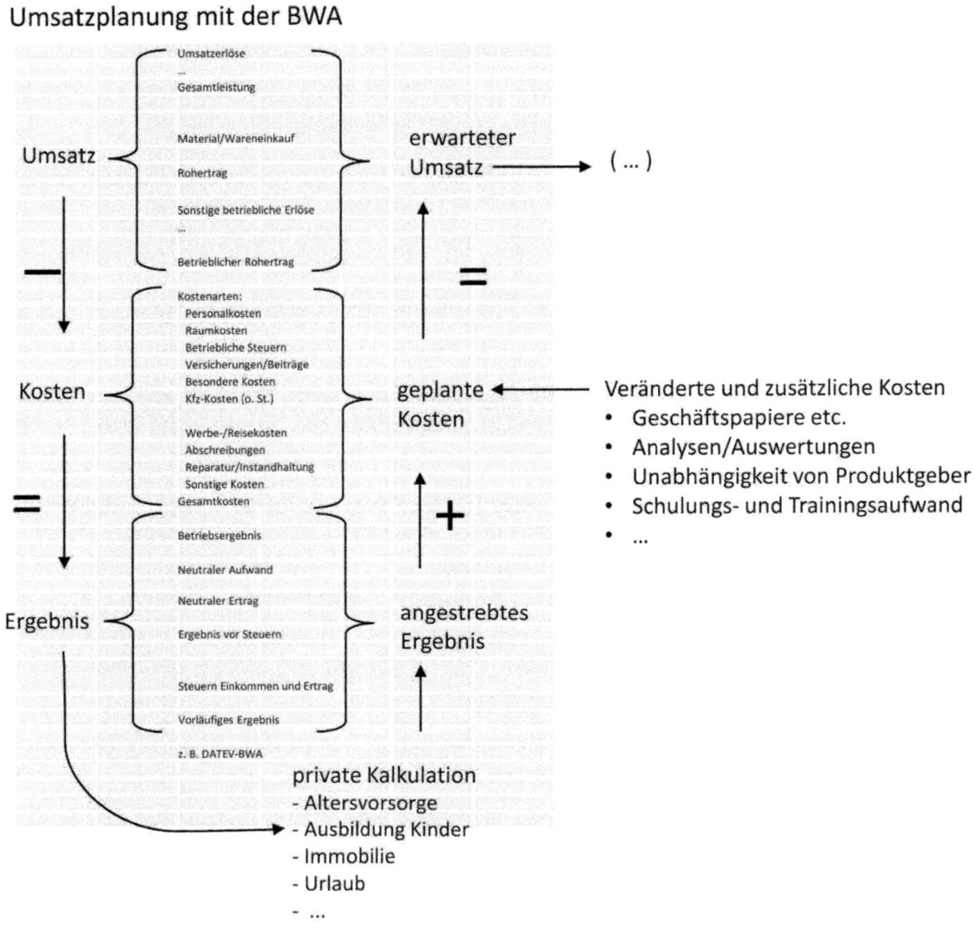

Umsatzplanung mit der BWA

Abb. 22: Kostenorientierte Planung und Umsatzerwartung
Quelle: eigene Darstellung

Hieraus lässt sich durch Division mit einer Aufwandseinheit ein Stückpreis oder Einheitspreis für die weitere Preisfindung ableiten. Sinnvollerweise wird dabei mit einem Zeitaufwand dividiert, sodass sich ein Zeitwert ergibt.

Der Zeitwert muss dabei nicht einer Stunde entsprechen, damit sich hieraus ein Honorarstundensatz ableiten lässt. Er ist so zu wählen, dass er der Einheit des zeitlichen Aufwandes zur Erstellung der Leistungspakete entspricht.

Der zur Verfügung stehende Rahmen wird durch die Addition der Arbeitszeit der Mitarbeiter gebildet. Maßgeblich dafür ist, wie viele Berater Kunden gegenüber auftreten. Lässt sich z.B. ein Berater im Back-Office von zwei Mitarbeitern unterstützen, ist alleine seine Arbeitszeit relevant, er verdient dann das Gehalt seiner Mitarbeiter beim Kunden. Für mehrere Außendienstler gilt das entsprechend. Eine zusätzliche Gewichtung vorzunehmen, erscheint an dieser Stelle unnötig komplex. Preisdifferenzierungen (Juniorberater etc.) sind an anderer Stelle noch möglich.

Hinweis: Selbstbetrug in der Kalkulation vermeiden

Die Zeiteinheit für einen Berater beträgt maximal 220 Arbeitstage im Jahr, mit jeweils acht Stunden täglich. Wer sich nun kalkuliert, dass er auch bzw. ohnehin zehn Stunden am Tag arbeitet, verschenkt unnötig Geld. „Überstunden" führen auch für Angestellte (durch tarifliche Zuschläge) zu einem höheren und nicht zu einem geringeren Stundenlohn. Das gilt erst recht für selbstständige Unternehmer.

Der Zeitwert wird nun den im Rahmen der Arbeitsanalyse festgestellten Aufwendungen zugeordnet. (vgl. 7.1 Aufbau eines Leistungskatalogs). Die überschüssigen Zeiteinheiten werden verteilt und die Leistungspakete erhalten einen (ersten) Preis.

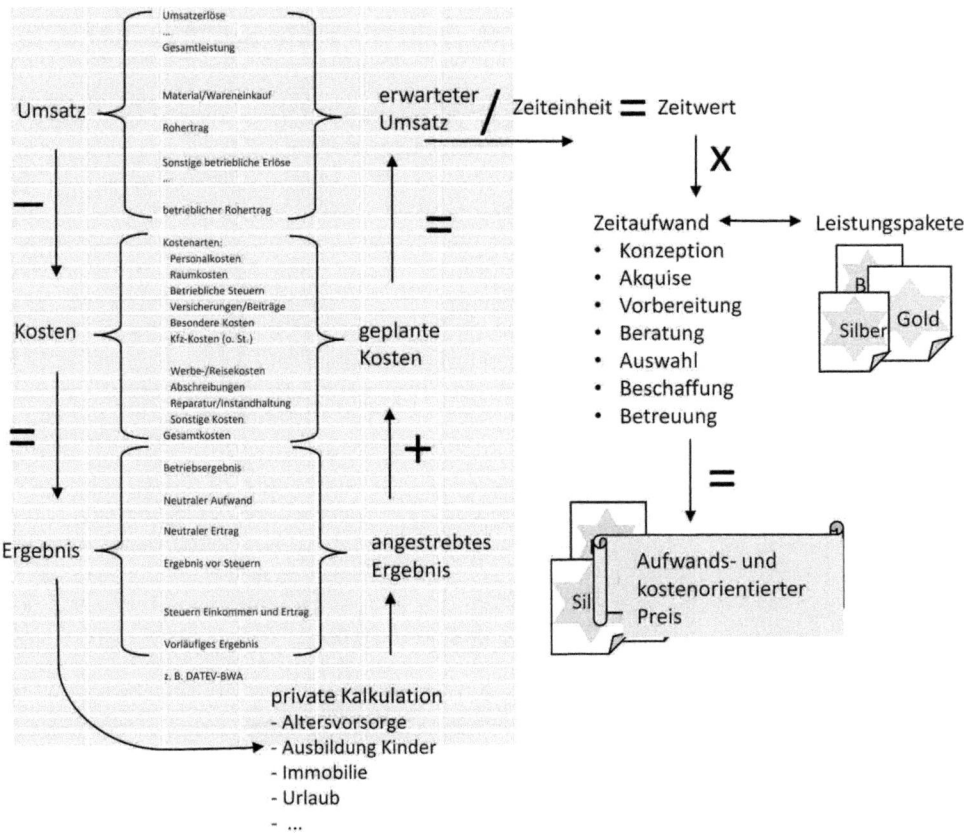

Abb. 23: Aufwands- und kostenorientierte Preisbildung je Leistungspaket
Quelle: eigene Darstellung

Beispiel: Kalkulation der „Persönlichen Finanzanalyse"

Die Zuordnung erfolgt konkret auf Basis der für die Leistungspakete erforderlichen Zeit, die beim Kunden verbracht wird.

Mit dem Beispiel der Persönlichen Finanzstrategie (vgl. 7.1 Aufbau eines Leistungskatalogs) wird das hier nun konkret nachvollzogen. Dabei wird zur Veranschaulichung unterstellt, dass nur ein Produkt angeboten wird, dessen Umsetzung mit dem immer gleichen Aufwand verbunden ist.

Der Leistungskatalog umfasst sechs Arbeitsschritte (1. Formulierung von Zielen und Wünschen ... 6. Neutrale Empfehlungen).

Angenommen diese werden im wöchentlichen Rhythmus in jeweils zwei Stunden für den Kunden erstellt (reservierte Zeit) oder mit ihm besprochen (Kundenbesuch). Der Berater reserviert hierfür täglich jeweils 2 x 2 Stunden und kann so 2 Kunden pro Tag bzw. 10 Kunden pro Woche bedienen.

Eine Persönliche Finanzstrategie wäre hiernach für einen Kunden in sechs Wochen erstellt. In diesen sechs Wochen könnten diese 10 Kunden beraten werden und es würden sich im Jahresverlauf sieben weitere Beratungsprozesse mit wiederum jeweils zehn Kunden anschließen.

Der Berater kann nach dieser (durchaus strukturierten) Vorgehensweise 70 „Persönliche Finanzstrategien" verkaufen bzw. in Rechnung stellen.

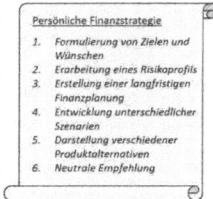

	Mo	Di	Mi	Do	Fr		Mo	Di	Mi	Do	Fr		Mo	Di	Mi	Do	Fr	(...)
Kunde	1	3	5	7	9		1	3	5	7	9		1	3	5	7	9	(...)
Kunde	2	4	6	8	10		2	4	6	8	10		2	4	6	8	10	(...)

6 Arbeitsschritte erfordern Jeweils 6 Kundentermine a 2 Stunden (jede Woche) täglich 2 Kundentermine = 10 *Persönliche Finanzstrategien* in 6 Wochen 44 Wochen / 6 Wochen x 10 = ein Berater kann jährlich 70 *Persönliche Finanzstrategien* erstellen

Abb. 24: Konkretisierung der Umsatzplanung mit Leistungspaketen
Quelle: eigene Darstellung

In dem eingangs aufgeführten Beispiel war es das Ziel, 80.000 € p.a. zu erwirtschaften. Mit dieser Zielgröße ergibt sich nun folgende Kalkulation für die Persönliche Finanzstrategie:

Beispiel Fortsetzung

Zur Veranschaulichung wird hier unterstellt, dass nur die Persönliche Finanzstrategie als Leistungspaket angeboten wird. Die Rechnung kann in der gleichen Form für weitere Leistungen erstellt werden. Hierdurch würde dann zusätzlich die intern Kunden direkt zuzuordnende Zeit differenziert und verteilt.

80.000 € erwarteter Umsatz / 1.760 Stunden = 45,50 €/h

70 Leistungspakete zu jeweils 12 Stunden = 840 Stunden

1.760 Stunden – 840 Stunden = 920 Stunden allgemeiner Zeitaufwand

920 Stunden x 45,50 € = 41.860 € Umlagebetrag

41.860 € / 70 Leistungspakete = 598 € Umlage Gemeinkosten je Paket

1 Paket = 12 Stunden x 45,50 € = 546 € Zeitaufwand

546 € + 598 € = 1.144 € Pauschalpreis für eine Strategische Finanzanalyse

Der Kunde erhält eine verbindliche Aussage, was er für die Beratung zu zahlen hat und der Berater weiß im Vorfeld strukturiert, in welchem Umfang er zu akquirieren hat. Er sorgt damit auch für eine höhere unternehmensinterne Verbindlichkeit.

Ein alternativ in Rechnung gestellter Stundensatz würde auf dieser Basis folgendermaßen ermittelt:

Zeit bei Kunden: 840 Stunden

80.000 € / 840 Stunden = 95,25 €/h

Das rechnerische Ergebnis ist erwartungsgemäß (nahezu) identisch. Bei gleichem Aufwand zahlt der Kunde für 6 x 2 Beratungsstunden 12 x 95,25 € = 1.143 €.

An dieser Stelle entscheidet jeder Berater selbst, welchen Weg er geht. Stundensätze ermöglichen vielleicht mehr Flexibilität und den Einsatz weiterer Zusatzleistungen, die nicht immer in vordefinierten Leistungsbausteinen beschrieben sind.

Auf der anderen Seite führt ein (möglichst) durchstrukturierter Leistungskatalog zu einem höheren Professionalisierungsgrad und schafft die Voraussetzung, Mitarbeiter oder Vertriebspartner aufzunehmen.

Tipp: Zeitbezogene Vergütung kann auch nach und nach in Pauschalen überführt werden

Der Einstieg in die Honorarberatung kann alternativ zunächst auf Basis einer zeitbezogenen Honorierung erfolgen, die dann nach und nach – aufgrund der Erfahrungen im Umgang mit den Kunden und einer strukturierten Arbeitsanalyse (vgl. 7.1 Aufbau eines Leistungskatalogs) – in Leistungspakete überführt wird.

Es ist immer besser mit einem Stundensatz zu starten, als zu viel Zeit mit der Gestaltung von Leistungspaketen (im „Büro") zu verbringen.

Wird – wie hier dargestellt – die Vollkostenrechnung als Kalkulationsgrundlage verwendet, ist eine Voraussetzung für die Preisfestsetzung, dass die gesamten Kosten und damit auch die vollständigen Fixkosten auf die einzelnen Stückpreise verteilt werden. Der branchenspezifische hohe Fixkostenanteil kann sich negativ auf die Preisfindung auswirken, wenn dieser dadurch am Markt als nicht realisierbar erscheint.

Sollte aufgrund der Zahlungsbereitschaft der Kunden oder des Wettbewerbs, dieser Preis – dauerhaft – nicht durchsetzbar sein, ist ein Eintritt in diesen Markt (zumindest in der Form) wirtschaftlich nicht empfehlenswert.

Unabhängig von der Einpreisung in Leistungspaketen oder der Ausweisung eines zeitabhängigen Honorars wird der Umsatz durch die realisierbare Anzahl an Verkäufen erzielt.

Hier zeigt sich noch einmal deutlich die generelle Schwäche bzw. Abhängigkeit des ausschließlich kostenorientierten Ansatzes im Zusammenhang mit der dienstleistungsspezifischen Besonderheit der dauernden Leistungsfähigkeit.

Durch die hohen Fixkosten müsste sich bei nicht realisierten Absatzergebnissen der Preis erhöhen, um den erwarteten Umsatz und das angestrebte Betriebsergebnis zu realisieren. Die Auswirkungen auf das Betriebsergebnis sind (im folgenden Beispiel mit zusätzlichen 28 Prozentpunkten) deutlich gravierender als auf den Umsatz.

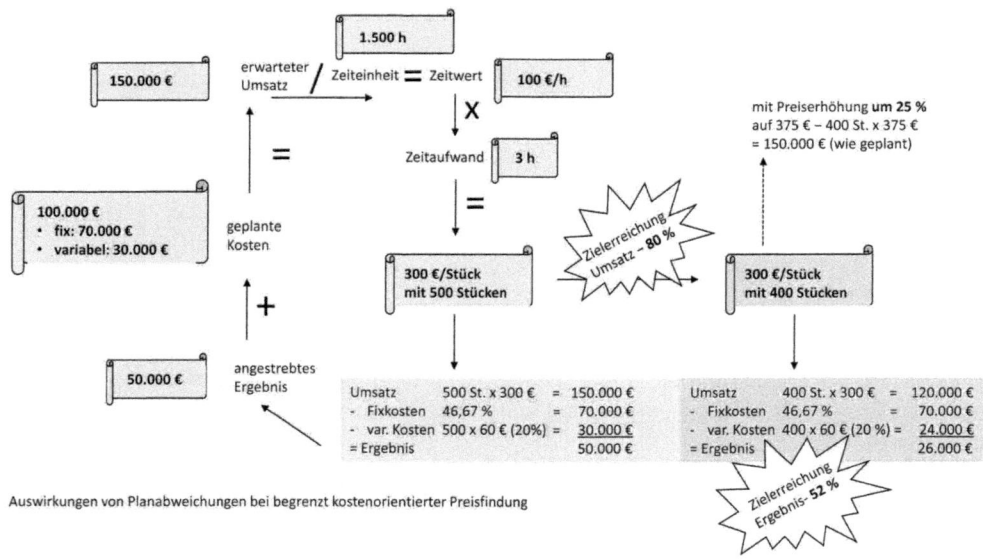

Abb. 25: Auswirkungen von Planabweichungen bei ausgeprägter Fixkostenabhängigkeit
Quelle: eigene Darstellung

Unabhängig davon, wie viele Stücke weniger abgesetzt werden, fallen die Fixkosten (hier 70.000 €) immer an. Bereits bei einem Absatz unter 292 Stück (das würde einer Zielerreichung von ca. 60 % entsprechen) erwirtschaftet das Unternehmen einen Verlust.

Es gilt somit, die Fixkostenabhängigkeit zu reduzieren. Hierzu sind verschiedene Maßnahmen im Rahmen der Betriebsorganisation und durch Nutzung externer Dienstleister (vgl. 9.1 Organisation von Kooperationen) möglich.

Das Ausmaß der Abhängigkeit ist unabhängig davon bereits im Rahmen der Preisfindung zu reduzieren. Risikozuschläge sind in diesem Zusammenhang übrigens auch nur zusätzliche Kosten.

Insgesamt stellt die Methode der kostenorientierten Preisfestlegung angesichts der Kostenstruktur ein unvollständiges Verfahren zur Preisbildung im Dienstleistungsbereich und für Honorarberatung dar.

Wie bei der Entwicklung der Geschäftsidee hilft auch hier ein Perspektivwechsel. Der interne Blick auf das Unternehmen lässt an dieser Stelle keine andere Kalkulation zu.

Der gefundene Preis kann daher zunächst als Preisuntergrenze definiert werden. Vor dem Hintergrund der Fixkostenproblematik stellt sich die Frage nach einem weiteren zusätzlichen Ansatz, nach einem anderen Blickwinkel. Dieser wird im Folgenden durch den Markt (Wettbewerb und Kunden) ergänzt.

7.2.2.2 Wettbewerb und Immaterialität

Einen einheitlichen Markt für Finanzdienstleistungen gibt es nicht (vgl. 3 Finanzdienstleistungsmärkte). Daher sind klassische wettbewerbsorientierte Preisüberlegungen mit Bildung spezifischer Preis-Absatz-Funktionen für die verschiedenen Marktformen (Polypol, Oligopol, Monopol) nicht zielführend. Ebenso kann Honorarberatung – auch wenn es für die individuelle Kundensituation zutrifft – nicht als Marktneuheit in den Wettbewerb gestellt werden.

Der Berater schafft sich zunächst seinen eigenen Markt. Er definiert eine Geschäftsidee und realisiert diese in der Zusammenarbeit mit ausgewählten Zielkunden. Durch Konzentration und Spezialisierung schafft er sich einen Markt mit für ihn monopolistischen Zügen. Doch auch wenn er der einzige Anbieter seiner Dienstleistung ist, wird es auch Kunden geben, die diese nicht in Anspruch nehmen und stattdessen andere Finanzprodukte von anderen Vermittlern erwerben, die möglicherweise nicht passgenau sind aber dennoch im weiteren Sinne ihren Zweck erfüllen. In diesem Sinne findet er sich einem Polypol wieder.

Die hohe Varianz des persönlichen Leistungsspektrums und die damit einhergehende Intransparenz des Preisgefüges erschwert im Finanzdienstleistungsbereich zunächst die Vergleichbarkeit des Wettbewerbsangebots und damit für Kunden und Berater die Identifikation des Wettbewerbspreises (Meffert, 8. Aufl., 2015, S. 346). Nicht offengelegte Kosten und indirekte Zahlungsströme führen dazu, dass das ohnehin nicht sichtbare und nicht greifbare Produkt der Finanzdienstleistung zusätzliche Immaterialität erfährt.

Hinweis: Mitbewerber im Beratermarkt, z.B. für Altersvorsorge

Für den Berater stellt sich vor diesem Hintergrund die einfache Frage: „Wo kauft mein Kunde, wenn er nicht bei mir kauft?"

Die aktuell (DIHK, 2.7.2018) 344 registrierten Versicherungsberater werden wahrscheinlich nicht in intensiver Konkurrenz zueinander stehen. Da aber auch Versicherungsmakler bei Nicht-Verbrauchern die gleiche Dienstleistung anbieten dürfen, kommen weitere 46.727 Wettbewerber (DIHK, 2.7.2018) dazu.

Möchte ein Honorar-Finanzanlagenberater einen Kunden zum Aufbau seiner Altersvorsorge beraten, steht er standesrechtlich in unmittelbarem Wettbewerb zu weiteren 150 Honorar-Finanzanlagenberatern (DIHK, 1.7.2018). Da die Registrierung mit dem § 34h GewO die Berufsbezeichnung aber nicht die Tätigkeit schützt, kommen nun weitere 37.593 Finanzanlagenvermittler (davon 37.088 mit der Erlaubnis, gem. § 34f Abs. 1 Nr. 1 GewO offene Investmentvermögen zu vermitteln), die genannten 46.727 Versicherungsmakler und weitere 154.822 Versicherungsvertreter (DIHK, 1.und 2.7.2018) dazu, die ebenfalls zur Altersvorsorge beraten und vermitteln können.

Da der Großteil der Berater seine Dienstleistung durch Provisionen der Produktgeber vergüten lässt, sind eben diese Provisionen der Preis des Wettbewerbers, den der Kunde dann (in welcher Form auch immer) zahlt beziehungsweise i.d.R. bereits auch gezahlt hat, „wenn er nicht bei mir kauft" beziehungsweise gekauft hat. Das ist unabhängig davon, ob er im Vorfeld Beratung als kostenlos wahrgenommen hat oder nicht.

Folgende Kunden-Vermittlerbeziehung veranschaulicht, wie die Größenordnungen der Konkurrenzpreise in einem ersten Schritt nachvollzogen werden können. (Anhand eigener Unterlagen kann dieses individuell nachvollzogen und konkretisiert werden.)

In diesem Beispiel schließt ein Versicherungskunde Versicherungsverträge aus vier unterschiedlichen Sparten ab, die jeweils jährlich ergänzt werden. Es wird unterstellt, dass der Kunde neu gewonnen und die Kundenbeziehung auf Dauer angelegt ist. Daher werden jeweils im Jahr des Abschlusses Abschlussprovisionen (AP) berechnet und ein Zeitraum von dann folgenden fünf Jahren für Bestandsprovisionen (BP) betrachtet. Den Produkten werden nun für diesen Zeitraum jeweils Betreuungsaufwände zugeordnet, sodass ein durchschnittlicher Stundenlohn ermittelt werden kann. Die gewählten Zahlen sind nicht unrealistisch, sie bilden aber auch keine statistischen Werte ab. Hier wird eine Methode vorgestellt.

Modellhafte Darstellung der Provisionseinnahmen und des Aufwands eines Vermittler für einen fiktiven Kunden und in einem Betrachtungszeitraum von 6 Jahren.

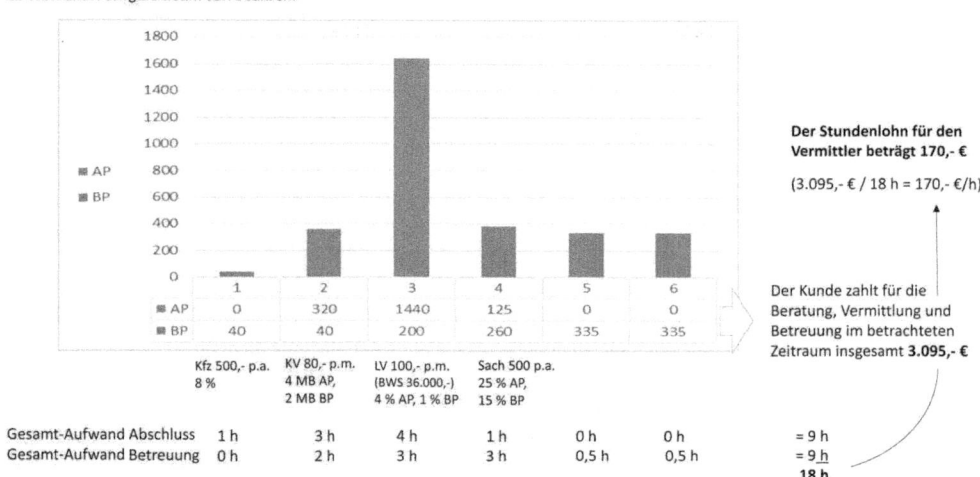

	1	2	3	4	5	6
■ AP	0	320	1440	125	0	0
■ BP	40	40	200	260	335	335
	Kfz 500,- p.a. 8 %	KV 80,- p.m. 4 MB AP, 2 MB BP	LV 100,- p.m. (BWS 36.000,-) 4 % AP, 1 % BP	Sach 500 p.a. 25 % AP, 15 % BP		

Der Stundenlohn für den Vermittler beträgt 170,- €

(3.095,- € / 18 h = 170,- €/h)

Der Kunde zahlt für die Beratung, Vermittlung und Betreuung im betrachteten Zeitraum insgesamt **3.095,- €**

Gesamt-Aufwand Abschluss	1 h	3 h	4 h	1 h	0 h	0 h	= 9 h
Gesamt-Aufwand Betreuung	0 h	2 h	3 h	3 h	0,5 h	0,5 h	= 9 h
							18 h

Abb. 26: Beispielhafte Darstellung zur Ermittlung des Stundenlohns im Provisionsmodell
Quelle: eigene Darstellung

Ohne es möglicherweise zu wissen, arbeitet der Vermittler für diesen Kunden zu einem Stundenlohn von 170 €.[41]

Aufgrund eigener Erfahrungen im Provisionsmodell und damit verbundenen Zahlen kann z.B. eine Wettbewerbsanalyse gewissermaßen in „Konkurrenz zu sich selbst" erstellt werden. Vor einem Wechsel des Geschäftsmodells ist dringend anzuraten, sich seinen bisherigen Stundenlohn deutlich vor Augen zu führen. Ein Wechsel macht ja nur Sinn, wenn dieser dadurch erhöht werden kann.

Tipp: Kunden gegenüber den Preis für Provisionsberatung transparent machen

Eine derartige Rechnung ist auch im Kundengespräch schnell zu erstellen. Der Kunde wird so nicht nur in Bezug auf den Preis, sondern darüber hinaus zur Wahrnehmung der damit verbundenen Leistung sensibilisiert. Die Eigenständigkeit von Beratung und Vermittlung kann an dieser Stelle herausgestellt werden und der Berater kommt mit ihm über seine Anforderungen daran ins Gespräch.

Selbstverständlich bezieht sich diese Betrachtung vorrangig auf die Versicherungsvermittlung. Sie kann entsprechend zunächst nur für Honorarvermittlung einen Wettbewerbspreis abbilden. Der Mehrwert der Vermittlungsleistung durch die Beschaffung kostenoptimierter Nettotarife spiegelt sich darüber hinaus in der (anschließend betrachteten)

---

41   Dabei handelt es sich um eine reine Einnahmenbetrachtung. Weitere und nicht vergütete allgemeine Tätigkeiten finden hier keine Berücksichtigung.

Kundenwahrnehmung. Da Honorarberatung einen darüber hinausgehenden Nutzen stiftet, kann der Preis auch dort als Orientierungsgröße (nur darum geht es hier) dienen.

Der auf diese Weise ermittelte Wettbewerbspreis verlässt noch nicht die Perspektive des Vermittlers. Es werden annähernd gleiche wertschöpfende Tätigkeiten im Verhältnis des Beraters und Vermittlers zu seinen Kunden betrachtet (auch wenn das für Honorarberatung im Verhältnis zur Vermittlung nicht ganz zutrifft).

Am Beispiel der Lebensversicherungsunternehmen wird nun gezeigt, dass damit der eigentliche Wettbewerbspreis noch nicht erreicht wird.

In diesem Zusammenhang hat bereits 2005 ein Urteil des Bundesgerichtshofs (BGH) für Aufsehen gesorgt.[42] Die Richter nahmen darin auch zur Höhe marktüblicher Abschlusskosten in der Lebensversicherung Stellung und erklärten einen in diesem Fall strittigen Honorarsatz (für die Vermittlung einer Nettopolice) von 7,8 % für „eher niedriger als allgemein üblich".

Vor dem Hintergrund der realen Provisionssätze (marktüblich sind bis zu 4 %) und der politischen Diskussionen (z.B. zum LVRG) erscheint dieses zunächst überraschend.

Die Richter bezogen sich in ihrem Urteil auf die ihnen vorgelegten Zahlen im Geschäftsbericht des (ehem.) Bundesamtes für das Versicherungswesen (BAV). Seit 2002 führt die BaFin diese Geschäftsberichte fort, in denen sie unter anderem die von ihr jährlich erhobenen Abschlussaufwendungen der Lebensversicherungsunternehmen veröffentlicht.

Mit abnehmender Tendenz liegen diese aktuell bei 8,1 % der gebuchten Brutto-Beiträge. Bei Eintritt des beurteilten Falles waren es noch über 12 %.

---

42   BGH, Urteil vom 20.1.2005, Az. III ZR 207/04 (z.B. https://openjur.de/u/195650.html).
      Weitere Urteile: III ZR 251/04, III ZR 309/04, III ZR 322/04, III ZR 269/06.

Abschlussaufwendungen für den Versicherungsvertrieb in Prozent der
verdienten Bruttobeiträge im Branchendurchschnitt der
Lebensversicherungsunternehmen (Statistik der BaFin nach § 43 (2) RechVers)

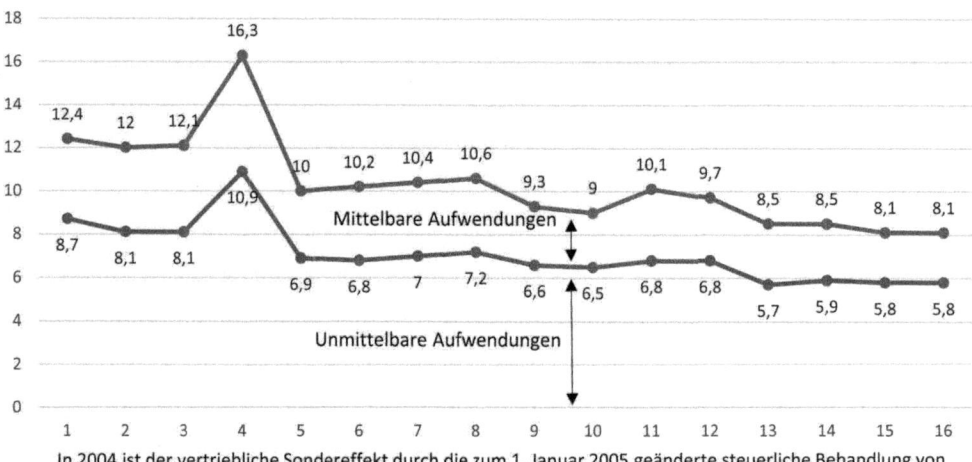

In 2004 ist der vertriebliche Sondereffekt durch die zum 1. Januar 2005 geänderte steuerliche Behandlung von
Kapitalerträgen aus Lebensversicherungen ersichtlich.

Abb. 27: Abschlussaufwendungen der Lebensversicherungsunternehmen für den Vertrieb
Quelle: eigene Darstellung auf Basis der BaFin-Geschäftsberichte 2001 bis 2016 (jew. Dez. d. J.)

Grundlage dieser Betrachtung ist die gesamte Wertschöpfungskette zur Anbahnung und
zum Abschluss sowie zur Annahme und Ablage von Versicherungsverträgen.

Die gesamten Personal- und Sachaufwendungen des Unternehmens zuzüglich der kal-
kulatorischen Mietaufwendungen für die eigengenutzten Grundstücke und Bauten werden den jeweiligen Funktionsbereichen zugeordnet (§ 43 Abs. 1 RechVers[43]). In diesem
Fall werden mit dem Funktionsbereich Abschluss von Versicherungsverträgen zugeord-
neten Abschlussaufwendungen sämtliche unmittelbar (§ 43 Abs. 2 S. 1 RechVers) und
mittelbar (§ 43 Abs. 2 S. 2 RechVers) zurechenbaren Aufwendungen der Wertschöpfungskette erfasst.

Unmittelbare Aufwendungen sind insbesondere Abschlussprovisionen, Courtagen und
mögliche Zusatzprovisionen z.B. für die Policen-Ausfertigung. Dazu gehören auch die
Aufwendungen, die unternehmensintern anfallen, wie die Anlegung der Versicherungs-
akte, die Aufnahme des Versicherungsvertrags in den Versicherungsbestand und die
ärztlichen Untersuchungen im Zusammenhang mit dem Abschluss von Versicherungsverträgen.

---

43   Verordnung über die Rechnungslegung von Versicherungsunternehmen (Versicherungsunternehmens-
      Rechnungslegungsverordnung – RechVersV).

Unter mittelbaren Abschlussaufwendungen werden zusätzlich allgemeine Werbeaufwendungen (Vertriebs- und Marketingkosten) und die Sachaufwendungen, die im Zusammenhang mit der Antragsbearbeitung und Dokumentierung anfallen, erfasst.

Honorarberatung ist im definierten Sinne (vgl. 5.5 Definition Honorarberatung) eine eigenständige Dienstleistung, in der der Berater sein Unternehmen selbstmotiviert steuert (vgl. 5.4 Wirtschaftspsychologische Aspekte).

Damit nimmt ein Honorarberater den Teil der Wertschöpfungskette des Versicherers, der die Steuerung und Motivation des Vertriebs umfasst, nicht in Anspruch. Er erbringt diesen Teil darüber hinaus sogar eigenständig, indem er sich z.B. an einer eigenen Zielplanung und Steuerung orientiert oder seine Mitarbeiter trainiert und motiviert. Der für ihn damit zusammenhängende Aufwand fällt unter seine eigenen Abschlussaufwendungen.[44]

Damit sind die in der BaFin-Statistik erfassten Abschlussaufwendungen (die nicht der Risikoprüfung und Dokumentation dienen) der Logik des erläuterten BGH-Urteils folgend sein relevanter Wettbewerbspreis.

7.2.2.3 Kunden und Integration des externen Faktors

Für den Preis einer Dienstleistung (oder eines Produktes) sollten nicht allein dessen Kosten ausschlaggebend sein (vgl. 7.2.2.1 Kosten und Leistungsfähigkeit des Anbieters). Dennoch spielen sie bei der Formulierung einer Preisstrategie eine wichtige Rolle.

In jedem Fall ist die Bereitschaft der Kunden, einen bestimmten Preis zu zahlen, niemals von den Kosten des Verkäufers abhängig. Das heißt, erst nach Kenntnis der Zahlungsbereitschaft potenzieller Kunden ist eine vernünftige Planung des Leistungsumfangs möglich.

Die aufwand- und kostengesteuerte Preispolitik stellt den eigenen Gewinn sowie den Aufwand an den Anfang und den Kunden an das Ende der Betrachtung:

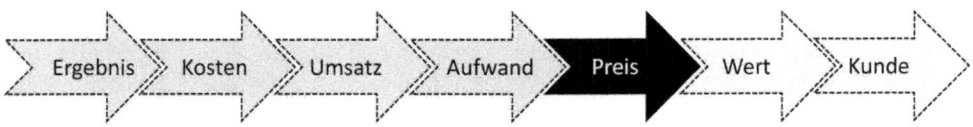

Abb. 28: Kostenorientierte Preisfindung
Quelle: eigene Darstellung

Damit zielt sie innenzentriert auf einen Markt, dessen Kaufbereitschaft sie weder kennt noch hinterfragt.

---

44 Die betriebswirtschaftliche Grundlage dafür ergibt sich wiederum durch seine Kostenkalkulation (vgl. Kosten und Leistungsfähigkeit des Anbieters), in der er diesen Zusatzaufwand entsprechend quantifiziert.

Doch nur wenn Preis und Wert (für den Kunden) übereinstimmen, wird gekauft. Die wertorientierte Preispolitik stellt dagegen den Kunden in das Zentrum der Preisfindung. Der Zielpreis entspricht dem Wert der Dienstleistung für den Kunden und nicht den Kosten oder antizipierten Gewinnen (Nagle, 1998).

Abb. 29: Kundenorientierte Preisfindung
Quelle: eigene Darstellung

Kunden interessieren sich nicht für die Kostenstruktur ihres Anbieters sondern für seine Leistungen. Unternehmen, die sich an ihren Kunden anstatt an ihren Kosten orientieren, werden erfolgreicher dazu in der Lage sein, diese für sich zu gewinnen. Die Ergebnisverbesserung ist dann zwangsläufig eine Nebenbedingung der Kundenorientierung.

Info: Kundenbefragung zur Zahlungsbereitschaft für Honorarberatung

Eine Möglichkeit, sich dem Preis aus der Kundenperspektive zu nähern, ist es diese zu fragen und auf Basis **empirischer Studien** das Kaufinteresse und die Zahlungsbereitschaft potenzieller Kunden zu erheben.

Eine aktuelle Studie hat im Rahmen einer Dissertation an der European Business School (Oestrich-Winkel) die Sicht von Privatkunden auf Honorarberatung empirisch untersucht (vgl. 6.3 Zielgruppenzugang und Akquisitionsansätze).

In diesem Zusammenhang wurde nach der Höhe der Zahlungsbereitschaft für ein an den Berater zu entrichtendes Honorar gefragt (Tekathen, 2015, S. 304).

Fortsetzung Info

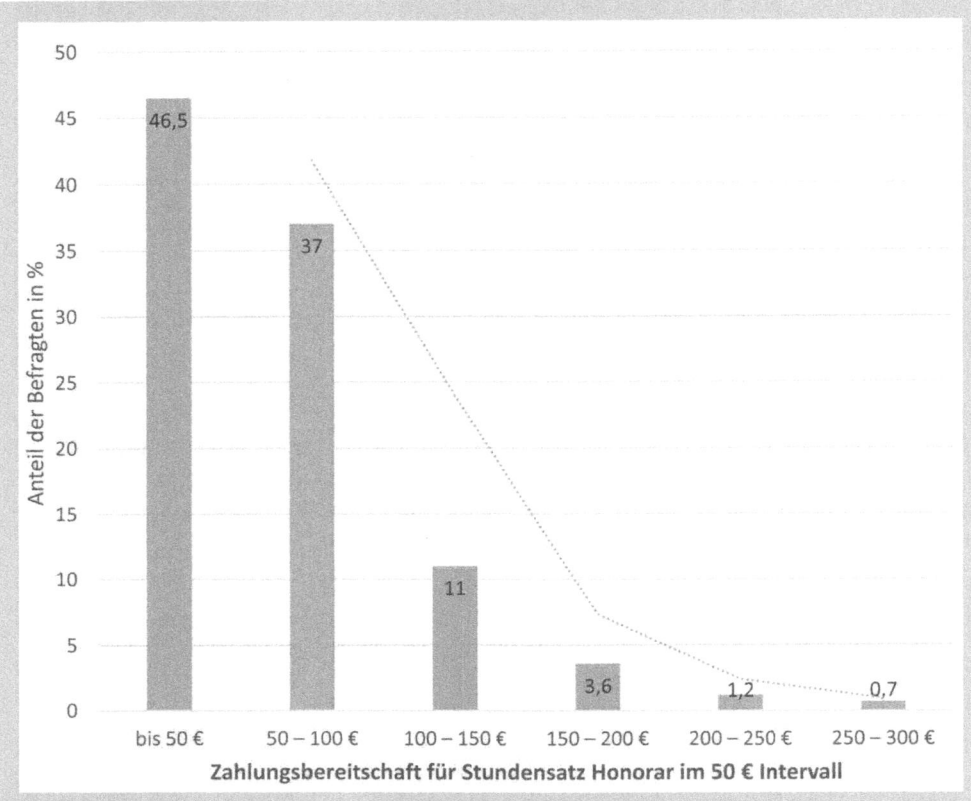

Abb. 30: Zahlungsbereitschaft für Honorar-Stundensätze
Quelle: eigene Darstellung nach Tekathen, 2015, S. 304

Den Befragten wurden die Auswahlkategorien vorgegeben und so spielt hier auch die generelle Einstellung gegenüber Finanzdienstleistern sowie die Erfahrungen mit der bislang als kostenlos erlebten Dienstleistung eine große Rolle.

Weitere und zum Teil bereits ältere Untersuchungen bestätigen die hier erhobenen Ergebnisse:

In einer Onlinebefragung von über 700 Teilnehmern (2011) zur Frage „Welches Kundenvertrauen genießen Finanzdienstleister?" konnte eine durchschnittliche Zahlungsbereitschaft zwischen 18 € und 38 € ermittelt werden (Schafstädt, 2015, S. 274).

Eine etwas höhere Zahlungsbereitschaft ermittelte die EBS 2009/2010 und gab für zwei Drittel der Befragten einen maximalen Betrag von 50 € an (Icha, 2014, S. 211).

Fortsetzung Info

Eine Forsa-Umfrage in 2011 ergab, dass von 1.005 Befragten nur ca. 20 % dazu bereit waren, dem Berater eine erfolgsunabhängige Beratungsgebühr zu zahlen. Von denen wiederum würden 30 % weniger als 50 €, weitere 50 % zwischen 50 € und 100 € zahlen (Schafstädt, 2015, S. 276).

Im Rahmen einer von der Honorarkonzept GmbH 2009 in Auftrag gegebenen Studie wurde ein Durchschnittspreis von 62,70 € für eine Beratungsstunde ermittelt (Schafstädt, 2015, S. 275).

Eine empirische Untersuchung im Bankbereich ergab 2010 für komplexe Beratungsmodelle, dass immerhin fast 60 % der Befragten – die dieser Beratungsform positiv gegenüberstehen – bereit waren, mehr als 100 € für eine Beratungsstunde zu zahlen (Schafstädt, 2015, S. 274).

Die Befragungsergebnisse haben grundsätzlich die gleiche Relevanz zur kundenorientierten Preisfindung wie die regelmäßig wiederkehrenden Ranglisten zur Beliebtheit der Finanzdienstleistungsvermittler. Auch wenn diese zu den am wenigsten geachteten Berufsgruppen zählen, gilt das i.d.R. nicht für den eigenen Berater und Vermittler oder die generelle Nachfrage nach deren Dienstleistungen.

Ebenso würden wahrscheinlich die Befragten die Frage, ob ihrem Nachbarn ein größeres Auto im Vergleich zu ihrem eigenen zusteht, größtenteils verneinen.

Dennoch können die Befragungsergebnisse zur weiteren Orientierung hilfreich sein. Es kommt wesentlich darauf an, nicht nur über Vergütung, sondern über Leistungen zu reden. Sobald bspw. die Komplexität der Dienstleistung in den Fragenkatalog eingeflossen ist, hat dieses zu deutlich anderen und höheren Werten geführt.

Die meisten in den Untersuchungen Befragten sollten ihre Preisvorstellungen verschiedenen Kategorien zuordnen. Das ist vergleichbar mit der (geschlossenen) Frage: „Wollen Sie heute eine Versicherung abschließen?" Wären die Fragen (idealerweise) offen gestellt worden, hätten sie wahrscheinlich zu differenzierten Ergebnissen geführt.

Tipp: Vorhandene Kunden befragen

Vermittler, die mit Honorarberatung ihr Geschäftsmodell verändern wollen, sollten daher (offen) ihre aktuellen Bestandskunden (i.d.R. sind das mehr, als die den Studien zugrunde liegenden Größenordnungen) über deren Einstellung dazu und zu ihrer Zahlungsbereitschaft befragen.

Honorarberatung ist kein Produkt, über das potenzielle Kunden im Vorfeld breit angelegte Preisvergleiche durchführen können. Die Kaufentscheidung, einem Berater sein Mandat anzuvertrauen, ist i.d.R. die erste dieser Art. Honorarberatung ist für Kunden fast immer neu (sie ist zumindest aufgrund ihrer Individualität nicht auf einen Beraterwechsel angelegt) und damit mit einem hohen Maß an Unsicherheit auf Seiten des Kunden verbunden.

Der Preis einer Sache ist eine messbare Eigenschaft des Produktes. Er ist daher für die Kaufentscheidung des Kunden ein mitprägender Faktor. Neben objektiven Werten beeinflussen auch immer subjektive Eigenschaften des Produktes und subjektive Gründe des Käufers sein Empfinden zur Produktqualität.

Anders herum betrachtet kann auch der für den Kunden empfundene Wert der Dienstleistung durch den Preis beeinflusst werden, da Preise oftmals als Information über die Produktqualität gesehen werden. Dieses ist eben dann häufig der Fall, wenn (wie bei Honorarberatung) noch keine Erfahrungswerte über das Produkt bzw. die Dienstleistung vorhanden sind (Schafstädt, 2015, S. 180 f.).

Ein Preis ist damit Qualitätsindikator für die Leistungsfähigkeit des Beraters. Kunden von Finanzdienstleistungsvermittlern mögen rational deren Hang zu teuren Autos belächeln. Sie empfinden ihn dennoch auch als Indikator für deren Erfolg und damit die vermutete Qualität, die auch ihnen zugutekommen kann.

Die Vertrauens- und Erfahrungseigenschaften erschweren für potenzielle Kunden eine zuverlässige Prognose des Nutzens vor Inanspruchnahme der Beratungsleistung. Er kann die Angemessenheit des Preises im Verhältnis zu seinem Nutzen nur schwer beurteilen (Meffert, 8. Aufl., 2015, S. 347).

Wenn nun die Beratung für den Kunden einen Wert darstellen soll, ist sie für ihn als wertorientierte Preisentscheidung, die er vor Inanspruchnahme der Leistung entscheidet, immer auch eine **klassische Investitionsentscheidung**.

Das Ziel wertorientierter Preispolitik besteht nicht nur darin, den Kunden zufriedenzustellen. Das ließe sich mit Preissenkungen immer erreichen. Eine wertorientierte Preisgestaltung strebt an, durch Schaffung von mehr Wert einen Preis festzusetzen, der eine höhere Rentabilität verspricht.

Diesen Wert bestimmt zunächst der Berater, er legt fest, was sein Beitrag zur Nutzensteigerung des Kunden ist. Der Berater definiert konkret den Nutzen, den er für seinen Kunden darstellt. Der Kunde muss nun hiervon überzeugt werden. Die Beratungsdienstleistung wird verkauft (vgl. 7.2.5 Preisdurchsetzung).

Die Effekte aus Nettotarifen (vgl. 6.4.1 Nettotarife) sind z.B. ein gutes Instrument, dem Kunden den im Zusammenhang mit der Beratung verbundenen Nutzen deutlich und messbar herauszuarbeiten. Die Abwägung des Kunden, einen höheren Nutzen zu erzielen als den, den ihm ein möglicher Wettbewerber bietet und der seine Kosten übersteigt, kann leicht vorab berechnet werden. Der Kunde sollte allerdings die Möglichkeit haben, dieses nachzuvollziehen. Papierausdrucke oder Tablet-Tabellen mit Zahlen, die ihren Wert am Ende nie erreicht haben, hat er wahrscheinlich schon (genug) gesehen.

Hinweis: Gesamtbetrachtung des Kunden vornehmen

Darüber hinaus ist es wichtig, den Betrachtungsrahmen möglichst weit zu setzen. Isolierte Vorteile der Nettopolice in der Lebensversicherung führen ebenso zu einem falschen Bild, wie (rechnerisch) isolierte Nachteile in der Schadenversicherung. Honorarberatung ist Kundenberatung und nicht Produktverkauf.

Der Kunde trifft eine Investitionsentscheidung, die am Ende und insgesamt zu einer positiven Rentabilität führen soll. Diese stellt den Erfolg beziehungsweise eine finanzielle Erfolgsgröße in das Verhältnis zum eingesetzten Kapital des Kunden. Wenn das von ihm verlangte Honorar dem eingesetzten Kapital entspricht, stellt die finanzielle Erfolgsgröße den Wert der Beratungsleistung für ihn dar. Dieser ist ihm aufzuzeigen und dann in den Gesamtzusammenhang der Rentabilitätsrechnung zu stellen (bei Totalperioden sind ggf. Zins- und Inflationseffekte zu berücksichtigen).

Unabhängig von ihren Urteilen zur Angemessenheit von Honorarforderungen (vgl. 7.2.2.2 Wettbewerb und Immaterialität) befassten sich die Richter des BGH und der vorherigen Instanzen mit Streitfällen, die dadurch zustande kamen, dass Kundenerwartungen an die Beratung und Vermittlung geeigneter Produkte nicht erfüllt wurden.

An dieser Stelle zeigt sich noch einmal die Notwendigkeit, am Ende des Weges auch zu liefern. Zufriedene Kunden werden die mögliche Sittenwidrigkeit eines Honorars nicht juristisch klären lassen. Die Urteile sind allerdings auch zu Ungunsten der Kunden ausgegangen, da sie für die Ergebnisse mitverantwortlich waren. Der externe Faktor ist Teil der Dienstleistung. Der Kunde gibt mit seinem Input die Richtung für die Lösung vor. Hierzu sind verschiedene Faktoren ausschlaggebend.

Die Einbeziehung des Kunden sowie seine Aufnahme und Umsetzung der durch den Berater dargelegten Strategien und Empfehlungen ist mit einer Lehr- oder Lernsituation vergleichbar. Die erfolgreiche Lösung einer Mathematikaufgabe durch einen Schüler ist nicht nur alleine von seinem Lehrer abhängig. Die Steigerung der Terminquote nach einem Training zur telefonischen Kaltakquise gelingt den Teilnehmern i.d.R. mit unterschiedlichem Erfolg. Entscheidend dabei ist immer, wie stark der Schüler oder Teilnehmer motiviert und aufgefordert wird, sich selbst in den Prozess einzubringen.

Donald Kirkpatrick[45] hat zur Messbarkeit von Weiterbildungserfolgen ein Bewertungsmodell (Evaluationsmodell) entwickelt, mit dem die verschiedenen Ebenen und Phasen berücksichtigt werden. Ein Erfolg stellt sich für den Auftraggeber dann ein, wenn sich die Teilnehmer wohl fühlen, die Inhalte verstehen, sie ihr Verhalten ändern und dieses in der Praxis umsetzen. Durch die Umsetzung entsteht ein wirtschaftlicher Ertrag, der die Investitionskosten übertrifft.

Dieser Gedanke lässt sich nun auf die Beratungssituation in der Honorarberatung übertragen und anhand der entwickelten Definition strukturieren.

Honorarberatung ist hier definiert als **unabhängige** und **hochwertige** Finanzdienstleistung, die für **komplexe Kundenanforderungen marktübergreifend individuelle Lösungskonzepte** mit **passgenauen Finanzprodukten** entwirft.

---

45   Donald Kirkpatrick entwickelte ein Vierstufenmodell.

In der Reihenfolge der Definition wird nun eine Bewertungspyramide aufgebaut.

1. Der Kunde bewertet in diesem Sinne nun als erstes sein mit der Unabhängigkeit der Beratung verbundenes Empfinden. Dieses äußert sich darin, dass er sich grundsätzlich wohl fühlt und ohne einem Verkäufer mit Verkaufsdruck gegenüberzusitzen sich und seine persönlichen Informationen offen in das Gespräch einbringen kann.

2. Auf dieser Basis hat er einen Blick auf die Beratung und den Berater. Erlebt er eine hochwertige und umfassende Beratung und einen kompetenten Berater, der ihm wertvolle Impulse gibt und fundierte Inhalte liefert?

3. In der nächsten Phase geht es darum, das Spektrum wieder einzuengen und zielorientiert in Richtung Lösungen zu steuern. Dieses gelingt, wenn der jeweilige Kern der komplexen Kundenanforderungen systematisch erfasst und zielorientiert hinterfragt wird.

4. Dem Kunden werden verschiedene marktübergreifende Alternativen vorgestellt. Die gemeinsam vorgenommene Auswahl führt zu einem individuellen Lösungskonzept.

5. Am Ende sind für den Kunden die mit den ausgewählten Lösungen erzielten Ergebnisse von Bedeutung. Tragen die passgenauen Finanzprodukte zur Lösung seiner Anforderungen bei?

6. Abschließend und entscheidend stellt sich die Frage nach dem konkreten wirtschaftlichen Erfolg, den der Kunde (in Alternative zu anderen Beschaffungsformen) mit seiner Investition in die Honorarberatung erreicht hat. Übertreffen die Ergebnisse seinen Aufwand und hat sich die Investition in das Beratungshonorar nachweisbar und messbar ausgezahlt? Hat er einen Return on Investment (ROI) erzielt?

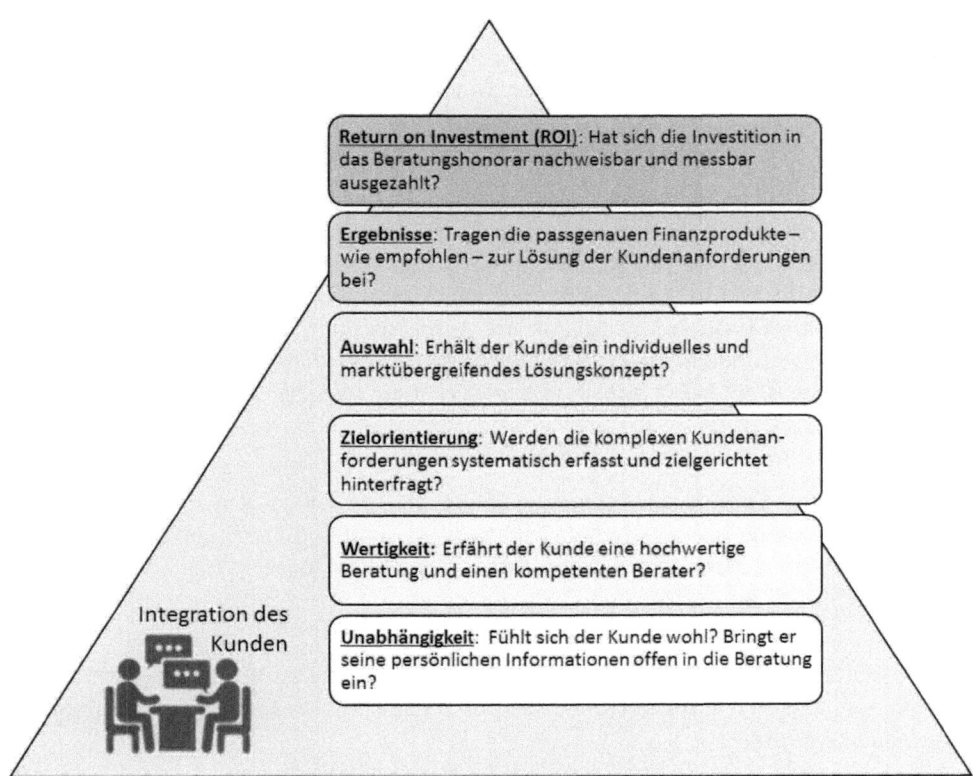

Bewertung und Wert der Beratungsleistung durch den Kunden

Abb. 31: Bewertungsmodell für Honorarberatung
Quelle: eigene Darstellung

Der Kunde ist maßgeblich an dem Ergebnis der Beratungsleistung beteiligt, er ist als externer Faktor integriert. Daher wird er zunächst die Gesprächsatmosphäre und seinen Gesprächspartner beurteilen. Der i.d.R. als Kennenlerngespräch bezeichnete Erstkontakt gibt ihm bereits die Gelegenheit dazu. Des Weiteren erkennt er hier, ob der Berater die mit Honorarberatung verbundenen Attribute liefern kann beziehungsweise wird.

Stufe für Stufe entwickelt er im Verlauf der Beratungsgespräche ein Gefühl und eine Meinung zur Wertigkeit der Beratung, der Zielorientierung seines Beraters und in der Lösungsphase über die Auswahlqualität und schließlich Produktqualität der für ihn passgenauen Finanzprodukte. Die Immaterialität der Dienstleistung (vgl. 7.2.2.2 Wettbewerb und Immaterialität) tritt nach und nach in den Hintergrund.[46]

---

46   Möglicherweise sind hierfür zusätzliche Investitionen in die Ausstattung der Geschäftsräume etc. erforderlich, die dann ebenfalls in der Kostenplanung (vgl. Kosten und Leistungsfähigkeit des Anbieters) zu berücksichtigen sind. In jedem Fall entsteht durch die umfangreiche Beratung ein höherer Zeitaufwand pro Kunde, der entsprechend zu kalkulieren ist.

Am Ende werden die Ergebnisse der Beratung konkret und messbar. Der Erfolg der Beratung wird in Zahlen nachweisbar. Wenn dieses gelingt, kann von einer erfolgreichen Beratung gesprochen werden. Wenn der Kunde nachweislich seinen ROI erzielt hat, wenn also das Honorar durch die Beratungsergebnisse kompensiert worden ist, wird er weder die Qualität der Beratung anzweifeln, noch das Honorar in Frage stellen.

Nun wird Honorarberatung allerdings vorab verkauft und der Kunde trifft also vorher die Entscheidung, ob er die Honorarberatung in Anspruch nehmen und das dafür geforderte Honorar bezahlen möchte. Der Berater muss ihn also im Verkauf geistig bereits an das Ende der Beratung führen. Er muss ihm plausibel darlegen, welchen Nutzen er aus der Beratung erzielt und wie dieser Nutzen im Verhältnis zum dafür geforderten Honorar steht. Erkennt der Kunde dann, dass mit der Beratung ein konkreter wirtschaftlicher Vorteil verbunden ist, steht seine Zahlungsbereitschaft außer Frage.[47]

Tipp: Kundenempfehlungen nutzen

Da der Berater die konkrete Kundensituation ebenso wenig wie sein potenzieller Kunde vorab kennt, sollte er bereits vorhandene Kunden für sich sprechen lassen. Hierbei sind (ganz klassisch) Kunden-Referenzen hilfreich. Allerdings nur, wenn sie angemessen und authentisch sind.

Die Subjektivität und die emotionale Einstellung des Kunden zur Beratung und zu seinem Berater müssen und werden am Ende des Weges objektiv bestätigt beziehungsweise bewiesen (werden).

Der Berater sollte sich daher nicht mit postulierten Befragungsergebnissen zur Zahlungsbereitschaft, sondern mit seiner Leistungsfähigkeit auseinandersetzen.

Die eigene Überzeugung zur angebotenen Leistung wächst mit der Auseinandersetzung mit angestrebten konkreten Ergebnissen für den Kunden jenseits von Individualität, Kundenorientierung oder Maßschneiderei.

Ansatzpunkte liefern z.B. die anschließend vermittelbaren Produkte (vgl. 6.4.2 Kostenstrukturen von Altersvorsorgeprodukten) oder steuerliche Aspekte (vgl. 7.3 Steuerliche Aspekte). Wichtig sind allerdings immer die Gesamtkundenbetrachtung und der gesamte Beratungszeitraum (Betreuungszeit).

Gelingt dieses und werden im Laufe der Beratung dem Kunden deutliche Vorteile aufgezeigt und im Anschluss realisiert, bilden diese in der Höhe die Zahlungsbereitschaft des Kunden ab und sind maßgeblich für die gewinnmaximale Preisfindung des Beraters.

---

47 Die Berechnung erfolgt durch Zusammenführung der betriebswirtschaftlichen und vertrieblichen Planung.

Tipp: Feedbackgespräche mit den Kunden führen

Mit dieser Methode empfiehlt es sich, damit auch dauerhaft Feedback bei den Kunden einzuholen. Wenn im Feedbackgespräch gemeinsam festgestellt wird, dass sich die Qualitätsindikatoren erfüllt und abschließend messbar der ROI realisiert haben, sorgt dieses für den Eindruck hoher Beratungsqualität, eine Kaufbestätigung für die Kunden und mit hoher Wahrscheinlichkeit (und wenn man sie darum bittet) für weitere Empfehlungen.

Zusammenfassend baut sich die Preisfindung nach folgendem Schema auf.

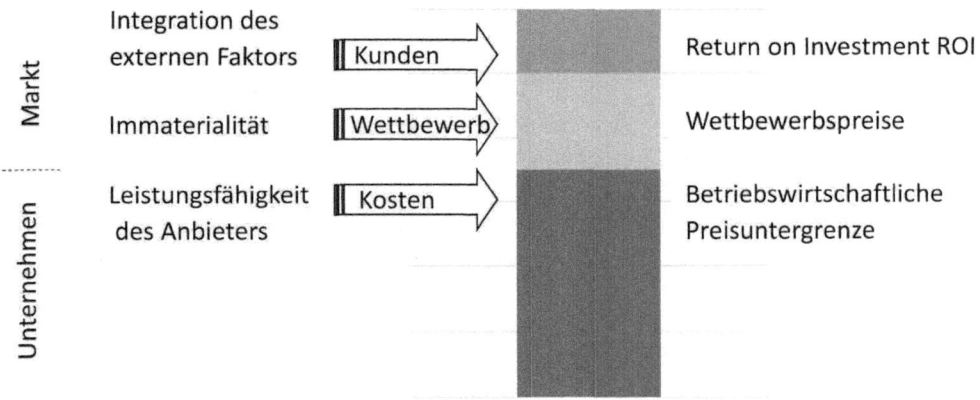

Abb. 32: Orientierungsgrößen und Aufbau der Preisfindung
Quelle: eigene Darstellung

Die vielfach praktizierte Eingrenzung auf betriebswirtschaftliche Kennzahlen versperrt deutlich den Blick auf einen gewinnmaximalen Preis, den Kunden darüber hinaus auch zu zahlen bereit sind. Die Wettbewerbsbetrachtung zeigt, dass sie dieses (für zum Teil weniger Leistung) bereits heute schon tun. Überzeugende Leistungspakete, die eine Investition darin mit ihrem Wert rechtfertigen, führen dann am Ende zu einem „preiswerten" Ergebnis.

Des Weiteren soll der Preis eine unternehmerische Entwicklung ermöglichen. Daher muss er sich an mehreren Größen orientieren und sich nicht nur mit gegebenen Größen einschränken. Nur so gelingt es, Entwicklungspotenziale zu nutzen und damit verbundene strukturelle Veränderungen umzusetzen. Nachhaltiges Wachstum kann nur gelingen, wenn eine Skalierbarkeit des Geschäftsmodells realisierbar ist.

Und diese Vorgehensweise zwingt dazu, sich mit dem Kunden und seinem ROI ausein-anderzusetzen. Wer genau weiß, was für den Kunden gut ist, wird dazu in der Lage sein, ihm das so auch zu verkaufen. Kunden erhalten damit die Chance, pauschal verlorenes Vertrauen in die gesamte Branche individuell zurückzugewinnen.

7.2.3   Preisgestaltung

Mit der Einpreisung von Leistungspaketen ist die Preisgestaltung im Wesentlichen be-reits erfolgt. Mit dem Kunden ist darüber hinaus dann noch zu klären in welchen Raten der Betrag fällig wird. Hier empfiehlt es sich, den Zahlungszeitpunkt möglichst eng mit dem Leistungserbringungszeitpunkt zu verknüpfen, den der Kunde als besonders nütz-lich bzw. wertig erachtet.

In der praktischen Ausgestaltung haben sich bestimmte Alternativen für die Preisgestal-tung etabliert, die nicht immer den Fokus auf die eigene Leistung legen und sich an ver-trauten Provisionssystemen orientieren. Zur weiteren Orientierung werden diese daher hier kurz vorgestellt.

- **Erfolgshonorare** koppeln die Höhe des Honorars an den Beratungserfolg (Einspa-rungen, Renditesteigerungen, Regulierungs-, Entschädigungshöhe, Leistungsgrad). Weder der Kunde noch der Berater können bei dieser zunächst plausibel wirkenden Preisgestaltung abschätzen, ob und in welcher Höhe ein Honorar fällig wird.

  Soll z.B. eine Leistungserbringung oder Entschädigung für den Kunden durchge-setzt werden, ist die ursprünglich kalkulierte Versicherungssumme i.d.R. nicht aus der Luft gegriffen und der Honoraranteil würde bei der notwendigen Versorgung oder Wiederherstellung fehlen.

  Steht die Produktvermittlung im Vordergrund kann ein Erfolgshonorar den Einstieg beim Kunden durchaus unterstützen. So ergeben sich bspw. durch die verringerte Versicherungsteuer (vgl. 7.3 Steuerliche Aspekte) vorab zu kalkulierende Einsparpo-tenziale, die in jedem Fall realisiert werden.

  Aus Beratersicht ist mit diesem Modell keine wertbezogene Kundenansprache mög-lich, er wäre gezwungen einen – auch scheinbaren – Beratungserfolg herbeizufüh-ren. Ein gutes Produkt, eine gute Anlage würde auf den Preis reduziert, um daraus sichtbare Effekte für den Kunden abzuleiten.

- **Vermittlungshonorare** orientieren sich an der Produktkalkulation von Bruttotarifen und koppeln das Honorar an die eingepreiste Provision und den damit verbundenen Renditeverlust (vgl. 6.4.1 Nettotarife).

  Die Gefahr für dieses Modell liegt darin, sich unter Wert zu verkaufen, weil dem Kunden immer vor Augen geführt werden muss, was er im Provisionssystem indirekt zu zahlen hätte und der Kunde dann konsequenterweise weniger, als mehr zu zah-len bereit ist.

Auch wenn **Erfolgshonorare** und **Vermittlungshonorare** isoliert betrachtet nicht besonders geeignet erscheinen, können sie gut ergänzend zur Leistungsvergütung eingesetzt werden. Sie wirken dynamisch und Kunden honorieren i.d.R., wenn sich Berater auch an ihren Ergebnissen messen lassen. Diese Ergebnisse sind der ROI des Kunden.

- **Vermittlungspauschalen**, die für jeden Beschaffungsvorgang erhoben werden, beschreiben dagegen Leistungsbestandteile und finden sich damit im Leistungskatalog des Beraters wider.

- **Betreuungshonorare** werden, wie es der Name sagt, dauerhaft für die Betreuung z.B. eines Vermögens oder Versicherungsportfolios gezahlt. Damit sind konkrete Aufgabenstellungen verbunden, sodass auch hier konkret eine Leistung im Vordergrund steht.

  Betreuungshonorare nach Sichtung und Umschichtung von „unsortiert" vorgefundenen Portfolios und Vertragssituationen, die nur zur Streckung des Honorars dienen, verlieren aus Kundensicht im Laufe der Zeit den damit verbundenen Gegenwert.

  Daher sollte auch hier die Leistungserbringung im Vordergrund stehen. Dabei ist es nicht erforderlich in Aktionismus zu verfallen, wenn keine Transaktionen erforderlich sind. Der Berater sollte regelmäßig über das was er veranlasst und das, was er nach einer Recherche oder Prüfung unterlässt, mit seinen Kunden kommunizieren.

  Zusätzlich bietet es sich an, den Einzug der Betreuungshonorare so zu staffeln, dass vor dem dann bspw. quartalsweisen Einzug ein Kontakt mit dem Kunden stattfinden kann.

  Die bislang „kostenlose" Betreuung im klassischen Vermittlungsbetrieb, die im Rahmen von sogenannten „Kuschel-Calls" (oder Geburtstagskarten) erfolgt, wird von Kunden – mehr oder weniger positiv – wahrgenommen. Sie wird aber i.d.R. nicht als zu honorierende Dienstleistung wertgeschätzt.

- **Zeitbezogene Honorare** können den Vorteil haben, dass sie von vorne herein unabhängig von der Größenordnung des zu beratenden oder betreuenden Volumens und der Vertragsanzahl sind. Je mehr Verträge zu sichten sind und je länger dieses dauert, desto mehr Honorar wird abgerechnet.

  Dieses kann aber auch gut in der Gestaltung von Pauschalhonoraren berücksichtigt werden, in dem z.B. **volumenabhängige oder anzahlbezogene Leistungspakete** vorab definiert werden: Sichtung eines Portfolios mit bis zu 10, 15 oder 20 Verträgen.

- In der Vermögensverwaltung bemisst sich der Beratungs- und Betreuungsaufwand u.a. durch das Anlagevolumen. Entsprechend wird hierfür von vielen Beratern eine **prozentuale Servicegebühr** bzw. ein **volumenabhängiges Honorar** verlangt. Die Langfristigkeit der Kundenbeziehung steht damit im Vordergrund und die Preisgestaltung ist Kunden gegenüber plausibel zu erklären. Alternativ zum Anlagevolumen kann z.B. auch das Einkommen des Kunden als Bemessungsgrundlage herangezogen werden.

Zusammenfassung: Leistungsbezogene Preise anstreben und ggf. Gestaltungsformen kombinieren

Insgesamt bleibt – auch gestützt auf empirische Studien (Tekathen, 2015, S. 253 ff.) – festzuhalten, dass Kunden eine deutliche Präferenz für fixe Honorare, die sich auf konkret beschriebene Leistungen beziehen, haben.

Die Kombination verschiedener Gestaltungsformen sowie die Differenzierung nach Beratung, Vermittlung und Betreuung, können bereits dazu beitragen, dieser Präferenz zu entsprechen.

7.2.4 Preisdifferenzierung

Finanzdienstleistungsgeschäft ist auch immer ein Preisgeschäft. Zahlungen erfolgen i.d.R. langfristig und sind mit der Unsicherheit behaftet, ob das erreicht wird, was damit bewirkt werden soll. Ein alternativer Konsum erscheint verlockender, als die Aussicht auf eine zusätzliche Altersvorsorge.

Die deutlich erhöhte Transparenz und differenzierte Rechnungen werden unweigerlich dazu führen, dass im Vorfeld von Honorarberatungen auch Preisverhandlungen stattfinden werden.

Ein Schritt aus der reinen Preisbetrachtung sind die in den Vordergrund gestellten Leistungen (vgl. 7.1 Aufbau eines Leistungskatalogs). Sie ermöglichen Leistungsdifferenzierung, ohne dass die betriebswirtschaftliche Grundlage angetastet werden muss. Wenn der Kunde über den Preis verhandeln möchte, kann ihm so zunächst eine Zusatzleistung angeboten werden.

Bei darüber hinaus gehenden Preisverhandlungen sollte grundsätzlich der kalkulierte Preis nicht angetastet werden. Aus diesem Grund ist ein Zuschlag – ein Verhandlungsspielraum – auf den ermittelten Preis zu kalkulieren, der entweder an den Kunden weitergeben wird oder als zusätzliche Marge zur Verfügung steht.

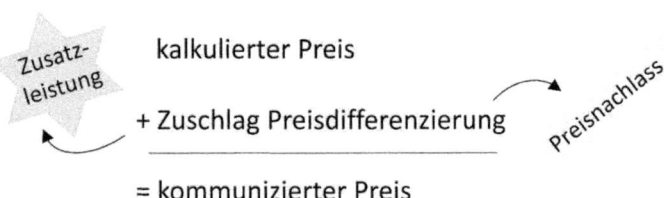

Abb. 33: Kalkulierte Preisdifferenzierung
Quelle: eigene Darstellung

Da nicht jeder Kunde gleich verhandlungswillig ist, empfiehlt es sich, den Zuschlag in Form eines Kontingentes zu planen und nicht jedem Preis aufzuschlagen.

Dieses preisflexible Kontingent kann auch zur selbstgesteuerten Preisanpassung aufgrund von Marktveränderungen oder besonderen Wettbewerbssituationen genutzt werden.

Eine Preisdifferenzierung kann zusätzlich strategisch – i.d.R. für bestimmte Zielgruppen und damit zusammenhängende Leistungsmerkmale – geplant werden. In diesem Rahmen wird der Preis für einen längeren Zeitraum, also im Rahmen von Betreuungsmandaten, betrachtet.

Planungssicherheit für Kunden und Berater bietet dabei zunächst ein **dauerhaft konstanter Preis**. Er untermauert das Vertrauensverhältnis zum Kunden (mein Preis gilt) und reduziert den administrativen Aufwand im Beraterbetrieb. Ein dauerhaft gleicher Preis verlangt natürlich (wie bereits beschrieben) auch einen aus Sicht der Kunden dauerhaft gleichen Wert der Beratungsleistung.

Daher macht es in bestimmten Fällen Sinn, eine Differenzierung im Zeitablauf vorzunehmen und das Preisniveau z.B. stufenweise zu senken. Ein in dieser Form **dauerhaft abnehmender Preis** kann z.B. bei Kunden sinnvoll sein, wo sich nach einer aufwendigen Mandatsübernahme der Betreuungsaufwand wahrnehmbar reduziert.

Dieses kann bspw. in der „Generationenberatung 50+" oder „Ruhestandsplanung" sinnvoll sein, wenn bei der Mandatsübernahme ein hoher Sortier-, Analyse- und Lösungsaufwand besteht, der nach anschließender Vermittlung und Beschaffung in einen abnehmenden aber grundsätzlich aufrecht zu erhaltenen Betreuungsaufwand überführt werden kann.

Damit umgeht der Berater, dass sein anfänglich hoher Leistungsaufwand bei Leistungserbringung nicht adäquat (unter Preis) eingeschätzt und bei gleichbleibender Verteilung mit einigem zeitlichen Abstand nicht mehr wertgeschätzt wird. Um dabei nicht zusätzliche Komplexität aufzubauen (und damit für Verwirrung zu sorgen), empfiehlt sich hier eine stufenweise Reduzierung der Pauschale.

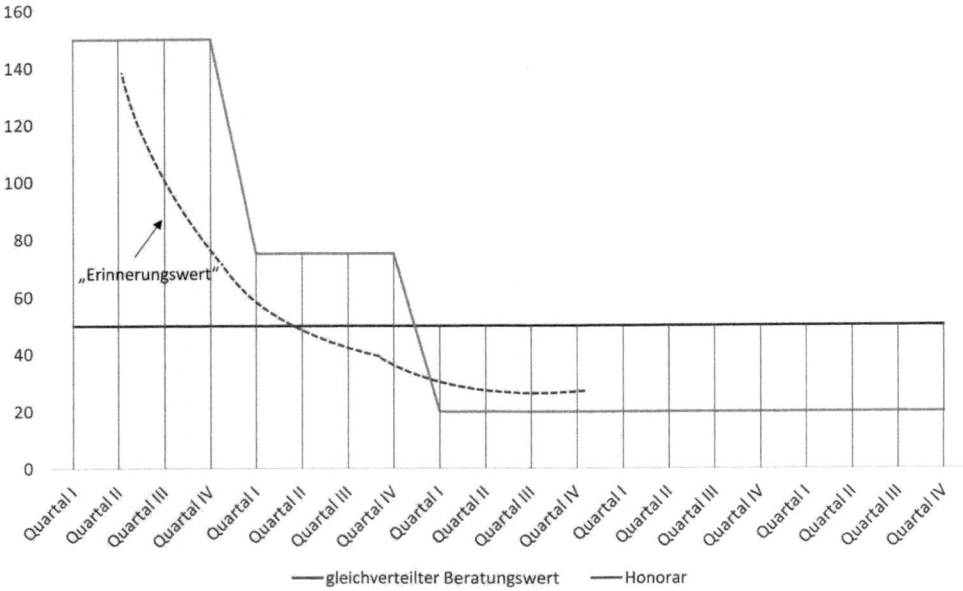

Abb. 34: Preisdifferenzierung im Zeitablauf: stufenweise abnehmendes Honorar
Quelle: eigene Darstellung

In der Abbildung wird exemplarisch ein auf fünf Jahre ausgelegtes Betreuungsmandat im Wert von insgesamt 1.000 € dargestellt. Die stufenweise Reduzierung orientiert sich an der progressiv fallenden Erinnerungskurve des Kunden („Erinnerungswert").

Um auf der anderen Seite potenziellen Kunden Markteintrittsbarrieren zu nehmen, kann ein **dauerhaft zunehmender Preis** sinnvoll sein. Dieses empfiehlt sich z.B. dann, wenn das Zahlungsverständnis und das Zahlungsvermögen potenzieller Kunden noch nicht ausreichend vorhanden sind.

Zielkunden, die am Anfang ihrer beruflichen Karrieren stehen (Generation Y), fehlen Erfahrungswerte mit Finanzdienstleistungen, die ihnen dabei helfen, den Wert einer Honorarberatung vorab sicher einzuschätzen. (Die Vereinbarung und Zahlungsverpflichtung erfolgt vor Inanspruchnahme der Dienstleistung.)

Geringere Einstiegshonorare ermöglichen dem Berater, diese Kunden dennoch von seiner Leistung zu überzeugen, sodass diese gewissermaßen einen Teil des Honorars nachträglich zahlen.

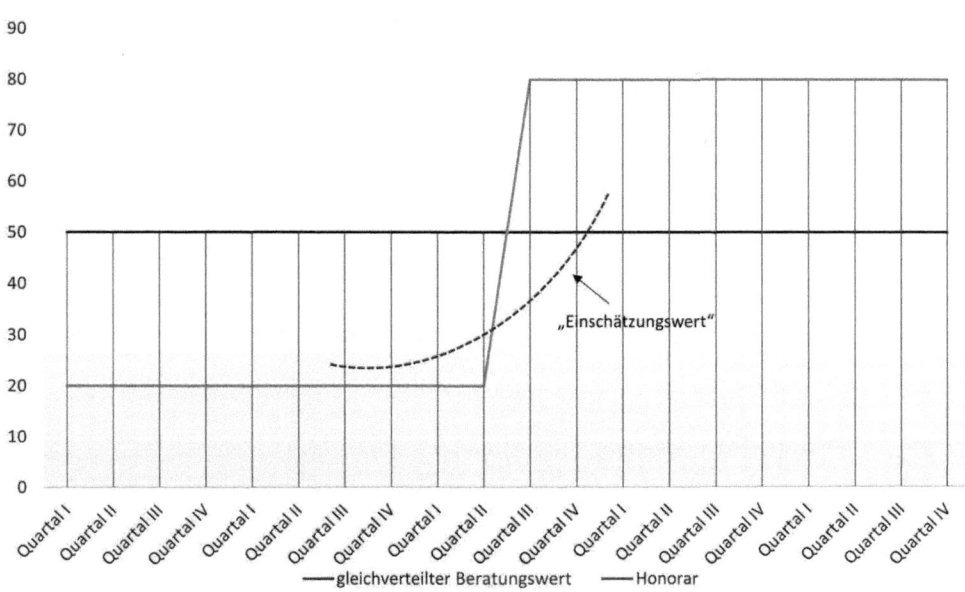

Abb. 35: Preisdifferenzierung im Zeitablauf: stufenweise zunehmendes Honorar
Quelle: eigene Darstellung

In der Abbildung wird exemplarisch ein auf fünf Jahre ausgelegtes Betreuungsmandat im Wert von insgesamt 1.000 € dargestellt. Die stufenweise Erhöhung orientiert sich an dem zunehmenden Vermögen, den Wert der Beratung einzuschätzen ("Einschätzungswert").

► Exkurs: Möglichkeiten, Honorare im Zeitverlauf zu verteilen

Kostenoptimierte Nettotarife und transparente Kundenbeziehungen versetzen den Vermittler dazu in die Lage, nachvollziehbare Kundenvorteile zu generieren. Die hierzu erforderlichen Instrumente und Werkzeuge stehen ihm im provisionsbasierten Geschäftsmodell nicht zur Verfügung. Da Kunde und Vermittler gleichermaßen von einem Modellwechsel profitieren wollen, ist hierfür ein Honorar fällig, das bisher nicht zwischen ihnen stand.

Auch wenn sich die Einpreisung der Provisionen in die Produkte nachteilig auf das Anlageergebnis auswirkt, sind sie aus Sicht des Kunden zunächst einmal nicht direkt zu bezahlen. Bei gleichbleibendem Produktbeitrag wäre das Honorar ein zusätzlich aufzubringender und möglicherweise in einer Summe fälliger Betrag, der i.d.R. im vierstelligen Bereich liegt.

Verschiedene Nettotarifanbieter ermöglichen mit **Stufentarifen** geringere Anfangs-beiträge, die die Zahlungsströme von Produktbeitrag und Honorar auf einem dann anschließend ohne Honorar fortzuführenden Level zusammenbringen.

Vordiskontierte Vergütungsmodelle ermöglichen Kunden die Verteilung des Honorars über einen längeren Zeitraum, während sich der Vermittler – gegen entsprechendes Zusatz-Entgelt – sofort vergüten lassen kann.

Werden derartige Modelle nicht ausschließlich im Kundeninteresse eingesetzt, bergen sie die Gefahr neuer versteckter Kosten und zusätzlicher Intransparenz.

Wer als Vermittler kein Honorar einfordern und durchsetzen will oder kann, sollte (ganz wertfrei) das Provisionsmodell wählen. Wenn ein Kunde seine Honorarzahlung über einen längeren Zeitraum verteilen möchte, kann dieses mit ihm entweder individuell oder mit Hilfe von Dienstleistern ermöglicht werden. Der Preis der Vermittler-Liquidität darf dann aber nicht vom Kunden bezahlt werden. ◄

7.2.5   Preisdurchsetzung

Eine der zentralen Herausforderungen von Honorarberatung ist es, eine bislang (größtenteils) als kostenlos wahrgenommene Dienstleistung einer ausreichend großen Anzahl von Kunden in Rechnung zu stellen.

Finanzdienstleistungskunden haben auch in der Vergangenheit verstanden, dass Vermittlung und Beratung vergütet werden, aber eben nicht durch sie.

Mit der Honorarvergütung entsteht für den Kunden keine alternative Zahlweise, sondern ein zusätzlicher Zahlungsstrom. Für das Produkt zahlt er ja weiterhin einen eigenen Beitrag an den Produktgeber.

Daher zeigt sich auch an dieser Stelle, dass es sinnvoll ist, nicht sein Honorar, sondern seine Leistung in den Vordergrund zu stellen. So wird aus Sicht des Kunden ein zusätzliches Honorar für eine zusätzliche Leistung fällig und nicht eine zusätzliche Zahlung für die gleiche Leistung.

Preisdurchsetzung ist entsprechend Leistungsverkauf. Der Kunde kann sich mit der angebotenen Leistung auseinandersetzen und diese in ein Preis-Leistungsverhältnis stellen.

Die Leistungsbeschreibung kann mit den definierten Merkmalen (vgl. 5.5, 6 Definition von Honorarberatung und Honorarvermittlung) und dem jeweils damit verbundenen Kundennutzen erfolgen.

▶ **Exkurs: Unnötige Einkommensvergleiche**

Wird das Honorar dagegen isoliert in den Vordergrund gestellt, kann er nur ein Honorar-Preisverhältnis beurteilen. Er vergleicht die Vergütung des Beraters mit für ihn vergleichbaren oder seinem eigenen Einkommen.

Der durchschnittliche Bruttoverdienst[48] liegt in Deutschland aktuell bei 22,42 €/h. Die aus der Sicht des Arbeitgebers entsprechenden Arbeitskosten belaufen sich auf 32,60 €/h (Statistisches Bundesamt, Statistisches Jahrbuch Deutschland 2016, S. 380 ff.).

Das ist sicher eine pointiert herausgestellte Vergleichsgröße und Kunden werden verstehen, dass Honorarberatung nicht mit dem Backwarenverkauf im Rahmen einer Teilzeitstelle vergleichbar ist.

Die gerne als verwandte Berufsbilder zitierten Freiberufler weisen allerdings auch noch nicht in die Richtung, die Finanzdienstleistungsvermittler i.d.R. anstreben.

Die 79.162 in Deutschland zugelassenen Rechtsanwälte und Notare haben 2015 durchschnittlich Einkünfte i.H.v. 60.452 € (ohne Notariat 54.534 €) erzielt. Steuerberater erreichen im Durchschnitt 71.131 € (Statistisches Bundesamt, Statistisches Jahrbuch Deutschland 2016, S. 273).

Noch „verheerender" sieht das Bild bei Unternehmensberatern aus. Diese erzielen durchschnittliche Einkünfte aus freiberuflicher Tätigkeit in Höhe von 36.517 €.

Warum also sollte man sich diesen Diskussionen stellen, wenn es anders und besser geht?   ◀

Wenn Preisdurchsetzung Leistungsverkauf ist, ist sie eben auch Verkauf.

Demzufolge greifen auch hier die Spielregeln des Verkaufs: Kommunikation auf Augenhöhe, gezielte Fragetechniken, professionelle Bedarfsanalyse, überzeugende Nutzenargumentationen, gekonnte Einwandbehandlung, erfolgreiche Abschlusstechniken.

Ab jetzt entscheidet ausschließlich der Kunde darüber, ob und wie viel der Berater erwirtschaftet. Daher empfiehlt es sich seine „Verkaufs-Muskeln" – falls erforderlich – wieder neu zu trainieren.

In jüngster Vergangenheit wurde gerade im Finanzdienstleistungsgeschäft mehr und mehr beraten und empfohlen. Kunden haben (scheinbar) nur noch von alleine gekauft. Bei einem ausreichend großen Bestand und einer damit verbundenen Vergütung durch Produktgeber ist das möglicherweise nicht so relevant.

Mit Honorarberatung ist die Vergütung durch die Kunden die ausschließliche Einnahmequelle des Beraterbetriebs. Der Verkauf der Dienstleistung ist damit existenziell.

Verkauf ist nicht alles, aber ohne Verkauf ist (auch hier) alles nichts.

---

48   Voll- und teilzeitbeschäftigte Arbeitnehmer inkl. Sonderzahlungen.

Ein weiterer Aspekt der Preisdurchsetzung ist das eigenständige in Rechnung stellen und einfordern der Honorare von seinen Kunden. Man muss das Geld auch bekommen.

Auch wenn Honorarberatung ein sympathiegetriebenes Beziehungsgeschäft ist, geht es darum, sein Honorar von seinen Kunden im Extremfall sogar einzuklagen (vgl. 7.4 Vertriebliche Steuerung und finanzielle Planung).

7.2.6 Einführung von Gebührenordnungen

Im Zusammenhang mit Dienstleistungen ist es allgemein üblich, dass der Begriff Preis nicht verwendet wird und die Gegenleistung des Käufers mit Begriffen wie Tarif, Gebühr, Porto oder eben als Honorar beschrieben wird (Meffert, 8. Aufl., 2015, S. 337). Das klingt zum einen nicht so hart und zum anderen als wäre es extern vorgegeben.

Dienstleister sind aber auch Unternehmer und eine der wichtigsten unternehmerischen Aufgaben ist es, sich an gewinnmaximalen Preisen auszurichten, die sie selbstständig definieren. Rechtsanwälte z.B. orientieren sich bei Abrechnung ihrer Leistung am Leistungskatalog des Rechtsanwaltsvergütungsgesetzes. Dennoch entscheiden sie selbstständig, mit welchem Faktor sie den Wert ihrer Dienstleistung einpreisen oder ob sie darüber hinausgehende individuelle Vergütungsvereinbarungen treffen.

Die Beratung auf Honorarbasis ist vor allem bei den freien Berufen verbreitet. In einigen Branchen von diesen ist die Vergütungshöhe vom Gesetzgeber in Gebührenordnungen festgelegt worden: Rechtsanwaltsvergütungsgesetz (RVG), Honorarordnung für Architekten und Ingenieure (HOAI), Gebührenordnung für Ärzte (GOÄ) oder Zahnärzte (GOZ).

In der Diskussion über Honorarberatung wird gerne die Nähe zu diesen freien Berufen beschrieben und entsprechend zum Teil eine vergleichbare Gebührenordnung gefordert, insbesondere um einem Missbrauch durch überhöhte Honorare entgegenzuwirken und einen ruinösen Wettbewerb zu verhindern (Schafstädt, 2015, S. 399).

Versicherungsberater und Honorar-Finanzanlagenberater sind nicht den freien Berufen zuzuordnen. Ein freier Beruf ist ebenso wie der gewerbliche Beruf selbstständig, wobei dessen „spezifisches Berufsethos" im Verzicht auf vorrangiges Gewinnstreben begründet sein soll. Daneben zeichnen den Freiberufler persönliche und sachliche Berufsunabhängigkeit sowie besondere gesellschaftliche Verantwortung aus (Schafstädt, 2015, S. 399).

Eine Diskussion hierüber, ob nicht auch Honorarberater diesen Maßstäben genügen, erscheint schon allein vor dem Hintergrund sinnlos, dass damit der Berufsstand aller Finanzdienstleistungsberater und -vermittler unterschiedlichen Wertmaßstäben unterworfen wäre, beziehungsweise ihnen diese besonders attestiert werden.

Insbesondere ist für Honorarberater eine eindeutige gewerberechtliche Zuordnung vorgenommen worden, die mit unternehmerischen Einschränkungen in der Preisfindung grundsätzlich nicht vereinbar ist. Sie entspricht gewissermaßen einer Aufforderung des Gesetzgebers, eigenständig ertragsorientiert zu arbeiten und sich nicht vorrangig dem Gemeinwohl zu verschreiben.

Darüber hinaus könnte der allgemeine Verbraucherschutz vor überhöhten Honoraren eine Gebührenordnung rechtfertigen (Schafstädt, 2015, S. 400). Hier ist allerdings wieder der gesamte Berufsstand zu betrachten und wenn einem Kunden die von einem Honorarberater veranschlagten Honorare zu hoch erscheinen, hat er ja noch die Möglichkeit, sich an einen durch Provisionen vergüteten Vermittler zu wenden.

Der Forderung nach Gebührenordnungen mit der Begründung, dass diese zum Schutz vor ruinösem Wettbewerb der Berater untereinander dienen, wird vor dem Hintergrund der politischen Entstehungsdiskussion und allgemein als zu hoch empfundenen Vergütungen im Finanzdienstleistungsbereich wohl kaum jemand ernsthaft folgen.

Bei Honorarberatung geht es darum, seine Stärken deutlich herauszustellen und sich diese von seinen Kunden honorieren zu lassen. Erfolgreiche Honorarberatung ist ein Verkauf von Leistungen und kein Preisdumpinggeschäft. Hierzu ist es erforderlich, den Akteuren ihre Kreativität nicht durch einengende Diskussionen über Gebührenordnungen zu nehmen.

Mit Gebührenordnungen kann sich kein echter Markt bilden. Politische Regulierung würde zusätzlich dazu führen, im Sinne des Verbraucherschutzes für niedrige Honorare zu sorgen. Der Weg in das Niedrigpreissegment würde hochwertiger Beratung deutlich widersprechen.

7.3 Steuerliche Aspekte

Versicherungsteuer

Steuergrundlage für die Versicherungsteuer ist die Zahlung der Versicherungsprämie (§ 1 S. 2 VVG) aus dem Versicherungsverhältnis (i.d.R. Vertrag) (§ 1 Abs. 1 Versicherungsteuergesetz [VersStG]).

Sie knüpft sich unmittelbar an den Zahlungsvorgang an und wird steuersystematisch als Verkehrssteuer bezeichnet.

Die Steuerpflicht besteht bei der Versicherung

- von Risiken mit Bezug auf unbewegliche Sachen, insbesondere Bauwerke und Anlagen, und auf darin befindliche Sachen, (§ 1 Abs. 2 Nr. 1 VersStG)
- für Fahrzeuge aller Art und (§ 1 Abs. 2 Nr. 2 VersStG)
- für Reise- oder Ferienrisiken (§ 1 Abs. 2 Nr. 3 VersStG).

Das Versicherungsverhältnis wird durch das Versicherungsentgelt, das der Versicherer für die Übernahme des Risikos erhält, begründet. Versicherungsentgelt in diesem Sinne ist jede Leistung, die zur Durchführung des Versicherungsverhältnisses an den Versicherer zu bewirken ist, insbesondere die Prämie (§ 3 Abs. 1 Nr. 1 VersStG). Bemessungsgrundlage ist die an den Versicherer zu zahlende Prämie (§ 3 Abs. 2 VersStG), sie beträgt (für einzelne Sparten gibt es Sonderregelungen) allgemein 19 % (§ 6 Abs. 1 VersStG).

Bei der Vermittlung einer Nettopolice ist der Abschlusskostenanteil aus der Prämie herausgerechnet. In diesem Umfang reduziert sich somit auch die Bemessungsgrundlage für die Versicherungsteuer.

Folgendes Beispiel zeigt vereinfacht den Effekt aus der Kundensicht. Ein Sachversicherungsvertrag mit 1.000 € Prämie beinhaltet u.a. die Vermittlerprovisionen. In diesem Fall sind das 22 %, was für Versicherungsmakler als Durchschnittsgröße angenommen werden kann (Icha, 2014, S. 106). Insgesamt zahlt der Kunde somit eine Bruttoprämie nach Steuern in Höhe von 1.190 €.

Wird ihm nun aber eine Nettopolice vermittelt, entfällt der eingepreiste Provisionsanteil (220 €) und der zu versteuernde Prämienanteil reduziert sich auf 780 €. Insgesamt zahlt der Kunde dann 928,20 € (Brutto- und Nettoprämie reduzieren sich um 22 %).

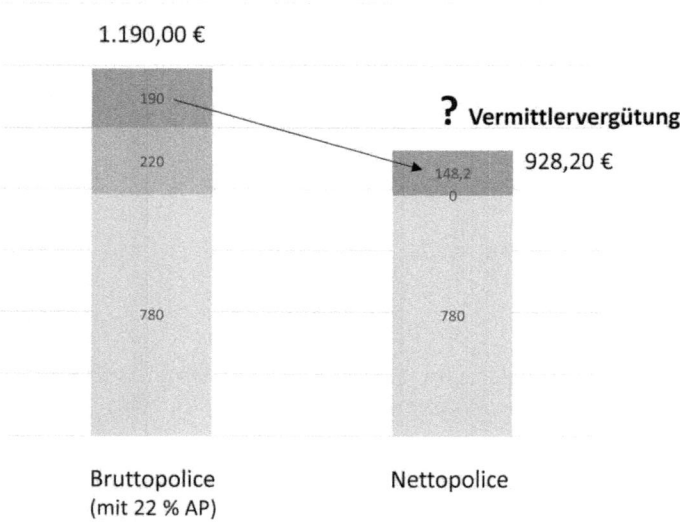

Abb. 36: Versicherungsteuereffekt Sachvers.-Nettopolice
Quelle: eigene Darstellung

Die Höhe der Vergütung des Vermittlers ist in diesem Fall noch nicht geklärt und muss zwischen dem Kunden und Vermittler separat vereinbart werden. Für das Honorar gilt grundsätzlich, dass es nicht der Versicherungsteuer unterliegt, da es das Vertragsverhältnis zwischen Versicherer und Versicherungsnehmer nicht berührt. Der Kunde schuldet dem Versicherer nur den von ihm in Rechnung gestellten Betrag.

Wenn dieser nun (in diesem Fall) vom Kunden seinen AP-Betrag (220 €) als Honorar einzieht, zahlt der Kunde an den Versicherer 928,20 € und an seinen Vermittler 220 € und somit insgesamt 1.148,20 €. Der Kunde hat bei konstanter Vergütung des Vermittlers einen Beitragsvorteil in Höhe von 41,80 € beziehungsweise 3,5 %.

Für großvolumiges Geschäft im gewerblichen und industriellen Bereich mit um einige Nullen größeren Zahlen kann das für beide Seiten ein durchaus attraktives Geschäft sein.

Alternativ könnte der Vermittler sich seine Leistung auch mit einem Zuschlag von 3,5 % vergüten lassen, ohne dass der Kunde schlechter gestellt wird. Beide Varianten setzen voraus, dass für versicherungsteuerpflichtige Produkte entsprechende Nettotarife zur Verfügung stehen.

Für den Fall der Provisionsauskehr bei der Vermittlung von Bruttotarifen bleibt die Bemessungsgrundlage in Höhe des ursprünglich kalkulierten Versicherungsentgeltes (hier 1.000 €) bestehen. Der Versicherungsteuersatz wird unverändert abgeführt. Der Gestaltungsrahmen für das Vermittlungshonorar wird zusätzlich eingeschränkt.

Umsatzsteuer

In Deutschland unterliegen „die Lieferungen und sonstigen Leistungen, die ein Unternehmer im Inland gegen Entgelt im Rahmen seines Unternehmens ausführt" der Umsatzsteuer (§ 1 Abs. 1 Nr. 1 UStG).

Davon ausgenommen sind unter anderem die Umsätze aus der Tätigkeit als Versicherungsvertreter und Versicherungsmakler (§ 4 Nr. 11 UStG). Wenn also Umsätze aus originärer Vertriebstätigkeit des Vermittlers (§§ 1a, 59 VVG) erzielt werden, sind diese nicht „steuerbar". Das Gleiche gilt (gem. § 4 Nr. 8 UStG) für Anlage- und Bankgeschäfte.

In der Ausnahme des Umsatzsteuergesetzes ist ausdrücklich die Tätigkeit des Versicherungsvertreters und Versicherungsmaklers genannt. Da hier nicht übergreifend der Begriff des Versicherungsvermittlers gewählt worden ist, gilt diese Regelung auch künftig (zunächst noch) nicht für den Versicherungsberater.

Ohnehin sind von der Umsatzsteuerbefreiung nicht die Honorarberatung oder weitere Serviceleistungen erfasst. Nach Auffassung des BMF und der obersten Finanzbehörden handelt es sich dabei um Rechtsberatung und ist demnach entsprechend steuerlich der Beratung der Rechtsanwälte gleichzustellen und damit umsatzsteuerpflichtig (Schafstädt, 2015, S. 409).

Eine Vorsteuerabzugsberechtigung wie bei freien Berufen ist wiederum aufgrund der gewerberechtlichen Zuordnung nicht möglich.

Hinweis: Die steuerlichen Regelungen sind (noch) widersprüchlich

Ungeklärt ist demnach auch, ob die Vermittlung durch den Versicherungsberater steuerbefreit stattfinden kann, wenn er nicht ausdrücklich in § 4 Nr. 11 UStG neben dem Versicherungsvertreter und Versicherungsmakler benannt ist, gleichwohl aber vermittelnd tätig werden darf.

Diese Regelungen bedürfen daher einer Anpassung. Auf der einen Seite können durch Nettotarife (Versicherungs-)Steuervorteile realisiert werden. In diesem Fall ist es zur Vermittlung gekommen und somit greift auch die Umsatzsteuerbefreiung.

Hat nun aber eine Beratung stattgefunden, die nicht unmittelbar mit einem Vertragsabschluss verbunden ist, ist das dafür zu entrichtende Honorar zu versteuern. Das mit Förderung der Honorarberatung angestrebte Ziel, auch den Vermittlungsdruck gegenüber Kunden abzubauen, wird hier steuerlich deutlich konterkariert.

Ebenso widersprechen diese Regelungen der angestrebten Transparenz im Finanzdienstleistungsbereich, wenn Kunden Rechnungen ausgestellt werden, die wahlweise Steuern ausweisen oder nicht steuerbar sind.

Da der Versicherungsberater künftig mit Eingliederung in § 34d GewO in den Kreis der Versicherungsvermittler eingegliedert ist und zusätzlich vermittelnd tätig werden darf, ist (schon alleine aus organisatorischen Gründen und möglichen Konsequenzen) eine Angleichung erforderlich.

Für Versicherungsberater, die nur beratend tätig sind, und möglicherweise zusätzlich Rentenberatung ausüben, ergeben sich wiederum andere Perspektiven. Sie arbeiten aktuell vollständig steuerbar, sodass eine Angleichung für sie wiederum nachteilig wäre.

Einkommensteuer

Für Versicherungskunden sind Versicherungsbeiträge in der Einkommensteuererklärung als Sonderausgaben[49] abzusetzen (§ 10 Einkommensteuergesetz (EStG)). In diesen Beiträgen sind auch die einkalkulierten Vermittlungs- und Betreuungsprovisionen (und zum Teil die Versicherungsteuer) enthalten.

(Umsatzsteuerpflichtige) Beratungshonorare sind dagegen nicht einkommensmindernd in der Einkommensteuererklärung zu berücksichtigen. Sie können dafür aber steuermindernd den Kapitalerträgen entgegengestellt werden.

---

49   Für die Absetzung als sonstige Vorsorgeaufwendungen gibt es Höchstgrenzen, die derzeit für Angestellte bei 1.900 € pro Jahr und 2.400 € pro Jahr bei Selbstständigen liegen.

7.4 Vertriebliche Steuerung und finanzielle Planung

Die wesentliche und neue Herausforderung in der vertrieblichen Steuerung und Planung liegt für Honorarberater darin, sämtliche Zahlungsströme selbst zu definieren und zu organisieren.

Das gewohnte finanzielle „Grundrauschen" aus der Bestandsprovision sorgt nun nicht mehr für das sichere Gefühl, auch mal ohne den in Aussicht stehenden Abschluss auskommen zu können. Vorschüsse, Zuschüsse oder Sonderausschreibungen der Produktgeber bieten auch keinen zusätzlichen Geldzufluss mehr.

Neben einer durchdachten Preisfindung ist nun auch eine strukturierte Vertriebssteuerung bzw. Selbststeuerung erforderlich, um auch wirtschaftlich erfolgreiche Honorarberatung betreiben zu können (vgl. 5.4 Wirtschaftspsychologische Aspekte).

Der Provisionsanspruch entsteht (ohne Berücksichtigung möglicher Storni) mit der Vertragsunterzeichnung des Kunden und ist damit i.d.R. kurzfristig fällig und verfügbar. Provisionszahlungen fließen über klassische Pools bereits standardmäßig im zweiwöchigen Rhythmus.

Der Honorarberater muss dagegen seine Rechnung zunächst einmal selbst erstellen und verschicken. Der Kunde muss diese dann erhalten und bezahlen. Gerade beruflich eingespannte Kunden schieben dieses gerne auf das Wochenende. Unternehmen haben verschiedene Freigabeverfahren und Zuständigkeiten (Fachabteilung, Rechnungswesen) mit bestimmten Zahlungsterminen, auf die gewartet werden muss.

Merke: Honorarberater sollten ihre Liquidität planen

Der Weg des Honorars vom Kunden zum Berater ist deutlich länger, als der Weg der Provision vom Produktgeber auf das Provisionskonto des Vermittlers. Dieses gilt es zu berücksichtigen und daher ist neben der vertrieblichen Planung eine verlässliche Liquiditätsplanung für Honorarberater zwingend erforderlich.

Zusätzlich sind organisatorische Veränderungen und damit verbundenen zusätzlichen finanziellen Aufwendungen erforderlich, um die Zahlungsprozesse im Geschäftsbetrieb zu verankern.

Es sind technische Voraussetzungen z.B. mit einer entsprechenden Fakturierungssoftware zu schaffen. Lastschriften müssen veranlasst und Zahlungseingänge verbucht werden. Das erfordert neben der Technik auch zusätzliches Personal, das diese bedient.

Auch wenn für die Honorarvermittlung keine Stornoreserven gebildet werden müssen, da der Honoraranspruch nicht mit einer vorzeitigen Vertragsauflösung verloren geht, ist das Honorar noch nicht verdient, wenn die Rechnung gestellt ist. Demzufolge sind jetzt Rückstellungen für Inkassorisiken zu bilden.

Tipp: Factoring kann unterstützen

Daher kann es u.U. sinnvoll sein, die Forderungen nach Rechnungstellung an eine Factoring-Gesellschaft zu verkaufen. Zusätzlich kann das Ausfallrisiko und das Debitorenmanagement übertragen werden.

Hierzu sind bestimmte Bonitätsanforderungen zu erfüllen und entsprechende Aufwendungen erforderlich.[50]

7.5 Organisation geeigneter Technik

Die Anforderungen an die technische Ausgestaltung eines Beraterbüros unterscheiden sich im Wesentlichen nicht von der eines Versicherungsmaklers oder Anlageberaters. Dabei haben die Qualität der Vergleichsrechner, die Schnittstellen zu Produktgebern und dieKundenverwaltungsprogramme die gleichen entscheidenden Einflüsse auf die Prozessqualität und Effizienz der Arbeitsabläufe.

Die Außenwirkung wird durch einen hochwertigen Internetauftritt mit Einbindung verschiedener Rechner und Kontaktmöglichkeiten sowie die Einbindung gängiger Social-Media-Kanäle professionalisiert.

Spezifische EDV-Anforderungen von Honorarberatern beziehen sich auf die Kundenverwaltung beziehungsweise das CRM und die Programme zum Abrechnen der Honorare oder der Verrechnung/Auskehrung vereinnahmter Provisionen. Die Tarifvergleiche sollten entsprechend mit möglichst vielen Nettotarifen ausgestattet sein und einen Brutto-Netto-Vergleich zulassen (Meyer, 2016, S. 33 ff.).

Dienstleister[51] in diesem Segment bieten zwei Varianten zum Programmzugriff bzw. zur Ausstattung an. Berater können zwischen Lösungen auswählen, die entweder als Auftragsdatenverarbeitung über ein Portal oder unabhängig in seinem technischen Umfeld funktionieren.

Bei den Portallösungen erfolgt die Einwahl in die EDV der Dienstleister über das Internet, sodass die Berater auf der Dienstleister-Plattform arbeiten. Bei diesen Lösungen gibt es Unterschiede im angebotenen Leistungsumfang bezüglich der Abrechnung mit Kunden und dem Datenaustausch mit Versicherern sowie der Login-Möglichkeiten für Vermittler.

Unabhängige Lösungen werden im eigenen Betrieb selbstständig installiert und aktualisiert. Die Arbeit erfolgt auf der eigenen Plattform und organisatorisch unabhängigen Lösungen (Büroserver, PC, Notebook, Tablet).

Zusätzlich bieten alle Dienstleister geführte Beraterprogramme für Bedarfsermittlung und eine Günstigerprüfung (Brutto-Netto-Vergleich) an.

Inzwischen liefern davon unabhängig gängige Softwarehäuser[52] auch direkt Nettotarifvergleichsrechner.

---

50 Speziell für Honorarberater ist hierfür die dvvf vermittelnd tätig.

51 Z.B. con.fee AG, HonorarKonzept GmbH, VDH GmbH.

52 Franke und Bornberg GmbH, Morgen & Morgen GmbH, Softfair GmbH.

Neben den Honorar-Dienstleistern gibt es speziell auf EDV-Fragen spezialisierte Berater, die entsprechende Empfehlungen aufgrund einer individuellen Beratung entwickeln.

Vermittler, die aus der Provisionswelt in die Honorarberatung einsteigen, stehen vor der zusätzlichen Herausforderung, stabile Übergangsszenarien ohne Datenverlust etc. zu organisieren. Möglicherweise ist dieses bei einem isolierten Zukauf neuer Software nicht möglich oder es ist erforderlich, weitere systemtechnische Voraussetzungen zu schaffen.

7.6 Organisation des Produktportfolios

Die Dienstleister der Honorarwelt (vgl. 9.1 Organisation von Kooperationen) folgen dem Geschäftsmodell der Pools und Verbunde im klassischen Finanzdienstleistungsgeschäft. Sie bieten durch umgesetzte Produktanforderungen für den speziellen Bedarf ihrer Kunden (Speziallösungen, Deckungskonzepte) Größen- und Know-how-Vorteile in der Produktbeschaffung. Sie organisieren die Administration und Dokumentation von Nettoprodukten.

Vor allem gewährleisten sie die Erfüllung der gesetzlichen Vorschriften für die Zugrundelegung eines ausreichenden Produktspektrums im Beratungs- und Vermittlungsgeschäft.

Durch den Austausch mit den angeschlossenen Partnern können laufend Ideen und Anforderungen aus dem Markt aufgenommen und mit potenziellen Produktgebern verfolgt werden. Die Partner profitieren so von zusätzlichen Innovationsvorteilen.

In diesem Sinne ist der Zugang zu Nettotarifen ein wichtiger Grund für Honorarberater, mit Dienstleistern zusammenzuarbeiten. Deren Produktauswahl unterscheidet sich untereinander deutlich und sie ist bei Lebensversicherungen am größten. Produktanforderungen der Dienstleister an Produktgeber sind ebenso unterschiedlich wie die Art der Geschäftsbeziehung mit diesen (Meyer, 2016, S. 26 ff.).

Demzufolge sollte die Auswahl geeigneter Dienstleister erst nach der Konkretisierung der eigenen Geschäftsidee und nach dem Aufbau eines entsprechenden Leistungskatalogs erfolgen.

Ebenso hat die Qualität der bereitgestellten Produkte (insbesondere mit Blick auf deren Kostenstrukturen) einen maßgeblichen Einfluss auf die Geeignetheit der Dienstleister.

Bis auf das Bauspargeschäft können bei allen Dienstleistern die zulässigen Formen der Geldanlage, sämtliche Versicherungslösungen und zum Teil auch Bankgeschäfte abgewickelt werden.

Bei der Darstellung des Produktangebots wird auf echte und unechte Nettotarife (vgl. 6.4.1 Nettotarife) verwiesen. Z.T. stellen die Anbieter heraus, nur Produkte zur Verfügung zu stellen, die den eigenen (geschützten) Netto-Anforderungen (bei vollständiger Transparenz) genügen.

Entsprechend der Verbreitung der Nettotarife (vgl. 6.4.1 Nettotarife) ist die Lebensversicherung mit Abstand die Sparte mit den meisten Tarifangeboten. Schadenversicherungsprodukte werden vornehmlich von Assekuradeuren bereitgestellt.

Anders als im klassischen Pool werden die Produkte hier (konsequenterweise) gegen eine regelmäßige Gebühr zur Verfügung gestellt. (Ohne Provision kann kein Overhead einbehalten werden.)

7.7 Vertragsgestaltung

Ein Versicherungsmakler ist mit seinen Kunden durch Geschäftsbesorgungsvertrag verbunden, in dem dienstvertragliche Elemente überwiegen. Als treuhänderähnlicher Sachwalter muss er in allen Phasen seines Tätigwerdens im Interesse seines Kunden handeln (Baumann, 1998, S. 348).

Die Rechtsbeziehungen im Rahmen der Honorarberatung und Honorarvermittlung sind dagegen deutlich komplexer. Sie müssen vollständig neu aufgesetzt und entworfen werden. So ist im ersten Schritt selbst eine Zuordnung zu den Wesenselementen der Geschäftsbesorgung, der Werklieferung oder der dienstvertraglichen Elemente ohne Einzelfallprüfung nicht (und dann auch nicht immer eindeutig) möglich.

Entscheidend für den Erfolg von Honorarberatung ist die Möglichkeit, ohne Einschränkungen seinen Anspruch auf das geforderte Honorar durchsetzen zu können. Neben der Rechtssicherheit der Vertragsvereinbarungen von Honorarberatern zu ihren Kunden ist es ebenso existenziell, diese gegenüber Anfechtungen Dritter „wasserdicht" zu gestalten.

Info: Verträge rechtssicher dem Geschäftsmodell anpassen

Aufgrund der Vielschichtigkeit der Geschäftsmodelle und der zahlreich involvierten Teilmärkte des Finanzdienstleistungsgeschäfts mit weiteren Untergliederungen und Sonderregelungen kann es den einen und gültigen Muster-Vertragsentwurf für Honorarberatung nicht geben.

Neben der Bandbreite von der Anlage- bzw. Investmentberatung über den gesamten Versicherungsbereich bis zur Darlehensvermittlung ist es zusätzlich relevant, mit wem der Berater an der Stelle zusammenarbeitet. Für die Arbeit mit Verbrauchern gelten z.B. deutlich strengere Bestimmungen als für Nicht-Verbraucher. Transparenz, Verständlichkeit und Nachvollziehbarkeit erfahren hier eine deutlich andere Gewichtung.

Die Vermittlung von Nettotarifen der Lebensversicherung erfolgt ohne Auswirkung des in der Bruttowelt üblichen Schicksalteilungsgrundsatzes der Prämie. Ohne deutlich und nachvollziehbar darauf hinzuweisen, entfällt allerdings auch hier der Honoraranspruch.

Auch derartige Sonderfälle, die i.d.R. in Gerichtsentscheidungen gefällt werden (hier: OLG Karlsruhe, Urteil vom 24.3.2016, Az. 12 U 144/15) und dann relevant werden, sind umfassend und laufend zu berücksichtigen.

Neben den zu definierenden Grunddaten der Wirtschaftsbeziehung zwischen Kunde und Berater sind gesetzliche Bestimmungen für Datenschutz, Dokumentation etc. rechtssicher abzubilden.

Gutachten und Empfehlungen haben wiederum einen vollständig anderen Charakter als die Vermittlung und Betreuung von Verträgen. Beides löst z.B. deutlich unterschiedliche Haftungsfragen aus.

Steuerrechtlich werden Beratung und Vermittlung anders bewertet, auch das ist vertraglich transparent zu erfassen.

Ferner sind Haftungsfragen zu klären, die über das in der gewerberechtlichen Zulassung geforderte Maß der Berufshaftpflichtversicherungen hinausgehen.

Möglicherweise wird es Fälle geben, die rechtliche Auseinandersetzungen zulassen, die z.B. dadurch entstehen, dass Kunden eine in einer Beratung zur privaten Liquiditäts- und Vermögensplanung erworbene Befähigung (entgegen einer Empfehlung) zu ihrem Nachteil eingesetzt haben und hieraus entsprechenden Schadenersatz fordern.

Tipp: Den Rechtsanwalt zur Vertragsgestaltung hinzuziehen

Es empfiehlt sich also, die Vertragsgestaltung gründlich sowie in enger Zusammenarbeit mit einem Anwalt vorzunehmen und sie darüber hinaus einer laufenden Überprüfung zu unterziehen.

Unabhängig davon ist eine Vergütung oder ein Honorar die für eine Dienstleistung zu entrichtende Gegenleistung. Eine Honorarvereinbarung sollte daher deutlich herausstellen, für welche Tätigkeit beziehungsweise Leistung der Berater oder Vermittler eine Vergütung erhält.

Diese „Hausaufgaben" sind vor dem Besuch des Anwaltes zu erledigen.

8 Chancen und Herausforderungen für Honorarmodelle

Der Erfolg eines Unternehmens hängt heute weniger von der Überlegenheit seiner Produkte und Dienstleistungen als vielmehr von der Fähigkeit ab, künftige Kundenbedürfnisse, Veränderungen im Marktverhalten, Marktstrategien der Konkurrenten und technische Entwicklungsprozesse frühzeitig zu erkennen und aus diesen Erkenntnissen entsprechende Strategien und Maßnahmen abzuleiten (Wöhe, 26. Aufl., 2016, S. 81).

Im ersten Teil dieses Buches wurden daher zunächst relevante Rahmenbedingungen und Marktentwicklungen vorgestellt, die auf das Finanzdienstleistungsgeschäft maßgeblichen Einfluss nehmen, weil sie z.B. gesetzliche Beschränkungen auferlegen oder bisher unerlaubte Tätigkeiten künftig zulassen. Daneben gibt es zahlreiche Impulse und Veränderungen im Kundenverhalten und Wettbewerb, die Anlass für eine Überprüfung des eigenen Geschäftsmodells und des angebotenen Leistungsspektrums geben.

Für Honorarberatung und Honorarvermittlung wurden zur Klarstellung Definitionen entwickelt, die auf der Basis eines bereits in der Praxis etablierten Berufsbildes und zusätzlicher Aspekte der Wirtschaft und Psychologie sowie rechtlicher Bestimmungen entstanden sind.

Vor diesem Hintergrund wurden Impulse und Anregungen zur Ideenfindung sowie Methoden und Werkzeuge zur Untermauerung eines Geschäftsmodells vorgestellt, mit denen eine klare und erkennbare Linie für das eigene Geschäft und die angebotene Dienstleistung entwickelt werden konnte.

Am Ende des Weges ist entscheidend, ob die Umsetzung der Geschäftsidee und deren Verankerung in einem entsprechenden Geschäftsmodell den erhofften Kundennutzen auch messbar realisieren und im erforderlichen Umfang Nachfrage generieren können. Ebenso elementar ist es, damit im Wettbewerb zu bestehen. Existenziell (einsteigen oder nicht einsteigen?/weitermachen oder aussteigen?) stellt sich abschließend die Frage des wirtschaftlichen Erfolgs.

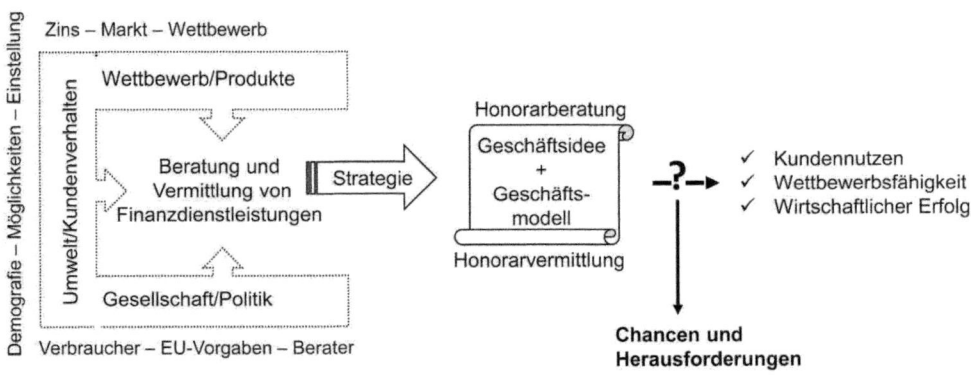

Abb. 37: Strategie, Geschäftsmodell und Erfolg
Quelle: eigene Darstellung

Hierzu werden nun modellhaft weitere Entscheidungshilfen vorgestellt, um die mit dem entwickelten Geschäftsmodell für Honorarberatung verbundenen Chancen und Herausforderungen vor dem Hintergrund externer Einflüsse zu analysieren und zu bewerten.

Anschließend werden die Vor- und Nachteile von Honorarvermittlung aus der Perspektive der wirtschaftlich Beteiligten diskutiert.

8.1   Tauglichkeitsprüfung für Honorarberatung

Mehr noch als bei der Honorarvermittlung stellt sich bei Honorarberatung die Frage nach der Tragfähigkeit der entwickelten Geschäftsidee und der Aussicht, damit möglichst viele Kunden zu erreichen.

Vor der Entwicklung dieser Idee und der Verankerung im Geschäftsmodell stehen die Fragen

- *Wo bin ich gut?*
- *Wie kann ich da besser werden?*
- *Wie kann ich dazu ein vernünftiges Preismodell entwickeln?*

Hierzu wurden anhand verschiedener Werkzeuge und Instrumente die wesentlichen Entwicklungsschritte durchlaufen. Ein Modell, auch ein Geschäftsmodell, ist (auch nur) ein Abbild der Wirklichkeit, gewissermaßen ein Ziel-Bild.

Abschließend wird nun das entwickelte Geschäftsmodell einem Tauglichkeitstest unterzogen, der die Entfernung der eigenen und aktuellen Wirklichkeit zum Modell bzw. zum Ziel aufzeigt und der aktuellen Marktsituation gegenüberstellt. Daraus lassen sich dann konkrete Handlungsschritte zur Zielerreichung ableiten.

Hierzu wird nun ein weiteres betriebswirtschaftliches Modell herangezogen und auf den Kontext der Geschäftsmodellentwicklung und Honorarberatung übertragen.

Angelehnt an die SWOT-Analyse (der strategischen Planung) wird der eigene unternehmerische Standpunkt mit der Marktsituation verglichen.

Daraus lassen sich dann unternehmerische Ziele mit konkreten Umsetzungsschritten ableiten (Meffert, 8. Aufl., 2015, S. 133 ff.). SWOT steht dabei für Strength/Weakness, also Stärken und Schwächen des eigenen Unternehmens, die möglichen Chancen und Risiken, Opportunities/Threats, des Marktes gegenübergestellt werden.

Stärken und Schwächen

Die Stärken-Schwächen-Analyse (Ressourcenanalyse) gibt die Innensicht auf das Unternehmen wieder. In Dienstleistungsunternehmen trägt insbesondere die Ressource Mensch (der Berater, seine Mitarbeiter und Vertriebspartner) zum Unternehmensergebnis bei. Die Stärken und Schwächen der Mitarbeiter sind die wesentlichen Stärken und Schwächen des Unternehmens.

Im Rahmen der Stärken-Schwächen-Analyse werden darüber hinaus weitere einzusetzende Ressourcen, wie z.B. finanzielle Mittel, Organisation, Ausstattungen kritisch hinterfragt.

Wie die FinTech-Szene in der Finanzindustrie zeigt, sind nicht immer die Unternehmen mit den Ideen für einen möglichst großen Kundennutzen die erfolgreichsten. Vorhandenes Geld und Investorengeld sind ebenso für den (zumindest temporären) Markterfolg auschlaggebend.

Chancen und Risiken

In einem weiteren Schritt wird dann das relevante Unternehmensumfeld nach möglichen Chancen und Risiken für den Unternehmenserfolg analysiert.

Als Marktchancen sind dabei insbesondere Absatz- und Wachstumsmöglichkeiten, ungenutzte Vertriebsansätze oder generell der Bedarf nach neuer Dienstleistung zu identifizieren.

Marktrisiken beziehen sich auf allgemeine negative Tendenzen, die Auswirkungen auf das eigene Geschäftsmodell haben können, z.B. Wettbewerbssituationen, konkurrierende Anbieter und Preise oder technische Entwicklungen.

Gegenüberstellung (SWOT-Analyse) und Handlungsanweisungen

In einer Gegenüberstellung werden nun die beschriebenen internen (Stärken, Schwächen) und externen (Chancen, Risiken) Faktoren gegenübergestellt und miteinander abgewogen.

So ergibt sich ein Handlungsrahmen, der zukünftige Entwicklungen bereits berücksichtigt und aus dem konkrete Maßnahmen beziehungsweise Handlungsanweisungen abgeleitet werden können.

Chancen	Risiken
• hoher Versorgungsbedarf • Zugang zu vermögenden Kunden	• allg. Kaufzurückhaltung • Misstrauen gegen FDL
Stärken	**Schwächen**
• rhetorische Fähigkeiten • Überzeugungskraft	• geringes Fachwissen im Bereich Wertpapiere und Geldanlage • keine § 34h GewO-Zulassung

Abb. 38: Gegenüberstellung SWOT-Analyse
Quelle: eigene Darstellung

Die einzelnen Kategorien sind nun weiter zu differenzieren. So können Chancen und Risiken separat für das Kundenverhalten, den Wettbewerb und die Politik erfasst und analysiert werden.

Das Stärken-Schwächen-Profil kann jeweils bezogen auf Bankprodukte und Kredite, Wertpapiere und Geldanlage oder Versicherungsprodukte und Altersvorsorge (vgl. 3 Finanzdienstleistungsmärkte) erstellt werden.

Alternativ kann das Stärken-Schwächen-Profil einzelner Berater mit ihren persönlichen, fachlichen und kommunikativen Kompetenzen den externen Faktoren des Beratungsbetriebes gegenübergestellt werden.

Bei der Zusammenstellung von Chancen und Risiken wird auch deutlich, dass sich einzelne Punkte nicht immer eindeutig der Kategorie Chance oder Risiko zuordnen lassen.

Technische Entwicklungen können z.B. negative Auswirkungen haben, wenn dadurch meine eigene Leistung obsolet wird. Sie bieten aber möglicherweise die Chance zur Skalierung. Daher ist zunächst eine Konkretisierung erforderlich und die Zuordnung erfolgt vor dem Hintergrund der eigenen Stärken und Schwächen. Mit neuen technischen Möglichkeiten verbundene Chancen kann ich nur ergreifen, wenn ich technisch versiert bzw. zumindest affin bin. Bin ich das nicht, sollte ich mich auf etwas anderes konzentrieren.

Die Aufstellung von Stärken und Schwächen sowie von Chancen und Risiken für das entwickelte Geschäftsmodell ergibt nur einen Sinn, wenn daraus konkrete Handlungsschritte abgeleitet werden. An dieser Stelle werden die unternehmerischen Aktivitäten darauf ausgerichtet, „das Richtige zu tun".

Die Gegenüberstellung wird hierzu aufgebrochen und um vier weitere Felder ergänzt. In diesen Feldern werden nun die Handlungsoptionen für die aufeinandertreffenden Analysefelder abgeleitet.

Treffen eigene Stärken auf Marktchancen, lautet die damit verbundene Strategie „ausbauen". Möglichst viel von dem, was auf fruchtbaren Boden trifft, soll umgesetzt und ausgebaut werden. Treffen ausgeprägte kommunikative Fähigkeiten des Beraters mit der Möglichkeit, auf vermögende Kunden zugehen zu können, aufeinander, sollte die Zielgruppenarbeit dort deutlich ausgebaut werden.

Ist das Umfeld für diese Stärken noch nicht so ausgeprägt und möglicherweise noch durch allgemeine Kaufzurückhaltung geprägt, kann eine Option in dem Feld „aufzuholen" sein, dort Kundenveranstaltungen zu organisieren und mit seinen rhetorischen Fähigkeiten gewissermaßen zunächst in Vorleistung zu gehen.

Treffen eigene Schwächen auf ein günstiges Marktumfeld, sollte sich der Berater dagegen „absichern", dass sich diese nicht schädlich auf seinen Betrieb auswirken. Hierzu empfiehlt es sich, z.B. Kooperationen einzugehen (vgl. 9.1 Organisation von Kooperationen).

„Vermeiden" und sich nicht unnötig verzetteln, sollten sich Berater in den Bereichen, in denen ihre Schwächen auf ohnehin für ihr Geschäft risikoreiche Segmente treffen. Fehlendes Fachwissen in einem bestimmten Bereich aufzuholen, um es in einer Zielgruppe einzusetzen, die ein hohes Maß an Wissbegierigkeit auszeichnet, ist vor dem Hintergrund vorhandener Alternativen unnötig.

Beratung		Relevante Rahmenbedingungen und Marktentwicklungen	
Honorar- Externe Faktoren Ressourcen ＼ Umfeld Interne Faktoren		**Chancen (Opportunities)** • hoher Versorgungsbedarf • Zugang zu vermögenden Kunden	**Risiken (Threats)** • Allg. Kaufzurückhaltung • Misstrauen gegen FDL
Geschäftsidee, Geschäftsmodell	**Stärken (Strength)** • Rhetorische Fähigkeiten • Überzeugungskraft	**SO-Strategie: „ausbauen"** • Zielgruppenarbeit ausbauen • Unterlagen hochwertig gestalten • ...	**ST-Strategie: „aufholen"** • Akquisetätigkeit erweitern • Kundenveranstaltungen organisieren • ...
	Schwächen (Weakness) • geringes Fachwissen im Bereich Wertpapiere und Geldanlage • Keine § 34h GewO – Zulassung	**WO-Strategie: „absichern"** • Kooperation eingehen • Fachliche Weiterbildung • Rechtsrahmen absichern	**WT-Strategie: „vermeiden"** • Zielkundenanalyse • Kundengruppen („Lehrer") meiden

Abb. 39: Handlungsanweisungen aus der SWOT-Analyse
Quelle: eigene Darstellung

Die Handlungsanweisungen liegen nun verständlich und konkret vor. Hieraus lassen sich Ziele (Angleichung des Modells an Marktanforderungen) ableiten. So kann ganz konkret aus „fachlicher Weiterbildung" eine „Weiterbildung zum zertifizierten Honorarberater" werden.

Grundlage für eine konkret einsetzbare Analyse ist eine klare und nachvollziehbare Vorstellung von dem, was man eigentlich will oder was man alles wollen könnte (Becker, 10. Aufl., 2013, S. 74). Dieses liefern die entwickelte Geschäftsidee und das Geschäftsmodell.

Hinweis: Externe Faktoren nach Relevanz auswähhlen

Ebenso wichtig ist es zu erkennen, welche externen Faktoren den eigenen Erfolg beeinflussen. Nur das, was konkret auf das Unternehmen wirkt oder wirken soll, ist relevant.

Bspw. ist nur für denjenigen, der green investments in sein Leistungsangebot aufnehmen will, das Thema „Nachhaltigkeit" relevant.

Mit diesem Modell wird das zusammengeführt, was im bisherigen Verlauf entwickelt worden ist. Mit Hilfe der SWOT-Analyse wird das aus dem Markt heraus entwickelte Geschäftsmodell einer **Tauglichkeitsprüfung** durch den Markt unterzogen.

Die folgende Grafik führt diese Schritte zur Übersicht zusammen. Diese Vorgehensweise spiegelt auch den Unabhängigkeitsanspruch von Honorarberatung wider. Die Auseinandersetzung mit den eigenen Stärken und Schwächen führt dazu, sich genau auf die Stärken zu fokussieren. Die eigene Auseinandersetzung mit den Rahmenbedingungen und Marktentwicklungen lenkt den Blick auf die Chancen. „Vertriebsführung" – in welchem Ausmaß auch immer – wird hierdurch obsolet.

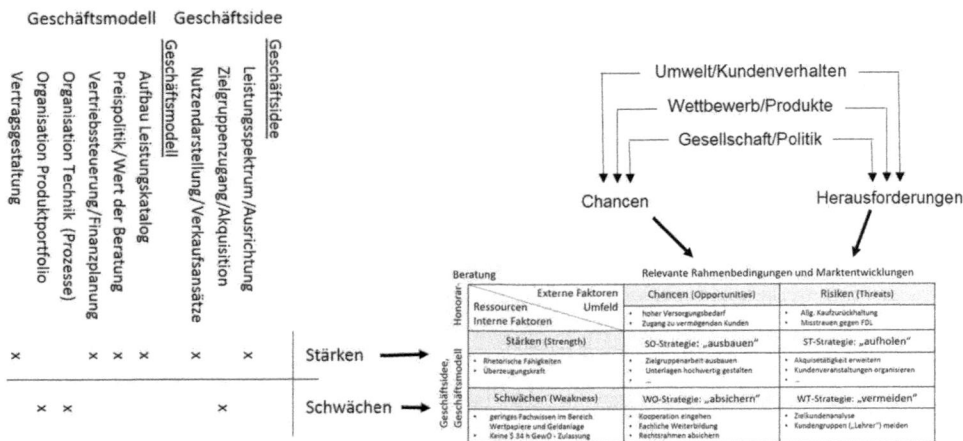

Abb. 40: Übersicht Tauglichkeitsprüfung für Honorarberatung
Quelle: eigene Darstellung

Die Analysen und Auswertungen sind verständlicherweise deutlich detaillierter und differenzierter, wenn sie im Rahmen einer Strategieberatung oder eines Unternehmercoachings zum Einsatz kommen. Jeder Berater kann den Grad bestimmen, mit dem er sich auf die hier vorgestellten Werkzeuge und Instrumente einlässt. Die Grundüberlegungen und Entscheidungsschritte haben auch ohne detaillierte Listen ihre Relevanz. Sie lassen sich im Liegestuhl in der Gartensonne oder auf einer längeren Autofahrt ebenso gut durchdenken.

Tipp: Sich auch als Berater beraten lassen

Praktische Erfahrungen zeigen, dass es nützlich und wertvoll ist, sich in diesem Prozess unterstützen und anleiten zu lassen. Die Entwicklung und Auswertung kann dann im Agenturteam oder im kollegialen Kreis erfolgen. Sie lebt von neuen Perspektiven und externen Impulsen sowie einer intensiven und kontroversen Auseinandersetzung damit.

Honorarberatung soll als eigenständige Dienstleistung tragfähig sein. Sie kann das Geschäftsmodell bestimmen aber auch ergänzen. In diesem Fall steht dann die Honorarvermittlung im Vordergrund. Das erfordert aber, ebenso wie Honorarberatung, die Bereitschaft der (vorhandenen und potenziellen) Kunden, diesen Weg mitzugehen. Der Modellwechsel in Bezug auf die reine Vermittlung wird nun im Folgenden diskutiert. Hier fließt dann auch die Produktgebersicht mit ein.

Hinweis: Honorarberatung erfolgt ohne Einfluss für und von Produkt-
anbieter(n)

Honorarberatung hat im definierten Sinne und mit ihrer marktübergreifenden Perspektive keine unmittelbare Relevanz für Produktanbieter. Die Berücksichtigung ihrer
Produkte in den Empfehlungen finanzwissenschaftlicher Gutachten oder risikopoli-
tischer Empfehlungen hat in der übergreifenden Form weder positive noch negative
Berührungspunkte oder Auswirkungen auf deren Funktion als Produktlieferant und
Angebotsersteller. Unmittelbar betroffen ist nur die abschließende Produktauswahl
und Beschaffung.

8.2 Vor- und Nachteile von Honorarvermittlung

Im Versicherungsbereich wird es mit Umsetzung der Versicherungsvermittlungsricht-
linie IDD in deutsches Recht vermutlich zu einem Anstieg der Versicherungsberater
(§ 34d Abs. 2 GewO) kommen. Der Status bietet neben der Beratung künftig auch die
Möglichkeit, auf Honorarbasis zu vermitteln.

Der Markt für Nettotarife wird – mit zunehmender Transparenz und Aufgeklärtheit der
Kunden – an Bedeutung gewinnen. Die Möglichkeit der Provisionsauskehr bei (verbleibenden) Bruttotarifen und der Bestandsschutz für auf Provisionsbasis vermitteltes Geschäft nehmen weitere Hemmnisse, in die Honorarwelt einzusteigen.

Der neu verankerte Versicherungsberater ist als Honorarvermittler nicht die Weiterentwicklung des Versicherungsberaters in der Prägung des § 34e GewO, sondern ein Versicherungsmakler in der Tradition des § 34d GewO mit erweiterten Möglichkeiten, Kundennutzen zu generieren.

Mit ihm wird die klassische Dreiecksbeziehung des Finanzdienstleistungsgeschäfts (vgl.
6.5.1 Überwindung des Prinzipal-Agent-Problems) entkräftet.

Vermittler und Kunde rücken aufgrund ihres reduzierten Interessenkonfliktes näher zusammen.

Die „Vertriebsbeziehung" zwischen Produktgeber und Vermittler löst sich auf und der
Vermittler wird zum Beschaffungsorgan seines Kunden. Er bestimmt, welches Produkt
er wann aus welchem Regal nimmt.

Die Beziehung des Produktgebers zu seinen Kunden wird weiterhin zunächst auf der
Service- und Leistungsebene vom Kunden wahrgenommen. Wahrscheinlich werden die
Produktgeber zusätzlich versuchen, auf direktem Wege einen „vertrieblichen" Zugang
zum Kunden zu erhalten, da der Weg über den Vermittler für sie nicht mehr (unmittelbar)
steuerbar ist.

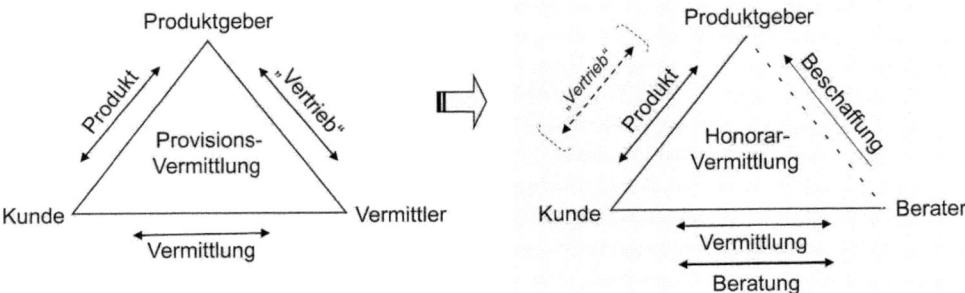

Abb. 41: Neue Rollenverteilung für Kunde, Berater und Produktgeber durch Honorarvermittlung
Quelle: eigene Darstellung

Die mit der Umstellung verbundenen Vor- und Nachteile werden nun jeweils aus Sicht der beteiligten Kunden, Berater und Produktgeber diskutiert.

8.2.1   Vor- und Nachteile aus Kundensicht

Grundsätzlich ist aus Kundensicht alles mit einem Vorteil verbunden, was für sie transparent und nachvollziehbar ist. Kunden, die sich einem Finanzdienstleistungsvermittler anvertrauen, suchen i.d.R. nicht den letzten „Anlagekick", sie wollen Lösungen, mit denen sie ruhig schlafen können.

- Hierzu müssen sie das, was sie entscheiden, verstehen. Eine bloße Gegenüberstellung von in Nettoprodukten nicht mehr vorhandenen Kick-backs und deren Effekte auf die Rendite, haben den gleichen Effekt, wie Anlageempfehlungen mit Hochrechnungen auf die Altersvorsorge mit einer prognostizierten Jahresrendite in Höhe von 9 %. Kunden haben viele Szenarien gesehen, nicht verstanden und inzwischen glauben sie auch größtenteils nicht mehr daran.

  Wenn die Produkte und deren unbestrittenen Nettovorteile prägnant und verständlich erklärt werden, kann es aus produktbezogener Sicht keine Nachteile für Kunden geben.

- Das was für sie neu und anders ist, ist die Notwendigkeit, für die Beratung und Vermittlung nun auch zu bezahlen. Und das auch bis zu einem gewissen Grad unabhängig davon, ob sie das Produkt kaufen oder nicht.

  An dieser Stelle wird gerne auch der Gerechtigkeitsaspekt bemüht, da Kunden im Provisionsmodell nur dann für die Vermittlung zahlen, wenn sie das Produkt auch erhalten. Der Vermittler schuldet den Vermittlungserfolg und teilt bei besonderen Risikokonstellationen das Interesse des Kunden, den entsprechenden Versicherungsschutz auch zu erhalten. (So etwas lässt sich aber auch in Honorarvereinbarungen regeln.)

- Schädliches beziehungsweise selbstschädigendes Verbraucherverhalten durch vorzeitiges Auflösen von Altersvorsorgeverträgen kann auch mit Honorarvermittlung nicht ausgeschlossen werden.

  Trotz vergleichsweise höherer Rückkaufswerte ist das Honorar für den Kunden verloren bzw. weiter zu bezahlen. Auch wenn die im Provisionsmodell vom Vermittler zurückgeforderte Provision auch nicht an den Kunden zurückgezahlt wird, erfolgen hier zumindest keine weiteren Zahlungen. Beitrag und Provision teilen das gleiche Schicksal.

- Durch den Verzicht auf ein (durchgängiges) Honorarannahmeverbot besteht das Risiko, doppelt zu zahlen, in dem neben der Honorarzahlung zusätzlich und unverhältnismäßig Provisionen (aus Kundenbeiträgen) an den Vermittler fließen.

- Vertrauen entsteht am wirkungsvollsten auf Augenhöhe. Der Vermittler muss die negativen Rendite-Effekte interner Kosten fundiert darstellen können. Der Kunde muss dazu in der Lage sein, diese nachzuvollziehen.

- Kunden bieten sich durch die Möglichkeit, Honorarvermittlung in Anspruch zu nehmen, zusätzliche Varianten in ihrem Beschaffungsverhalten. Aus ihrer Sicht kann es sinnvoll sein, sich von einem Provisionsvermittler (kostenfrei) beraten zu lassen und den Abschluss anschließend beim Honorarvermittler zu tätigen. Er umgeht das Risiko einer Honorarvereinbarung bei unklarer Beschaffungsabsicht und nutzt die Produktvorteile der Nettowelt. Zusätzlich kann er noch mit dem Honorarvermittler über das zu entrichtende Honorar verhandeln. (Verbraucher, die den Markt verstehen, müssen nicht geschützt werden.)

  In diesem Sinne können bei Versicherungsverträgen mit einmalig hohen Vergütungen wie in der Lebens- und Krankenversicherung und bei sehr hohen Prämiensummen in der Schadenversicherung bevorzugt Versicherungsberater aufgesucht werden. Kunden werden dazu in der Lage sein, dem Vermittler ein auskömmliches Honorar zu zahlen und eine noch viel höhere Provisionsgutschrift auf ihrem Prämienkonto zu erwirken. Geht es dagegen um prämienschwache Verträge, wird der billigere provisionsbezahlte Vermittler nachgefragt (Beenken M., 2016, S. 770).

- Provisionen sind aus Kundensicht so wenig schädlich wie alles andere, was danach beurteilt wird, ob es heute weh tut oder für einen aufgeschobenen Zeitraum irgendwie mit abgegolten werden muss. Der neue Fernseher bereitet mehr Freude als der Gedanke daran, dass die monatlichen Raten dafür noch nicht abgetragen sind.

  Lösungsansätze durch Stufentarife oder Ratenzahlungsvereinbarungen sind wiederum genau auf die damit verbundenen Kosten zu untersuchen. In den Fällen, wo Provisionsbeträge eins zu eins in Honorarforderungen umgewandelt werden, führt dieses zu entsprechenden Mehrbelastungen.

- Grundsätzlich stellt sich die Frage der Vergleichbarkeit und damit die Forderung nach Transparenz. Solange es ein klares Preisschild über die Kosten der Beratung im provisionsbasierten Finanzvertrieb gibt, kann nur eingeschränkt (ein wahrnehmbarer) Wettbewerb zur honorarbasierten Beratung entstehen. Das gilt unabhängig davon, wer im Einzelfall das bessere Modell anzubieten hat.

- Unabhängig von beiden Modellen geht es am Ende um den Vermittlungserfolg eines passgenauen Finanzproduktes für den Kunden. Diese Auswahl trifft ein fachlich versierter Vermittler unabhängig von der Form seiner Vergütung. Er muss beurteilen können, ob das Produkt das hält, was es verspricht und ob es auch dem Kundenbedarf entspricht.

Der erste Blick auf den Berater und Vermittler sollte aus Kundensicht immer auf seine persönliche, fachliche und soziale Kompetenz gerichtet sein. Und dann erst ist die Frage der Vergütung relevant.

8.2.2   Vor- und Nachteile aus Beratersicht

„Machst Du Deinen Kunden glücklich, stimmt Deine Provision" (Limbeck, 2016). Nach dieser einfachen Formel kann auch Finanzdienstleistungsvermittlung funktionieren. Wenn aber anstelle der Provision Honorare gefordert, in Rechnung gestellt und eingezogen werden sollen, ist hierfür ein höherer Aufwand erforderlich.

Der Erfolg ist darüber hinaus von verschiedenen regulatorischen Rahmenbedingungen abhängig und am Ende entscheidet darüber nicht der glückliche, sondern der vorab zahlungsbereite Kunde.

- Grundsätzlich hat ein Honorarvermittler alle Vorteile, die sich aus seiner unternehmerischen Freiheit der Vertrags- und Preisgestaltung ergeben. Er unterliegt keinen Vereinbarungen mit Produktgebern über die (einseitig veränderbare) Höhe und Zahlweise seiner Provision. Sein Honorar ist unabhängig von Rückforderungsansprüchen der Produktgeber (bei Storno) und i.d.R. bereits mit dem Vertragsschluss verdient.

- Der Honorarvermittler hat, je nach vorheriger Provisionshöhe, die Möglichkeit, seine Einnahmen aus der Vermittlung zu steigern, wenn er bisher mit einem Provisionssatz unter dem eingepreisten Provisionsdurchschnitt vergütet worden ist und sich bei der Honorarvereinbarung auf die Provisionskosten bezieht. „Bisher habe ich das (an dieser Stelle kann er den ausgewiesenen Durchschnittsbetrag zeigen) von der Gesellschaft bekommen und jetzt von Ihnen …".

- Darüber hinaus hat er vielfältige Möglichkeiten, durch die Auswahl und Beschaffung kostenoptimierter Nettotarife die Produktqualität für seine Kunden zu erhöhen. Der gestiegene Kundennutzen und Mehrwert führt zu zusätzlichen Verdienstmöglichkeiten.

- Preisverkäufer verkaufen sich dagegen im Honorarsystem erst recht deutlich unter Wert. Das strahlt dann auf die gesamte Branche aus und das Gegenteil von dem, was beabsichtigt war, wird erreicht.

- Die Kundenvorteile einer breiteren Auswahl an Beschaffungsmöglichkeiten (zwischen den Vermittlern mit jeweils unterschiedlichen Vergütungsmodellen) können sich im Umkehrschluss nachteilig für die Vermittler auswirken, die sich zu eng am alternativen Provisionsmodell orientieren.

- Honorarvereinbarungen schützen die Berater dagegen vor FinTechs. Wenn der Kunde ein Vermittlungshonorar gezahlt hat oder ratierlich zahlt, wird er nicht – ohne nachzufragen – eine APP nutzen, um weitere Mandate zu erteilen.

- Im Rahmen von Bestandskundenterminierungen stößt man nicht immer auf die ungeteilte Freude auf Seiten der Kunden, dass der Vermittler endlich mal wieder vorbeischauen und bei der Gelegenheit auch etwas optimieren möchte.

  Neue Lücken, neue Lösungen etc. – Kunden wissen um den Vermittlungsdruck und reagieren daher oft abwehrend: „Bei uns passt alles." „Wir lassen alles, wie es ist." „Rufen Sie nach Ostern wieder an."

  Selbstverständlich wäre es für den Vermittler besser, wenn er diesem Druck nicht ausgeliefert wäre. Er könnte seine Kunden unabhängig von Vermittlungsergebnissen zu ihren Verträgen beraten und einfach auch einmal feststellen, dass es tatsächlich nichts zu optimieren gibt. Warum aber sollten Kunden ihm dafür ein Honorar zahlen?

  In der Praxis wird Honorarvermittlung daher wenn möglich auf Honorarberatung folgen. Zumindest sollte mit ihr mehr als die Kopie des Provisionsmodells verbunden sein.

Wenn bei Honorarvermittlung die Frage der Optimierung der Produktqualität vor der Suche nach Optimierungsmöglichkeiten der Vermittlungsvergütung steht, sind damit vielfältige Entwicklungsmöglichkeiten verbunden. Finanzdienstleistungsmärkte sind in Bezug auf provisionsbelastete Verträge gesättigt. Für prägnant und nachvollziehbar vermittelte (kostenoptimierte) Nettotarife bzw. deren Vermittler bietet sich noch umfangreiches Wachstumspotenzial.

8.2.3 Vor- und Nachteile aus Produktgebersicht

In der Brust eines Produktgebers schlägt zum einen das Herz des Aktuars, der sich mit der Auslagerung der Vergütungsaufwendungen in die Sphäre des Vermittlers durchaus anfreunden kann. Zum anderen versucht dort aber auch der Vertriebsverantwortliche für den Takt und die Schlagzahl zu sorgen, mit der die Produkte verkauft werden. Ein profitabler Tarif muss verkauft werden, um zum Unternehmensergebnis beizutragen.

- Da auch für Spartenverantwortliche „das Hemd näher als der Rock" ist, gibt es aus Sicht vieler Produktgeber insgesamt kein besseres Modell als das Provisionsmodell und auch kein gerechteres. Aufgrund der Erfolgsabhängigkeit muss der Makler seine (Vermittlungs-)Leistung erbringen. Davon hängt sein Einkommen ab und damit ist er (im Sinne des Unternehmens) steuerbar.

- Die Vermittlungsleistung ist ein komplementäres Gut zum Finanzprodukt selbst. Der Preis und die Menge des nachgelagerten Produktes sind von der vorgelagerten Beratung und Vermittlung abhängig. Erfolgen diese scheinbar kostenlos, hemmen sie den Kunden nicht in seiner Kaufentscheidung. Ist dafür ein (laufendes) Honorar zu zahlen, reduziert sich das laufende Budget des Kunden.

- Möglicherweise nimmt er keine Beratung mehr in Anspruch, da ihm diese zu teuer erscheint. Dann kauft er auch keine weiteren Produkte.
- Produktgeber nehmen keinen (vielleicht einen geringen) Einfluss darauf, ob, wie und in welcher Art und Weise, Vermittler Honorarprodukte verkaufen.

  Honorarvermittler bestimmen selbstständig die Kriterien, nach denen sie zu vermittelnde Produkte auswählen. Sie sind unabhängig und nicht mehr empfänglich für monetäre oder motivatorische Steuerung, der Absatz wird unplanbarer.
- Produktgeber wissen nicht mehr, wie ihre Produkte erklärt werden, welche Eigenschaften besonders gut (oder schlecht) herausgestellt werden. Bei überzogenen Honorarforderungen unterscheidet der Kunde nicht zwischen Honorarvermittler und Produktgeber. Vorzeitige (schlimmer noch vorvertragliche) Auflösungen und gleichzeitig aufrecht erhaltende Honorarforderungen werden ihnen aus Kundensicht ebenfalls angelastet.

  Hierdurch entstehen Reputationsrisiken, die neu zu steuern sind. Markenbildung und Pflege werden vor neue Herausforderungen gestellt.

Das Ausmaß von Honorarvermittlung ist im Finanzdienstleistungsgeschäft noch nicht so ausgeprägt, dass die vorangestellten Fragen ernsthafte Komplikationen in den Unternehmen auslösen könnten.

Finanzdienstleistungsunternehmen treten nicht für den Verbraucherschutz sondern für ihr Geschäft an. Sie werden konsequenterweise weiterhin versuchen, einen möglichst großen steuernden Einfluss auf das auszuüben, was ihren Erfolg beeinflusst. Alles andere wäre unprofessionell.

Wenn der Kunden- und Vermittlermarkt sich deutlich in die Honorarwelt entwickeln, werden die Produktgeber diese Entwicklung mitgehen. Sie werden dann (wie ansatzweise bereits praktiziert) andere Wege der vertrieblichen Steuerung einschlagen.

Die mit Honorarberatung und -vermittlung verbundenen Transparenzdiskussionen sind bereits fester Bestandteil des Marktes. Herkömmliche Vertriebssteuerung – möglicherweise noch mit dem Anspruch von Vertriebsführung – wird es in dieser Form daher keineswegs mehr geben können.

9 Einstieg in die Honorarberatung und -vermittlung

Abschließend werden nun die beiden wesentlichen Handlungsfelder beschrieben, die mit dem Umstieg in die Honorarberatung und -vermittlung wesentlichen Einfluss auf einen erfolgreichen Start in das neue Geschäftsfeld haben.

Mit der SWOT-Analyse wird das entwickelte Geschäftsmodell einem Tauglichkeitstest unterworfen (vgl. 8.1 Tauglichkeits-Prüfung für Honorarberatung). Aus der Analyse und Gegenüberstellung entstehen Handlungsanweisungen, deren Umsetzung ohne Unterstützung erfahrener Marktteilnehmer unverhältnismäßig aufwendig und investitionsintensiv sein kann. Honorarberater und -vermittler werden nicht alle Aufgaben alleine lösen können. In einer frühen Umstiegs- bzw. Entwicklungsphase stellt sich (noch) nicht die Frage nach (weiteren) Personalinvestitionen. Hier sind zunächst verlässliche Netzwerke und erfahrene Kooperationspartner wichtig. Entsprechende Kooperationen sind zu organisieren.

Ein auf Erfolg programmiertes und organisiertes Beratungsunternehmen kann nur dann die erforderlichen Ergebnisse erzielen, wenn die darin und vor allem dafür arbeitenden Menschen dieses mit Leben und vor allem Kunden füllen. In diesem Sinne wird anschließend das Profil einer (Honorar-)Beraterpersönlichkeit beschrieben. Die wesentlichen und vor allem zusätzlich erforderlichen Kompetenzen werden herausgestellt. Ebenso erfolgt ein Überblick über Möglichkeiten und Anbieter, sich hierfür zu qualifizieren.

9.1 Organisation von Kooperationen

In Kooperationen arbeiten rechtlich und wirtschaftlich selbstständige Unternehmer/Unternehmen zur Steigerung der (gemeinsamen) Wettbewerbsfähigkeit zusammen. Die Intensität der Zusammenarbeit reicht vom regelmäßigen Informationsaustausch bis zur Gründung von Gemeinschaftsunternehmen (Brich, 18. Aufl., 2014, S. 1865).

Kooperationen werden aus strategischen Gründen gebildet. In diesem Zusammenhang wird auch von strategischen Allianzen und strategischen Netzwerken gesprochen (Trommsdorff, 2007, S. 164). Das heißt, Kooperationen erfolgen zielgerichtet und orientieren sich an der eigenen Strategie im Sinne der verfolgten operativen Leitlinie in einem sich weiterentwickelnden Umfeld (vgl. 4 Relevante Rahmenbedingungen und Marktentwicklungen).

Demzufolge ist es ratsam, gezielt an den Stellen Partner zu suchen, wo sie im eigenen Geschäftsmodell (aufgrund fehlender Expertise oder noch nicht vorhandener Ressourcen) fehlen. Ziellos eingegangene Kooperationen führen dagegen oft zu Missverständnissen und Enttäuschungen, weil nicht vorab konkret beschrieben und verbindlich vereinbart wird, wo genau das eigene Angebot oder die eigene Wertschöpfungskette ergänzt werden sollen.

Horizontale Kooperation/Netzwerk

Die Gestaltung von Kooperationen kann „horizontal" mit Mitbewerbern, die gleichartige Leistungen anbieten, erfolgen und ist dann abhängig vom (kunden- und fachbezogenen) Spezialisierungsgrad des Unternehmers (vgl. 6 Geschäftsideen für Honorarberatung). Horizontale Kooperationen werden auch als Netzwerk bezeichnet.

In einem Geschäft, in dem auf der einen Seite Kunden gleichermaßen komplexe und umfassende Anforderungen stellen und auf der anderen Seite erfolgreiche Geschäftsmodelle auf Konzentration basieren, empfiehlt es sich, bei über den eigenen Leistungskatalog hinausgehenden Anfragen auf ausgewählte Netzwerkpartner verweisen zu können.

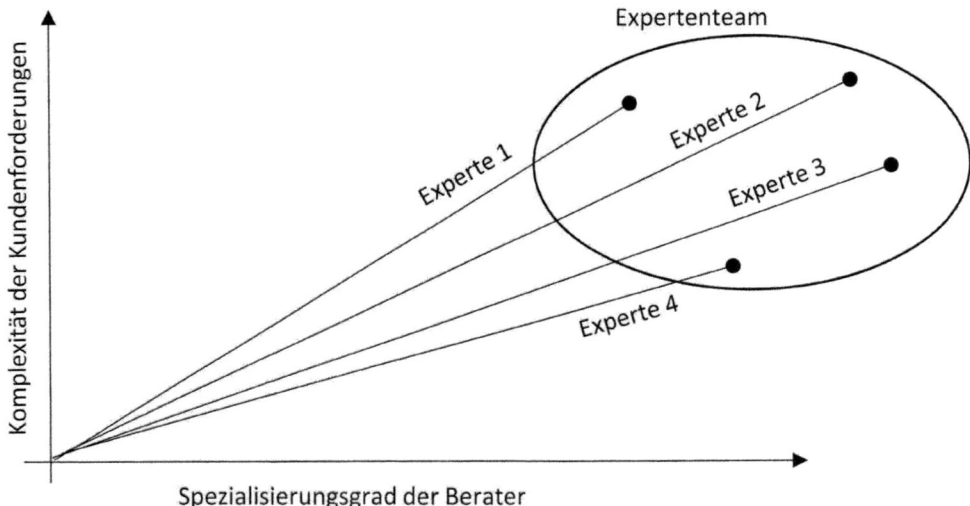

Abb. 42: Kooperation im Expertennetzwerk
Quelle: eigene Darstellung

Die Zusammenarbeit mit Steuerberatern oder Rechtsanwälten ist inzwischen eine verbreitete Form der Kooperation von Finanzdienstleistern. Ein Netzwerk mit anderen Finanzdienstleistern wird erfahrungsgemäß skeptisch gesehen. Die Angst, „seinen" Kunden zu verlieren oder die Befürchtung, dass dieser dann kein Geld mehr für die eigenen Produkte übrig hat, versperren häufig den Blick auf die Möglichkeit, sich zu professionalisieren.

Misstrauen entsteht i.d.R. aus der Befürchtung, dass der andere das tut, was man selbst auch tun würde. Auch hier bestimmt die Einstellung das Ergebnis.

Grundsätzlich steht daher die kollegiale Zusammenarbeit zwischen Beratern und Vermittlern vor der Herausforderung, möglichst „gleichgesinnte" Partner zu finden. Eine Basis dafür kann zumindest die Grundüberzeugung von den Vorteilen des Honorarmodells sein.

Sind die inneren Hürden überwunden, ist auch gegenüber Kunden für Transparenz und Verbindlichkeit zu sorgen. In der Regel werden es Kunden wertschätzen, wenn sie nach einer (individuellen und marktübergreifenden) Honorarberatung von der fachlichen Expertise verschiedener Vermittlungsexperten in verschiedenen Bereichen profitieren.

Sie erwarten allerdings ein einheitliches und übergreifendes Vergütungskonzept, in dem nach einheitlichen Leistungskriterien abgerechnet wird. Die kooperierenden Berater sollten sich daher sehr genau darüber einigen, wie und in welcher Höhe abgerechnet wird.

Ebenso unglücklich wie die Durchmischung mit Provisionsvermittlung wäre es, (möglicherweise noch unterschiedlich hohe) Stundensätze mit eingepreisten Leistungsmodulen zu vermischen.

Darüber hinaus empfiehlt es sich, einen einheitlichen Zahlungsstrom zu verabreden und im Innenverhältnis zu verteilen.

Ein weiterer und wichtiger Aspekt horizontaler Kooperationen sind organisierte Netzwerke in Form von Verbänden. In der recht jungen Branche der Honorarberatung gibt es – auch im Hinblick auf die Anzahl der Berater – Ansätze eines eher heterogenen Verbandswesens.

Dieses folgt den sehr verschiedenen Geschäftsmodellen und Leistungsangeboten und oft auch regionalen Kriterien. Neben eingetragenen Vereinen gibt es Initiativen und Geschäftsmodelle, die zur gegenseitigen werblichen Unterstützung oder dem Angebot einer Plattform dienen.

Wie auch in der klassischen Finanzdienstleistungsvermittlung gibt es hier nicht „den" einen Verband, der umfassend und meinungsbildend zur öffentlichen und vor allem politischen Meinungsbildung beiträgt. (Diese Rolle übernehmen wahrnehmbarer die führenden Dienstleister aus diesem Segment.)

▶ Exkurs: Verbände für Honorarberater

Einige dieser Initiativen und deren breit gefächerte Positionierung werden hier kurz vorgestellt.

Übergreifend tätig ist z.B. der Berufsverband deutscher Honorarberater e. V. (www.deutsche-honorarberater.de) und die Bundesinitiative der Honorarberater (www.honorarberatung-bundesinitiative.de).

Als berufsständische Vereinigung der Versicherungsberater ist der BVVB **Bundesverband der Versicherungsberater e. V.** (www.bvvb.de) organisiert und im Segment der Versicherungsberater umfassend und auffallend strukturiert vertreten.

Nicht auf Honorarberater beschränkt, jedoch für diese geeignet, sind die Zusammenschlüsse, die sich zum Ziel gesetzt haben, die Qualität in der Finanzplanung und Vermögensverwaltung zu fördern und zu fordern. Eine Mitgliedschaft ist mit besonderen Anforderungen verbunden, sie dient auch zum Nachweis der Qualität der eigenen Beratung.

Hierzu zählen z.B. die **Deutsche Gesellschaft für Finanzplanung e. V.** (www.finanzplanung.de), der **Deutsche Verband Financial Planners** (www.dvfp.de) und der VuV – **Verband unabhängiger Vermögensverwalter Deutschland e. V.** (www.vuv.de).

Weitere Initiativen mit Bezeichnungen, die eine Verbandsarbeit suggerieren, bieten Beratern eine Plattform, sich dort werblich – gewissermaßen im Honorarberater-Branchenbuch – darzustellen, wie bspw. der **Verband Bundesweite Honorarberatung** (www.bundesweitefinanzberatung.de).

Weitere „Verbände" dienen zum Einstieg in Vertriebspartnerschaften, z.B. mit der Deutschen Honorarberatung über den **Bundesverband der Honorarberater e. V.** (www.honorarberater-bundesverband.de).   ◄

Vertikale Kooperation/Geschäftspartnerschaft mit Dienstleistern

In der Form der „vertikalen" Kooperation lagern Unternehmen bestimmte Teile ihrer Wertschöpfungskette aus beziehungsweise lassen sich bei der Umsetzung bestimmter Aufgaben unterstützen.

Im Finanzdienstleistungsgeschäft werden vertikale Kooperationen neben reinen Dienstleistungsunternehmen durch Pools oder Verbünde organisiert. Auch wenn die Beteiligten nicht unmittelbar gemeinsame Wettbewerbsziele verfolgen, organisieren sie jeweils die Realisierung für die bei ihnen angeschlossenen Partner. Man kann also von mittelbarer Kooperation oder Geschäftspartnerschaft sprechen.

Berater und Vermittler, die sich einem Pool anschließen, treten Dritten gegenüber nicht als eigenständige Geschäftspartner auf und sind Untervermittler des Pools. In der – für Honorarberatung üblichen – Verbund-Variante stellt sich der Dienstleister nicht zwischen die Geschäftsbeziehungen, er ermöglicht und organisiert den Zugang zu (ausgewählten) Produktgebern (Meyer, 2016, S. 32).

Im Rahmen der Stärken/Schwächen-Analyse wurde das entwickelte Geschäftsmodell u.a. danach bewertet, inwieweit die zur Umsetzung der Geschäftsidee und zum Aufbau des Leistungskatalogs erforderlichen Ressourcen vorhanden sind. Noch nicht vorhandene Ressourcen wurden als „Schwächen" eingestuft und die Relevanz den Marktanforderungen gegenübergestellt.

Treffen nun z.B. diagnostizierte Schwächen auf Markt-Chancen, wird in der empfohlenen Strategie „absichern" alles dafür getan, das erfolgversprechende Geschäftsmodell gegen ein Scheitern bei ansonsten günstigen Voraussetzungen abzusichern.

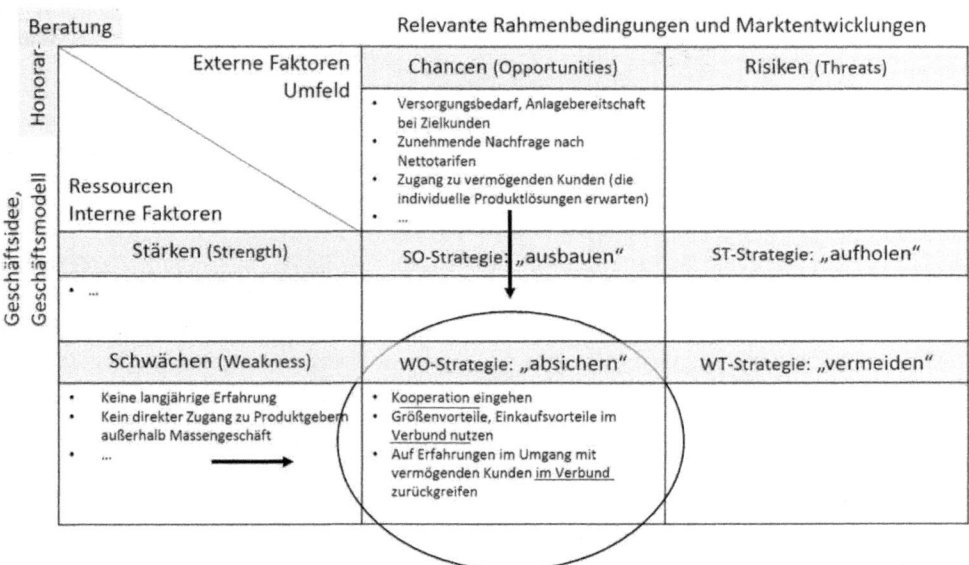

Abb. 43: Kooperationspartnersuche als Handlungsanweisung aus der SWOT-Analyse
Quelle: eigene Darstellung

Insbesondere in der Anfangsphase kann der einzelne Berater entsprechend z.B. noch nicht auf umfangreiche Zugangswege zu Produktgebern und insbesondere auf ihm zur Verfügung gestellte Sonderlösungen zurückgreifen. An dieser Stelle empfiehlt es sich, sich Partner zu suchen, um Größenvorteile bzw. wie in diesem Fall Einkaufsvorteile durch Größe zu nutzen.

► Exkurs: Klassische Pools und Honorarvermittlung

Die **klassischen Pools** bieten zum Teil auch Unterstützung und Abwicklung für Honorarvermittlung an. Gerade die Verbreitung der Nettotarife im Lebensversicherungsgeschäft führt dazu, dass sie sich dieser Entwicklung nicht verschließen. So bietet z.B. der Maklerpool Jung DMS & Cie. mit „easynetto" eine eigene Honorarvermittlerplattform, mit der angeschlossene Poolpartner auf ein breites Spektrum von Nettotarifen zurückgreifen können. Zusätzlichen Service erhalten Makler bei der Honorarermittlung mit einem Honorarermittlungstool und die Möglichkeit, sich im Rahmen eines Vordiskontierungsmodells vorab in voller Höhe vergüten zu lassen, während der Kunde das Honorar in Raten abträgt. ◄

Für das Segment der Honorarberatung gibt es spezialisierte Pools beziehungsweise Verbünde. Ein in diesem Segment etablierter Verbund kann gerade in der Anfangsphase mehr bewirken als ein einzelner Berater. Er kann ihm buchstäblich den Rücken freihalten, um sich auf viele andere wichtige Dinge, insbesondere in der Kommunikation mit seinen Kunden, zu konzentrieren.

Darüber hinaus organisieren sie auch den kollegialen Austausch der Berater untereinander und übernehmen damit gewissermaßen die Netzwerkorganisation eines Verbandes.

Die Kundenkommunikation ist ein anderes Beispiel für ein Feld, in dem sich Kooperationen auszeichnen können. Darin stehen eigene Stärken (Verkäuferpersönlichkeit, Kommunikationsstärke) und Marktchancen (grundsätzliches Interesse am Geschäftsmodell, Bedürfnis, sich vorab ein Bild zu machen) gegenüber. Die SO-Strategie (der SWOT-Analyse) heißt „ausbauen". Hierzu bieten verschiedene Dienstleister die Möglichkeit, seinen Internetauftritt zu professionalisieren, relevante Themen und Inhalte vorzubereiten oder auch eigene Videos zu produzieren, um die eigene Persönlichkeit potenziellen Kunden zielgerichtet vorzustellen.

Mit der Rechnungstellung und dem selbst zu organisierenden Inkasso entsteht für den Honorarberater ein zusätzliches Arbeitsfeld, dem er ein hohes Maß an Aufmerksamkeit widmen sollte. Neben organisatorischen Punkten ist das (wie übrigens auch bei sehr vielen Freiberuflern) ein eher unbeliebtes Thema. Auch hier bieten Dienstleister die Möglichkeit zur Auslagerung.

Einige Anbieter haben ihre Expertise im Nettogeschäft genutzt, um als Spezialanbieter Dienstleister und Serviceplattform für mit Mischmodellen arbeitende Makler zu sein. Ab 2018 können sie im Versicherungsgeschäft zusätzlich mit Versicherungsberatern zusammenarbeiten.

Die drei im Marktsegment besonders aktiven Spezialisten sind die con.fee AG, Honorar-Konzept GmbH und der VDH Verbund Deutscher Honorarberater GmbH (Meyer, 2016, S. 8).

Spezialisierter aufgestellt sind die Deutsche Verrechnungsstelle für Versicherungs- und Finanzdienstleistungen AG (dvvf) als spezialisierter Zahlungsdienstleister und die Vinea-Makler-Service GmbH als ausschließlicher Vertriebs- und Verwaltungsmanager für Nettotarife der Basler Versicherungen.

Die Anbieter bedienen grundsätzlich jeden nach der GewO zugelassenen Berater und Vermittler sowie Honoraranlageberater (con.fee AG, VDH GmbH). Sie definieren gewisse Voraussetzungen an eine Zusammenarbeit, die auch über die IHK-Erlaubniserteilung mit aktueller Bonitätsprüfung hinausgehen kann (Business-Plan, Berufserfahrung).

Das Leistungsspektrum umfasst die Bereiche der Aus- und Weiterbildung sowie des Factorings und des Inkassos. Sie bieten darüber hinaus auch werbliche Unterstützung und vor allem natürlich die Produktbeschaffung und eine umfassende technische Unterstützung an.

Die Vergütung erfolgt durch die angeschlossenen Partner in Form von Servicepauschalen, Entgelte für Aus- und Weiterbildung und im geringen Teil auch durch Vergütungen von Produktgebern (Meyer, 2016, S. 12).

Es empfiehlt sich, sich intensiv mit den relevanten Dienstleistern und Verbünden im Honorargeschäft zu beschäftigen. Ein wirklich unabhängiger Schritt in die Honorarberatung ist auch mit einer kritischen Würdigung ihrer verschiedenen Geschäftsmodelle verbunden. Der erste Schritt ist immer die eigene Meinung.

▶ **Exkurs: Dienstleister für Honorarberater**

Die Anbieter werden hier in alphabetischer Reihenfolge vorgestellt. Eigene Recherchen können auf den Internetseiten der Anbieter vorgenommen werden. Regelmäßig angebotene Webinare und Einstiegsveranstaltungen verschaffen einen weiteren Einblick.

con.fee AG

Die con.fee AG[53] ist ein (seit 2005) etablierter Dienstleister im Honorargeschäft, der (bislang) für einen Übergang in die Honorarberatung mit den Möglichkeiten von Mischmodellen geworben hat.

„Gute oder schlechte Beratung ist nicht von der Vergütungsform abhängig. Der Kunde soll darüber entscheiden, in welcher Form unabhängige Beratung vergütet wird." (Teicher, Interview mit Thomas Meinhardt, Vorsitzender des Vorstands der con.fee AG, 2016).

Das Unternehmen engagiert sich in diesem Sinne für eine höhere Beratungsqualität und möchte dazu beitragen, dass sich eine Beratungskultur entwickelt, die von hoher öffentlicher Anerkennung der Berater gekennzeichnet ist. Hierzu sollen vor allem Transparenz und Fairness in der Beratung positiv herausgestellt werden (www.confee.de).

Neben einzelnen Beratungsformaten (zum Beispiel Generationenberatung) sieht das Unternehmen auch künftig den Schwerpunkt bzw. Kern des Finanzdienstleistungsgeschäftes in der Vermittlung (Teicher, Interview mit Thomas Meinhardt, Vorsitzender des Vorstands der con.fee AG, 2016). Hierzu können die **con.fee**-Partner Leistungspakete in verschiedenen Ausprägungen nutzen und individuell ergänzende Leistungen kaufen. Die Basisleistungen umfassen den Zugang zu Honorartarifen der Versicherer in Leben, SUH und Rechtsschutz sowie ein breites Spektrum von Finanz- und Kapitalanlageprodukten. Ebenso steht eine Netto-Depotplattform mit Zugang zu verschiedenen Fondsbanken zur Verfügung (www.confee.de).

Das Produktspektrum beinhaltet auch exklusive Nettoprodukte, wie zum Beispiel die con.fee Weltmarktpolice, die als fondsbasierte Rentenversicherung auf Exchange Traded Funds (ETF) und Assetklassen-Fonds setzt. Im Nettodepot werden ebenfalls für verschiedene Anlageklassen Musterdepots mit unterschiedlichen Risiko-Rendite-Profilen zur Verfügung gestellt. Für die in der Form betreuten Depots reduziert sich damit der Berater-Aufwand im Rebalancing und für Folgetransaktionen. Realwertanlagen runden das besondere Netto-Produktspektrum ab (Czotscher, 2015, S. 8).

---

53   con.fee AG, Hegelstraße 14, 53177 Bonn.

Durch Kooperation mit einem klassischen Pool erhalten Geschäftspartner auch Zugriff zu allen Provisionstarifen mit entsprechenden Serviceleistungen.

Das Unternehmen übernimmt die Kickbackabrechnung und stellt verschiedene Werkzeuge, wie Kosten- und Renditevergleichsrechner oder Muster-Vergütungsvereinbarungen für das Beratungsgeschäft zur Verfügung. Neben verschiedenen Weiterbildungsformaten können angeschlossene Berater den Honorarabrechnungsservice in Anspruch nehmen.

Die Aufnahme und Einweisung erfolgt im Rahmen von Einführungsseminaren und (Intensiv-)Workshops. Zur weiteren fachlichen Qualifizierung und Weiterbildung ihrer Partner hat das Unternehmen die con.fee Akademie gegründet. Im Mittelpunkt steht die Vermittlung und Vertiefung der Beraterkompetenz (www.confee.de).

Die Vorzüge ihres Unternehmens beschreiben die Eigentümer mit Unabhängigkeit sowie einem wettbewerbsstarken und umfangreichen Produktangebot. Die eigene Dienstleistung zeichne neben einem guten Preis-Leistungs-Verhältnis die intensive Betreuung der angeschlossenen Partner aus (Meyer, 2016, S. 16).

Deutsche Verrechnungsstelle für Versicherungs- & Finanzdienstleistungen AG (dvvf)

Die Deutsche Verrechnungsstelle[54] ist ein bundesweit tätiger Zahlungs-Dienstleister für Vermittler und Berater. Als registriertes Inkasso-Institut übernimmt sie das Debitorenmanagement von Honorarforderungen ihrer (ca. 300) Geschäftspartner.

Kerngeschäft des Unternehmens ist somit die Organisation und Abwicklung von Zahlungsströmen. Das umfasst die Rechnungserstellung und -versand, die Überwachung von Zahlungseingängen, das Bearbeiten von Rücklastschriften sowie Buchungen und das Mahnwesen.

Ein zusätzliches Angebot besteht in der Factoring-Vermittlung.

Neben der betriebswirtschaftlichen Betrachtung (make or buy) des Outsourcings dieser für Honorarberater elementaren Funktionen wird die Entscheidung zur Übertragung des Inkassos an die dvvf oft auch aus persönlichen Gründen getroffen.

„Ein externer Dienstleister stellt sich nicht zwischen die persönliche Beziehung des Beraters zu seinem Kunden. In der Außenwirkung stellt sich der Berater damit außerdem deutlich professioneller auf. Strukturierte und automatisierte Prozesse sorgen für Verbindlichkeit, die nicht zu erreichen ist, wenn die Aufgaben – quasi nebenbei – im Vermittlerbetrieb erledigt werden (müssen)." (Teicher, Interview mit Michael Hillenbrand, Vorstand der dvvf, 2017).

Die Verrechnungsstelle unterstützt Makler vorab mit der Entwicklung neuer Vergütungsmodelle und Ratenzahlungsmodellen bei größeren Honoraren. Die Zahlungs-Gestaltung mit Integration der Raten in die monatlichen Prämienzahlungen oder

---

[54] Deutsche Verrechnungsstelle für Versicherungs- & Finanzdienstleistungen AG, Randersackerer Straße 51, 97072 Würzburg.

Fragen der Vorfinanzierung durch Factoring werden ebenso übernommen wie Zahlungsabsicherungen oder die Übernahme des Ausfallrisikos (www.dvvf.de).

Die Abrechnung mit den angeschlossenen Partnern erfolgt im laufenden Prozess wöchentlich.

Durch die Spezialisierung ist die dvvf AG dazu in der Lage, ansonsten einzelne und aufwendige Wertschöpfungsketten aufzubrechen und durch die Zusammenführung und Bündelung industrialisierte Prozesse zu organisieren. Die Herstellungskosten sinken für alle Beteiligten und bewirken insgesamt eine kostenreduzierte Finanzdienstleistung.

Das Unternehmen unterstützt Versicherungsvermittler bei der Umsetzung von alternativen Vergütungsmodellen. Es berät Vermittler in Fragen der Honorargestaltung und bei der Entwicklung von Geschäftsansätzen. So entwickelt das Team um Vorstand Michael Hillenbrand ständig neue Ideen und Ansätze, Kunden- und Beratervorteile in Einklang zu bringen und bestehende Portfolios und Produkte zu optimieren (Kfz-Portfolios, KV-Optimierung, LV-Widerruf).

In bundesweiten Seminaren und auf Vortragsveranstaltungen gibt die dvvf Hinweise und Hilfestellungen, sich mit Honorarberatung auseinander zu setzen. Praktische Hinweise liefert das von ihr herausgegebene Buch „Honorarmodelle für Versicherungsvermittler – Der Sprung in die Freiheit".[55]

Die besondere Form ihrer Dienstleistung beschreibt die dvvf damit, dass sie der einzige Dienstleister ist, der keine Vermittlungsvereinbarungen mit Produktanbietern unterhält und keine Provisionen, Kick-backs, o.ä. erhält (Meyer, 2016, S. 16). „Das Unternehmen steht vollständig im Lager der Berater und Vermittler." (Teicher, Interview mit Michael Hillenbrand, Vorstand der dvvf, 2017).

HonorarKonzept GmbH

Die HonorarKonzept GmbH[56] ist ein Schwesterunternehmen[57] der myLife Lebensversicherung AG[58], die als einziger Lebensversicherer in Deutschland ausschließlich Netto-Tarife anbietet und mit dem Unternehmen potenziellen Vertriebspartnern einen leistungsstarken Full-Service-Dienstleister für das Honorargeschäft an die Seite stellt.

Die HonorarKonzept GmbH versteht sich als **eine der führenden Serviceplattformen für die Honorarberatung im Bereich Finanzen und Versicherungen**. Sie definiert ihr Leistungsversprechen in der Unterstützung von Maklern beim Auf- und Ausbau der Honorarberatung (www.honorarkonzept.de).

Das Dienstleistungsspektrum umfasst **alle Bausteine, die Makler für eine wirkungsvolle Honorarberatung benötigen**. Dazu zählen der Zugang zu einem um-

---

55   Baier, 2012.

56   HonorarKonzept GmbH, Von-Bar-Str. 2/4, 37075 Göttingen.

57   Eigentümer beider Unternehmen ist die Inlife Holding Deutschland GmbH & Co. KG, die beide Unternehmen in 2018 von der Augur FIS Financial Opportunities II SICAC übernommen hat.

58   myLife Lebensversicherung AG, Herzberger Landstraße 25, 37085 Göttingen (ex Ageas, ex Fortis).

fangreichen Spektrum an Nettoprodukten, die Unterstützung bei der Vertragsgestaltung und die Übernahme des Forderungsmanagements.

Neben eigenen Fortbildungsveranstaltungen in Form von Webinaren und Seminaren unterstützt das Unternehmen die Weiterbildung seiner Partner bei externen Bildungsanbietern (z.B. EBS, vgl. 9.2 Beraterpersönlichkeit und Qualifizierung).

Die technische Unterstützung erfolgt auf einem hohen benutzerfreundlichen Niveau und wird stetig weiterentwickelt. Mit der Tablet World von HonorarKonzept arbeiten die Berater auf einem professionellen Niveau mit ihren Kunden. Sämtliche Kundendaten sind digital verfügbar, neue Unterlagen können unmittelbar erfasst und ausgewertet werden.

Leistungsvergleiche, Angebotserstellung und Kundenverwaltung werden ebenso wie digitale Honorarprozesse umfassend zur Verfügung gestellt.

Das Leistungsspektrum ist modular aufgebaut (Business-, Professionell-Paket) und kann optional ergänzt werden (Prozess-, Master-Option). Mit der Master-Option bietet das Unternehmen ein Intensivcoaching zur strategischen Positionierung seiner Partner an. Diese Unterstützungsleistung versteht die HonorarKonzept GmbH als ihre Kernkompetenz (www.honorarkonzept.de).

Eine besondere Form der Betreuung erfahren die angeschlossenen Berater mit einer fortwährenden regionalen Betreuung durch Business-Coaches. Damit unterscheidet sich das Unternehmen von anderen Dienstleistern in diesem Segment.

Ein umfangreiches regionales Veranstaltungsprogramm ermöglicht darüber hinaus den intensiven Austausch der Partner untereinander.

Für Neueinsteiger geht es (auch in diesen Treffen) zuerst immer darum, Hemmnisse abzubauen. „**Makler sollten sich nicht selbst die Barrieren für einen Umstieg in die Honorarberatung in den Weg legen**". (Teicher, Interview mit Volker Britt, Geschäftsführer der HonorarKonzept GmbH, 2016).

So führen in vielen anderen Bereichen fortschrittliche Entwicklungen ganz selbstverständlich dazu, seine Kunden auch daran teilhaben zu lassen. „**Kein Zahnarzt** – beschreibt Geschäftsführer Volker Britt treffend – **hat bisher einen Kunden verloren, nur weil er das zuvor verwendete Amalgam aufgrund neuerer Erkenntnisse gegen ein anderes Füllmaterial ausgetauscht hat.**" (Teicher, Interview mit Volker Britt, Geschäftsführer der HonorarKonzept GmbH, 2016).

Entsprechend sieht das Unternehmen die wesentlichen Vorzüge der Zusammenarbeit im Konzept der vor Ort-Betreuung und in dem hohen technischen Standard (Meyer, 2016, S. 16).

Die HonorarKonzept GmbH bietet damit ein umfangreiches Leistungsangebot für eine intensive Zusammenarbeit, das zum Teil die reine Dienstleisterfunktion übertrifft.

VDH GmbH Verbund Deutscher Honorarberater

Der VDH[59] wurde bereits 2000 als erster Service- und Solutionprovider für Honorarberater gegründet und versteht sich als Marktführer unter den Dienstleistern.

Aufgrund der Vehemenz, mit der sich der Geschäftsführer Dieter Rauch für die **Etablierung einer reinrassigen Honorarberatung** einsetzt, wird der VDH häufig auch als Verband wahrgenommen und entsprechend um politischen Rat gefragt oder journalistisch zitiert.

Tatsächlich beinhalten die im Businessplan des Unternehmens hinterlegten Ziele auch klare politische Stoßrichtungen. Neben dem Kerngeschäft, der **Entwicklung und Bereitstellung der gesamten Infrastruktur für Honorarberater**, standen von Beginn an übergreifende Ziele wie die **Schaffung des Berufsbildes „Honorarberater", die gesetzliche Verankerung der Honorarberatung** und **gesetzliche Normierung von Honorartarifen im Versicherungssegment** im Fokus des Unternehmens. Das alles ist mit dem Anspruch verbunden, an der **Schaffung einer verbraucherfreundlichen Beratungskultur im Finanzmarkt** mitzuwirken (Rauch, 2. Aufl., 2013, S. 153).

Wesentliche Ziele davon sind bereits umgesetzt, das Engagement den anderen Ansprüchen noch gerecht zu werden, ist auch medial deutlich wahrnehmbar. Als bspw. in den frühen Diskussionen zur Umsetzung der Versicherungsvertriebsrichtlinie IDD noch ein mögliches Provisionsverbot diskutiert wurde, forderte der VDH stattdessen bereits ein Honorarverbot, auf das erst kurz vor der abschließenden Lesung im Bundestag verzichtet worden ist.

Der VDH versteht sich *als* **verlässlicher Partner für Geschäftspartner, Medien und Verbraucherschützer zur Etablierung einer verbraucherorientierten Finanzberatung** (www.verbund-deutscher-honorarberater.de). Damit stärkt er souveränen Beratern den Rücken, ihr individuelles Geschäftsmodell zu verwirklichen.

Im Vergleich zu anderen Dienstleistern betreut das Unternehmen einen hohen Anteil an Honorarberatern aus dem Bereich der Geldanlage und Vermögensbetreuung. Im Zusammenspiel mit den relevanten Produktpartnern ist daraus eine besondere Expertise für die Partnerschaft mit Beratern für großvolumige Portfolios entstanden.

Mit dem Honorarberater VDH® stellt das Unternehmen[60] ein Haftungsdach für Honorar-Anlageberater zur Verfügung. Damit können angeschlossene Partner ihr Leistungsspektrum über Finanzanlagen hinaus erweitern und sich auf den Level von Banken und Vermögensverwaltern stellen.

Das Leistungsspektrum des Unternehmens umfasst als **Full-Business-Lösung** alles, was zur Umsetzung von Honorarberatung erforderlich ist oder bestehende Ansätze erweitern lässt (www.verbund-deutscher-honorarberater.de).

---

59   VDH GmbH, Verbund Deutscher Honorarberater, Emailfabrikstraße 12, 92224 Amberg.

60   In Zusammenarbeit mit dem Luxemburger Vermögensverwalter Baumann & Partners S.A.

Das umfassende Angebot an Finanzprodukten erfüllt eigene Kriterien (VDH-Netto-Prinzip®[61]) für Versicherungen, Wertpapiere/ETFs, Beteiligungen und Finanzierungen.

Sämtliche Geschäftsprozesse können technisch abgewickelt werden (Transparenz-Manager Basis und Invest, Honorarberater CRM).

Ebenso werden Vertragsmuster zur Verfügung gestellt. Die Übernahme des Forderungsmanagements wird nicht angeboten (die technischen Voraussetzungen zur vollautomatischen Abwicklung werden zur Verfügung gestellt).

Die Aus- und Weiterbildung erfolgt über das Tochterunternehmen Institut für Honorarberatung. Qualifizierte Marketingunterstützung kann bis hin zu eigenen Videoproduktionen (Honorarberater-TV) in Anspruch genommen werden. Angeschlossene Berater profitieren von der Weitergabe qualifizierter Leads.

Honorarberater unterschreiben zu Beginn ihrer Partnerschaft mit dem VDH einen *Honorarberaterkodex*, der rechtsverbindlich die Einhaltung strenger Qualitäts- und Neutralitätsverpflichtungen **anerkennt, befolgt und das eigene Geschäftsmodell danach ausrichtet**. (www.verbund-deutscher-honorarberater.de).

VINEA-Makler-Service GmbH

Die VINEA Makler-Service GmbH[62] ist ausschließlicher Vertriebs- und Verwaltungsmanager für Nettotarife der Basler Versicherungen.

Sie ist von der Basler Vertriebsservice AG[63] (Vertriebsservice-Gesellschaft der Basler Versicherungen) damit beauftragt, das Nettogeschäft für ihre Geschäftspartner vertrieblich zu koordinieren.

Das verfolgte Konzept versteht Honorarvermittlung als Ergänzung zum gängigen Provisionsmodell und richtet sein Leistungsangebot daher an Makler, die ihr bisheriges Geschäftsmodell nicht vollständig ändern, sondern durch Honorarvermittlung (mit Nettotarifen der Basler-Versicherungen) ergänzen möchten.

Das Leistungsspektrum umfasst die dafür erforderliche Vertriebsunterstützung in Form von Vertriebsansätzen, Präsentationen und Beratungsunterlagen sowie Schulungen. Damit behalten die Basler Versicherungen auch in der unabhängigen Honorarwelt einen (nicht unerheblichen) Teil der **Vermarktungshoheit** ihrer Produkte.

VINEA Makler-Service GmbH und maklermanagement.ag koordinieren und organisieren (neben dem Vertriebsservice) die Verwaltung des eingereichten Nettogeschäftes. Servicegebühren werden von Maklern erfolgsabhängig erhoben.

---

61 Absolute und uneingeschränkte Kostentransparenz, keine versteckten Gebühren zu Lasten der Rendite des Versicherten oder Anlegers, vollständige Erstattung aller eingerechneten Vergütungen Dritter, Vertrauen auf die ausschließliche Interessenwahrung von Mandanten.

62 VINEA Makler-Service GmbH, Neuer Wall 63, 20354 Hamburg.

63 Die DRMM Maklermanagement AG. Ludwig-Erhard-Str. 22, 20459 Hamburg, ist ein Unternehmen der Basler Versicherungen.

Die Verwaltung umfasst auch das Inkasso und die Weiterleitung des Honorars sowie die Bereitstellung einer geprüften Honorarvereinbarung (www.vinea-gmbh.de). Der Service für die Vertragsgestaltung und das Inkasso ermöglicht den Basler Versicherungen einen Einblick in das Vergütungsgefüge und den Einsatz ihrer Produkte in einem ansonsten (eigentlich) unabhängigen Markt. ◄

Honorarberatung ist keine Einzelkämpfer-Disziplin. Die Verbunde bieten neben nützlichem Service und professioneller Unterstützung auch die wichtige Möglichkeit zum Austausch und zur Weiterbildung. In diesem Sinne ist der erste Schritt zur Auswahl geeigneter Geschäftspartner auch persönlich geprägt.

Der zweite Schritt ist dann die kaufmännische Abwägung im Sinne eines „**make or buy**". Insbesondere vor dem Hintergrund der geschäftsspezifisch hohen Fixkosten und technischen Möglichkeiten bieten sich in den meisten Fällen sinnvolle Perspektiven für eine Zusammenarbeit.

Wenn davon auszugehen ist, dass in einem Maklerbetrieb die Ressourcen und personellen Kapazitäten bislang sinnvoll ausgelastet sind, müssen für zusätzlich erforderliche Aktivitäten, z.B. die Rechnungstellung und das Inkasso, zusätzliche Kapazitäten bereitgestellt werden.

Geschieht das bspw. durch die Einstellung einer 450 €-Kraft, fallen dafür jährlich zusätzlich (maximal) 7.090 € an.[64] Auch wenn der 450 €-Rahmen im Minijob nicht ausgefüllt werden muss, bieten die genannten Dienstleister diese Leistung entweder im Servicepaket oder isoliert zu deutlich geringeren Konditionen an.

Für den Betrag einer dafür erforderlichen monatlichen Investition i.H.v. ca. 100 € müsste alternativ jemand eingestellt werden, der wöchentlich für 25 € Rechnungstellung und Inkasso übernimmt. Das ist in der Praxis schwer vorstellbar.

---

64   12 Monate x 450 € = 5.400 € zzgl. (maximal) 31,29 % Arbeitgeberabgaben (www.minijob-zentrale.de) = 7.090 € p.a.

Kooperation mit FinTechs

Für Kooperationen, die sowohl horizontal als auch vertikal ausgerichtet sind, bieten sich zunehmend FinTech-Unternehmen an.

Auf der einen Seite können diese verwaltende und administrative Tätigkeiten der Wertschöpfungskette (aus Sicht vieler Kunden) zeitgemäßer umsetzen und darstellen.

Auf der anderen Seite kommen gerade komplexere Produkte nicht ohne (vorherige) Beratung und persönliche Betreuung aus. Sie setzen vor allem auf die auf Vorsorgeprodukte fokussierten Anbieter[65] und auf hybride Beratungsangebote. Da auch FinTechs zum Teil ohne Provisionen arbeiten, besteht hier eine natürliche Nähe zur Honorarberatung.

Dabei kann der Weg sowohl vom FinTech-Unternehmen, das im Einzelfall den Beratungswunsch eines Kunden (dann eher produkt- (Funktionsweise einer Indexpolice) oder produktgruppenbezogen (steueroptimierte Altersvorsorge mit Lebensversicherungen) an den kooperierenden Berater weiterreicht, als auch vom Honorarberater ausgehen. Das FinTech übernimmt in diesem Fall die (aus Kundensicht selbstständige) Beschaffung und Bereitstellung von Finanzprodukten, die Teil der Beraterempfehlung sind.

Im Einzelfall kann der Kunde z.B. auch mit Unterstützung eines „Robo-Advisors" eigenständig und im Rahmen eines Gesamtkonzeptes zukaufen.

9.2 Beraterpersönlichkeit und Qualifizierung

Honorarberatung und Honorarvermittlung stellen hohe bzw. gehobene Anforderungen an die persönliche, fachliche und soziale Kompetenz des Beraters (vgl. 5.5, 6 Definition Honorarberatung und Definition Honorarvermittlung).

Die Ideenentwicklung für Honorarberatung orientiert sich vor allem am Kundennutzen. Die erfolgreiche Umsetzung im definierten Geschäftsmodell wird wesentlich von der „Ressource Mensch" entschieden und die über der Finanzindustrie liegende Diskussion über fehlende Transparenz und verlorenes Vertrauen führt immer wieder zur Frage der Einstellung und Haltung der handelnden Akteure.

In der Regel steigen Honorarberater und Honorarvermittler nicht völlig neu und fremd in das Geschäft ein, sondern eher um. Ihnen sind Spielregeln und Verhaltensmuster vertraut und sie bleiben – auch nach außen – für ihre Kunden und ihr Umfeld die gleichen Menschen und auch die gleichen „Typen".

Sie wechseln nicht, weil sie nach ihrem persönlichen Damaskus-Erlebnis den Wandel vom Saulus zum Paulus vollziehen, sondern weil sie damit für sich eine bessere Qualität der Kommunikation und Zusammenarbeit mit ihren Kunden entdeckt haben.

---

65   Z.B.: myPension, Fairr.de, easyfolio, Fintego, vaameo, quirion.

Aufgrund der aktuellen Rahmenbedingungen und im Zuge der Umsetzung der Versicherungsvertriebsrichtlinie Anfang 2018 haben sich viele Versicherungsmakler zumindest damit beschäftigt, in die Honorarberatung einzusteigen. Die damit verbundenen Chancen und vielfältigen Möglichkeiten wurden im bisherigen Verlauf des Buches deutlich herausgestellt. Ebenso wurden die Komplexität des neuen Geschäftsmodells und die daraus resultierenden Herausforderungen erkennbar. Ergänzend dazu werden nun explizit die Anforderungen an die Beraterpersönlichkeit (angelehnt an eine Stellenbeschreibung) zusammengefasst. Sie bauen auf die Erläuterung der Adjektive auf, mit denen die Merkmale für die entwickelten Definitionen beschrieben worden sind (vgl. 5.5, 6 Definition von Honorarberatung und Definition von Honorarvermittlung).

Persönliche Kompetenz

- Die persönliche Kompetenz beschreibt die Fähigkeiten und Fertigkeiten im Umgang mit sich selbst. Mehr noch als das Provisionsgeschäft fordert Honorarberatung Unternehmerpersönlichkeiten, die ihren Selbstwert kennen und sich selbst (und ihr Unternehmen) managen und führen können.
- Darüber hinaus basiert das Geschäftsmodell auf einem ausgeprägten Wertebewusstsein. Hierbei spielen Offenheit, Vertrauens- und Glaubwürdigkeit sowie Verantwortungsbereitschaft eine maßgebliche Rolle.
- Ihren Unabhängigkeitsanspruch verlieren Honorarberater dabei nicht aus den Augen. Gleichwohl sind sie dazu in der Lage, zu kooperieren. Sie besitzen ein gesundes Maß an Netzwerkfähigkeit.
- Honorarberater prägen in besonderem Maße ihr Persönlichkeitsprofil als Marke und Maßstab für ihre Kunden. Dieses basiert auf einem ausgeprägten Rollenbewusstsein und emotionaler Stabilität.

Fachliche Kompetenz

- Das Handwerkzeug für Honorarberater sind fundierte finanzwirtschaftliche Kenntnisse. Sie kennen die Märkte und ihre Produkte und sind dazu in der Lage, deren Struktur zu durchdringen und zu analysieren.
- Sie erkennen finanzmathematische Wirkungsmechanismen und Effekte und setzen diese zum Kundenvorteil ein.
- Honorarberater sind ebenfalls in Themen der Mikro- und Makroökonomik zu Hause. Sie verfügen über Rechtskenntnisse und beherrschen Analyse- und Szenario-Techniken.
- Wirtschaftlicher Erfolg stellt sich für sie durch Kenntnis und Umsetzung von Unternehmerwissen und betriebswirtschaftlichen Entscheidungsmodellen ein.
- Fachkompetenz ist eng mit methodischer Kompetenz verbunden. Honorarberatung erfordert nicht nur tiefes fachliches Wissen in den relevanten Finanzdienstleistungsthemen, sondern auch dessen ständige Aktualisierung. Informationsverarbeitung und -weitergabe spielen dabei eine zentrale Rolle.

Soziale Kompetenz

- Die Sozialkompetenz beschreibt die Fähigkeiten im Umgang mit anderen Menschen. Die wird hauptsächlich durch die Qualität der Kommunikation bestimmt. Darüber hinaus prägen Empathie, Durchsetzungsfähigkeit und Zielverfolgungsfähigkeit die Art, sich im sozialen Umfeld auch zielgerichtet und erfolgreich zu bewegen.

- Für Honorarberater geht es vor allem darum, auf sich und sein Leistungsangebot positiv aufmerksam zu machen.

  Ihre Intention ist es nicht, andere oder etwas anderes – z.B. das Provisionssystem – schlecht zu machen. Potenzielle Kunden wollen mit Honorarberatern zusammenarbeiten, die etwas Positives, etwas für sie Nützliches zu bieten haben. Sie suchen niemand, der nur weiß, was andere (seiner Ansicht nach) schlecht machen.

- Potenzielle Kunden wollen abgeholt, verstanden und geführt werden. Dabei ist es in den meisten Fällen nicht nur wichtig zu verstehen, was der Kunde braucht, sondern zu verstehen was ihn daran hindert, die sprichwörtlich „letzte Meile" zu gehen. In diesem Sinne ist soziale Kompetenz auch Verkaufskompetenz.

Zusammenfassung: Zusatzkompetenzen für Honorarberater

Die beschriebenen Kompetenzen sind für Finanzdienstleistungsvermittler weder neu noch unausgeprägt. Ansonsten würden sie ihre Tätigkeit – unabhängig von der Form der Vergütung – nicht bereits heute erfolgreich ausüben können. Für Honorarberatung kommen zusätzliche Nuancen dazu, die sich aus der besonderen Form der Dienstleistung ergeben.

- Wer nicht gesteuert wird, muss sich selbst steuern können.
- Wer fachlich mehr anbieten möchte als andere, muss über mehr Wissen verfügen.
- Wer nicht nur bei Kaufentscheidungen vermittelnd unterstützt, sondern sich und seine Leistung verkaufen will, muss verkaufen können.

Im Finanzdienstleistungsbereich gibt es eine Vielzahl an Möglichkeiten, sich in den genannten Kompetenzbereichen weiter zu entwickeln. Oftmals wird dabei dem fachlichen Aspekt eine zu hohe Bedeutung eingeräumt. Hinter Brancheninitiativen zur Weiterbildung stehen Produktgeber und deren Intention ist es nicht, dass die Tarifstruktur und Kalkulationsgrundlage ihrer Produkte nachvollzogen werden können, sondern zu vermitteln, wie diese verkauft werden.

Und selbst Vermittler übersehen zum Teil, dass nicht ein besonders gut vorgetragenes Produktmerkmal den Vermittlungserfolg maßgeblich beeinflusst, sondern deren Passgenauigkeit auf die Bedürfnisse und vor allem den Bedarf des Kunden. Kundenwissen ist erfolgsentscheidender als Produktwissen.

Verbundpartner für Honorarberater (vgl. 9.1 Organisation von Kooperationen) bieten Webinare und Seminare für ihre Partner an, in denen sie ihnen (kompakt) das Rüstzeug für die Honorarberatung vermitteln. Darin werden insbesondere das Handling der Technik sowie die wesentlichen Rechentechniken und Produktfeatures vermittelt. Darüber hinaus werden unternehmerische und verkäuferische Aspekte geschult und trainiert.

Einige Bildungsanbieter bieten speziell auf die Tätigkeit als Honorarberater ausgerichtete Weiterbildungsangebote. Sie verfolgen damit jeweils einen übergreifenden Ansatz, mit dem sie unterschiedliche Schwerpunkte setzen.

European Business School (Executive Education)

Im Rahmen der Executive Education der European Business School (EBS) in Oestrich-Winkel[66] kann ein „Kompaktstudium Honorarberatung" (zum Honorarberater (EBS)) absolviert werden. Hier werden Kenntnisse in den Bereichen der rechtlichen und steuerlichen Grundlagen für Honorarberater, das regulatorische Umfeld, Beratungsprozesse und ethische Grundsätze sowie Vertriebs- und Honorarmodelle mit den relevanten Finanzprodukten erworben. Ebenso geht es darum, sein Dienstleistungsangebot zu überprüfen und neu aufzustellen. Darauf aufbauend werden wirtschaftliche Honorarmodelle kalkuliert. Neben Wissenschaftlern werden Praktiker mit umfassender Marktexpertise als Dozenten hinzugezogen.

Financial Planning Standards Board Deutschland e.V.

Nicht nur auf Honorarberatung beschränkte (aber aufgrund der Beraterstruktur eng mit ihr verbundene) hochwertige Zertifizierungen werden in Deutschland über das Financial Planning Standards Board Deutschland e. V.[67] administriert. Hierzu zählen das CFP-Zertifikat (Certified Financial Planner), die internationale Marke CFEP (Certified Foundation and Estate Planner), der Qualifizierungsnachweis als EFA (European Financial Advisor) und als Indikator für Beratungsqualität und Seriosität die Zertifizierung nach DIN ISO 22222.

---

66   Die EBS Finanzakademie wurde 1992 gegründet und führt Weiterbildungsveranstaltungen für Führungsnachwuchs- und Fachkräfte der Finanzdienstleistungsbranche durch. Seit 2007 ist die EBS Finanzakademie in das PFI Private Finance Institute der EBS Business School integriert (www.ebs-finanzakademie.de/Organisation und /Zertifizierungsprogramme).

67   Das Financial Planning Standards Board Deutschland e. V. in Frankfurt ist der Verband der Financial Planner. Mitglieder des FPSB Deutschland sind in der Finanzplanung spezialisierte Berater privater Kunden, spezialisierte Berater anderer Finanzberater (Banken, Versicherungen, Finanzdienstleister) oder freier Berufe (www.fpsb.de).

Berater und Vermittler, die ihr Geschäftsmodell in die Richtung der Honorarberatung entwickeln oder sich darin weiterentwickeln wollen, sollten sich ganzheitlich damit auseinandersetzen und dafür qualifizieren. Dabei ist es besonders erfolgswirksam, sich durch diese komplexen und unterschiedlichen Aufgabenstellungen individuell führen zu lassen.

Dieses Führen umfasst zunächst eine umfassende Beratung, in der gemeinsam eine (betriebswirtschaftliche und marktbezogene) Bestandsaufnahme vorgenommen, Potenziale erarbeitet und eine Strategie entwickelt werden. Darauf aufbauend wird trainiert, zielgerichtete Botschaften für Zielkunden treffsicher zu formulieren und die Kundenansprache sowie die Kommunikation in der Beratung souverän und strukturiert zu bewältigen. Im praktischen Coaching wird der Honorarberater abschließend bis zur nachhaltig erfolgreichen Umsetzung begleitet.

Auf Basis und in Ergänzung zu diesem Buch bietet bspw. dessen Autor Ralf Teicher mit seinem Team (Teicher & Team)[68] interessierten Maklern diese Unterstützung (in unterschiedlichen Formaten) an.

---

68   Teicher & Team, An der Engelsfuhr 19b, 51467 Bergisch Gladbach, www.teicher.team

10 Zusammenfassung

Honorarberater, die bereits erfolgreich im Markt tätig sind, zeigen, dass Honorarberatung ein zukunftsträchtiges Geschäftsmodell für Finanzdienstleistung sein kann.

Relevante Marktentwicklungen offenbaren deutlich positive Signale für einen Einstieg in die Honorarberatung. Die aktuellen politischen Rahmenbedingungen fordern darüber hinaus geradezu dazu auf, sein bestehendes Geschäftsmodell zu überprüfen und sich intensiv mit ihr auseinander zu setzen.

Honorarberatung erfolgt im ausschließlichen Kundeninteresse. Der Kundennutzen – und nicht prognostizierte Provisionskürzungen – steht daher im Zentrum der Überlegungen, einen Umstieg einzuleiten. Hierfür gilt es, tragfähige Ideen zu entwickeln.

Eine Beratungsleistung, die gegenüber klassischer Finanzdienstleistung einen Mehrwert bietet, hat konsequenterweise auch einen höheren Preis. Das schließt nicht aus, dass für Kunden damit unter dem Strich insgesamt Preisvorteile verbunden sind bzw. sein müssen.

Eine fundierte Preisbildung ist daher das zentrale Element einer auf wirtschaftlichen Erfolg angelegten Honorarberatung.

Als eigenständige Dienstleistung definiert sie ihren Wert aus dem Nutzen, den sie potenziellen Kunden bietet und nicht daraus, die Nachteile alternativer Geschäftsmodelle aufzuzeigen. Ausschlaggebend für den Kunden sind die Qualität der Beratung und die des Beraters.

Die Beteiligten sollten daher lernen, ein Nebeneinander von Honorar- und Provisionsmodellen nicht nur zu akzeptieren, sondern zu fördern.

Niemand wird dauerhaft davon profitieren, wenn er eine aus seiner Sicht andere – für den Kunden aber nicht deutlich andersartige – Dienstleistung oder deren Akteure schlecht redet.

Als das Automobil erfunden wurde, sind auch nicht sämtliche Pferde erschossen worden.

Zu ihrer Zeit hatten Carl Benz oder die Autoindustrie dies auch nicht gefordert. Sie hatten sich darauf konzentriert, ihre Leistung herauszustellen und diese permanent weiterzuentwickeln.

An dieser Stelle liegt die zentrale Herausforderung für Honorarberater. Sie müssen sich selbst als Marke definieren und die damit verbundene Leistung aktiv verkaufen.

Insgesamt ist Honorarberatung keine vollständig neue Form von Finanzdienstleistung. Sie ist anders und bietet für Kunden und Berater die Chance, verlorenes Vertrauen in ein zum Teil belastetes Geschäft wieder herzustellen.

Darüber hinaus kann sie für alle Beteiligten klare wirtschaftliche Vorteile bieten, wenn sie gründlich vorbereitet und selbstbewusst umgesetzt wird. Der wirtschaftliche Erfolg von Honorarberatung wird maßgeblich geprägt durch

- eine wertorientierte Einstellung zu seinen Kunden und zur eigenen Leistung,
- eine erfolgversprechende Strategie mit fundierten Umsetzungs-Entscheidungen und
- mit der gezielten Auswahl geeigneter Kooperationspartner sowie
- der Bereitschaft zur persönlichen Weiterentwicklung.

Zusammenfassung

Honorarberatung ist nicht besser oder schlechter als die provisionsbasierte Vermittlung von Finanzprodukten, sie ist anspruchsvoller.

Daher ist es auch für potenzielle Honorarberater zielführend, sich vor einem Einstieg in ein verändertes Geschäftsmodell – ebenfalls unabhängig – beraten zu lassen.

Hinweis

Im Rahmen derartiger Beratungen (in Workshops mit Beratern und Vermittlungen sowie in Einzelberatungen von Maklerbetrieben) ist im nun anliegenden Kapitel 11 eine Zusammenfassung erfolgswirksamer Schritte für Honorarberatung entstanden. Die Struktur zeigt praktisch umsetzbar und konkret auf, wie durch besondere Service- und Beratungsleistungen zusätzliche Unabhängigkeit mit Honorarberatung erlangt werden kann. Darüber hinaus sind die aus IDD und MiFID II relevanten regulatorischen Anforderungen eingeflossen und den einzelnen Prozessschritten zugeordnet.

11 Praktische Anwendung mit einem professionellen Vertriebs- und Beratungsprozess (Profi-Prozess für Honorarberatung)

Im Anfang jeder brancheninternen Diskussion über politische Auseinandersetzungen mit der Finanzdienstleistungsindustrie und deren regulatorischen Folgen stehen in der Regel (prophylaktische) „Weltuntergangsszenarien", die gerne von denen befeuert werden, die sich dazu in der Lage sehen oder dazu berufen fühlen, in ihrem Sinne Abhilfe zu schaffen.

Diese Diskussionen haben auch die Honorarberatung in der Entstehung und Umsetzung von IDD und MiFID II intensiv begleitet (vgl. 4.3 Politische Handlungsfelder und Umsetzung regulatorischer Anforderungen). Ungeachtet dessen werden hier die gestellten Transparenzanforderungen und der angestrebte Verbraucherschutz das Bewusstsein für qualifizierte Finanzdienstleistung im Markt schärfen und den Beratern, die sich darauf einstellen, deutliche Wettbewerbsvorteile bieten.

Und selbstverständlich wird es Marktteilnehmer geben, die dann aus dem Wettbewerb aussteigen werden, wenn sie sich nicht auf diese veränderten Rahmenbedingungen und vor allem ein weiterentwickeltes Kundenverhalten einlassen.

Auf der anderen Seite ist es allerdings ebenso wichtig, nicht zu vergessen, was das eigene Geschäft ausmacht und welchem Auftrag (nämlich dem an sich selbst gestellten Anspruch, damit Geld zu verdienen) man folgt.

Beispiel

Die Umsetzung der Datenschutz-Grundverordnung (DSGVO) in deutsches Recht zum 25.5.2018 führte bspw. dazu, dass auch viele Berater und Vermittler ihre Internetauftritte zeitweise vom Netz nahmen, um dann entsprechende Anpassungen vornehmen zu lassen. Unabhängig davon, dass so etwas schon viel früher hätte passieren können, zeigt sich an diesem Beispiel sehr anschaulich, dass die Angst, Fehler zu machen und möglicherweise dafür abgestraft zu werden, bei ihnen höher ausgeprägt war, als die Einstellung, mit einer offenen Internetpräsenz die Chance zur Kundengewinnung und Kundenbindung aufrecht zu erhalten.

Daher sollten die mit IDD und MiFID II sowie die damit verbundenen Änderungen in der VersVermV und der FinVermV vorrangig mit einer chancenorientierten Einstellung für das eigene Beratungsgeschäft eingeordnet und übertragen werden.

Zusammenfassung

Berater und Vermittler verdienen ihr Geld nicht mit der rechtskonformsten Erfüllung von regulatorischen Vorschriften, sondern mit dem erfolgreichen Verkauf ihrer Dienstleistung.

Damit soll hier nicht zur Vernachlässigung oder gar zum Rechtsbruch aufgefordert werden. Es geht im Gegenteil darum, sich sehr bewusst mit den veränderten Rahmenbedingungen auseinanderzusetzen und insbesondere die Intentionen, die damit verbunden sind, auf das eigene Geschäftsmodell zu übertragen. Scheinbar als Hürden und Beschränkungen dargestellte Anforderungen erweisen sich entsprechend häufig als nicht relevant bzw. im Vergleich zur aktuellen Situation (zumindest in der meist längst gegebenen Notwendigkeit, sie zu erfüllen) als nicht neu.

Die IDD bietet, wie auch MiFID II, für diejenigen, die sich konstruktiv damit auseinandersetzen, deutlich positive Chancen, das eigene Vertriebsmodell und seine Beratungsprozesse nach den im Zuge der Umsetzung diskutierten und elementaren Themenstellungen neu zu justieren. Ihre großen Überschriften lauten **Verbraucherschutz** und **Transparenz**. Wer diese als Berater für sich zur Maxime erklärt, wird auch künftig erfolgswirksam vertrieblich punkten und im ausreichenden Maß neue Kunden gewinnen.

Beispiel

> In der Geldanlage setzten sich bei erfolgreichen Vermittlern zunehmend die finanzwissenschaftlichen Erkenntnisse (und Lösungen in Form von ETFs und Indexfonds) durch, nicht gegen den globalen Markt gewinnen zu können.
>
> Und genauso deutlich gilt für jeden Berater, dass es unmöglich ist, sein Geschäft gegen seine potenziellen Kunden – nämlich die Verbraucher - und damit gegen den Markt auszurichten und auszubauen.

In diesem Sinne wird hier nun eine Struktur für die Kundenansprache und Beratung aufgezeigt, die die Grundgedanken von IDD und MiFID II aufnimmt, in der praktischen Anwendung aber nach wie vor auf den Kunden und seine Bedürfnisse ausgerichtet ist. Damit wird konkret und umfassend aufgezeigt, wie Honorarberatung umgesetzt und (vorab) verkauft wird.

11.1 Wahrnehmbare sowie neue Service- und Beratungsleistungen

Die originäre Vertriebstätigkeit ist im Zuge der IDD umfassend beschrieben worden. Diese umfasst gem. §§ 1a, 59 VVG die

- (für die Produktauswahl relevante) Kundenberatung,
- die Vorbereitung von Verträgen mit Vertragsvorschlägen,
- den Abschluss (von Versicherungsverträgen) sowie
- die Mitwirkung bei der Verwaltung und Erfüllung bzw. die Unterstützung im Schadensfall.

Ein darüber hinausgehender Service kann Kunden nur in Rechnung gestellt werden, solange der Beratungsbetrieb nicht vollständig auf die Honorarvergütung umgestellt ist (vgl. 5.7 Service und Dienstleistungspauschalen).

Dabei sind nun die Wertigkeit der Zusatzleistungen und deren Wertschätzung durch die Kunden zu hinterfragen. Selbstverständlich entsteht für weitergehende Serviceleistungen in der Regel ein Zusatzaufwand, der ansonsten (durch Provisionen) nicht unmittelbar vergütet wird.

Allerdings ist nicht zu vergessen, dass ein besonderer Service maßgeblich zur Differenzierung im Wettbewerb beitragen kann und entsprechend erst den Vertrieb der Kernleistung ermöglicht.

Beispiel

In diesem Sinne werden Kunden bspw. wahrscheinlich keine eingeschränkten telefonischen Erreichbarkeiten durch Betreuungspauschalen akzeptieren, sondern sich eher und sinnvollerweise alternativ einen in ihrem Sinne erreichbaren Berater suchen. Sie spüren in der Regel sehr genau, welches Maß an Wertschätzung ihnen ("auch nach 16:30 Uhr") entgegengebracht wird.

Ein weiteres in der Praxis kontrovers diskutiertes Beispiel ist bspw. das Sichten und Sortieren vorhandener Vertragsunterlagen des berühmten „Versicherungsordners" (vgl. 5.7 Service und Dienstleistungspauschalen).

Zunächst einmal ist das vertrieblich gesehen ein Vertrauensbeweis des Kunden, mit dem entsprechenden Vermittler oder Berater weiter arbeiten zu wollen. Wer dieses Vertrauen nicht wertschätzt und stattdessen isoliert den dafür erforderlichen Zeitaufwand in Rechnung stellt, sollte möglicherweise seine grundsätzliche Einstellung zur Beratungstätigkeit überprüfen.

Wenn dagegen die Sortierung vorhandener Unterlagen nicht nur mit einem zeitlichen Aufwand verbunden ist, sondern die vorliegenden Informationen durch den Berater gewissermaßen veredelt werden, rechtfertigt das widerspruchlos eine Honorierung durch den Kunden.

Die Unterlagen sind dann die Grundlage für eine qualifizierte Bestandsaufnahme, die vorhandene Risiko- und Finanzinstrumente dokumentiert und den „klassischen Blindflug" mit diesen aus Kundensicht lästigen Themen beendet. Darüber hinaus können Analysen und Gutachten (bspw. zur Kostenstruktur vorhandener Produkte) aufzeigen, wie weit das vorhandene Portfolio zur Problemlösung und Zielerreichung beiträgt.

Zusammenfassung

Das gelingt allerdings nur mit der dazu erforderlichen Einstellung und Kreativität des Beraters und einer strukturierten und vor allem für den Kunden Orientierung gebenden Struktur.

In diesem Sinne werden nun zwei neue Teilprozesse der klassischen Finanzdienstleistungserstellung vorgeschaltet. Neue Service- und Beratungsleistungen entstehen und können zusätzliche Beratereinnahmen generieren. Diese sind dann aber vorab (klassisch) zu verkaufen.

Anders als im Produktgeschäft (unabhängig von Provisionsvergütung oder Honorarvermittlung) ist der Berater jetzt gefordert, sich von Beginn an zu positionieren und entsprechend zu kommunizieren.

Insgesamt positioniert er sich als jemand, der eigene Themen und zusätzliche Informationen für den Kunden „veredelt". Damit (und nicht mit der vom Kunden bezahlten Vermittlung einer Nettopolice) verschafft er sich echte Unabhängigkeit (vgl. 5 Begriffsklärungen und Definitionen).

Nur so ist er weder von Provisionen der Produktgeber noch vom durch den Kunden zu vergütenden Vermittlungserfolg abhängig. Er liefert eine eigene Dienstleistung.

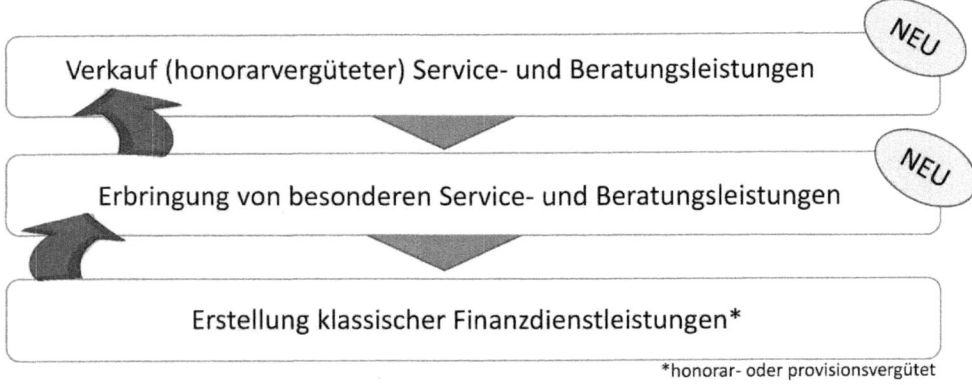

Abb. 44: Service- und Beratungsleistungen

Die für das Finanzdienstleistungsgeschäft bekannteste Form der Veredelung ist die der **persönlichen Finanzplanung** (wird auch als Vermögensanalyse, Financial Planning oder Wealth Management bezeichnet) (vgl. 6.2 Ausrichtung des Leistungsspektrums).

Beispiel

Der Prozess lässt aber auch zu, andere und nicht unmittelbar auf Finanzdienstleistungen zielende Themen zu platzieren. Bspw. kann an dieser Stelle umfassend über das Thema **Pflegevorsorge** geredet werden.

Vor den dann ggf. anschließenden Versicherungslösungen werden in der Beratung zunächst betroffene Personen und vorhandene Vermögensstrukturen (im Sinne einer strukturierten Bestandsaufnahme) besprochen und erfasst. Die finanzielle Tragweite im Pflegefall wird hieraus ebenso abgeleitet (und analysiert) wie die

Möglichkeit, vorhandene Mittel einzusetzen. Zur Entwicklung des Bewusstseins aller potenziell Betroffenen sind auch emotionale Aspekte zu thematisieren und (strategisch) zu besprechen. Erst dann lassen sich Maßnahmen ableiten (und planen), die deutlich mehr wert sind, als der Abschluss einer Pflegeversicherung. Sie beinhalten Umsetzungsschritte, die umfassend finanzielle und rechtliche sowie medizinische und persönliche Aspekte berücksichtigen und beinhalten.

Je mehr sich die hier gefundenen Themen von der Struktur des klassischen „Versicherungsordners" entfernen, je wertiger und nutzenstiftender lösen sie die aus der Kundenperspektive heraus betrachteten Fragestellungen. Ein „Versicherungsordner" kann (auch auf der Flughöhe der persönlichen Finanzplanung) nur (preislich) optimiert werden. Der (personalisierte) Ordner „Pflegevorsorge" regelt sämtliche für den Kunden damit verbundenen Fragen.

Neben den anderen elementar zu regelnden persönlichen Fragen (Tod, Notfall etc.) kann das auch auf Sachthemen (Haus, Tiere etc.) übertragen werden.

Zusammenfassung

Nicht der Berater ist der aus Kundensicht bessere Berater, der sich (unabhängig) direkt von ihnen vergüten lässt, sondern der, der umfassend und kompetent die für sie relevanten und wichtigen Themen anspricht und diese als Experte löst und regelt.

11.2 Aufbau und Struktur für einen professionellen Vertriebs- und Beratungsprozess

Klassische Vertriebs- und Beratungsprozesse folgen häufig einer Grobstruktur mit den Schritten Vorstellung, Erfassung, Konzepterstellung, Vermittlung und münden dann in die anschließende Betreuungsphase.

Mein Modell für einen professionellen Vertriebs- und Beratungsprozess mit honorarvergüteten Leistungsbestandteilen (Honorarberatung) führt den Berater von Anfang an zielgerichtet dahin, besondere Service- und Beratungsleistungen anzubieten und diese eigenständig und zusätzlich zur produktorientierten Beratung und Vermittlung zu verkaufen.

Dazu durchläuft er – wie oben beschrieben (vgl. 11.1 Wahrnehmbare sowie neue Service- und Beratungsleistungen) – im Wesentlichen drei Teilprozesse, nämlich

- zunächst den Verkauf (honorarvergüteter) Service- und Beratungsleistungen,
- dann die Erbringung von besonderen Service- und Beratungsleistungen und
- erst dann die Erstellung klassischer Finanzdienstleistungen.

Dabei sind der gesamte Beratungsprozess und die einzelnen Schritte so strukturiert, dass für eine konkrete Orientierung ausreichend Zwischenschritte zu durchlaufen sind. Damit wird vermieden, dass sich durch ein zu hohes Abstraktionsniveau der Blick von den greifbaren To-dos entfernt und die Beschreibung dadurch ihre Verbindlichkeit verliert.

Auf der anderen Seite wird durch die Vorgabe, jeweils werthaltige (mit einem Nutzen verbundene) Ergebnisse zu erzielen, eine kleinschrittige Darstellung (in der die Gefahr besteht, sich zu verlaufen) vermieden.

In diesem Sinne sind insgesamt 12 Schritte zu durchlaufen, die den oben dargestellten Teilprozessen zugeordnet werden. Diese werden im folgenden Abschnitt (vgl. 11.3 Beschreibung der einzelnen Prozessschritte) detailliert vorgestellt.

Professioneller Vertriebs- und Beratungsprozess / Profi-Prozess für Honorarberatung

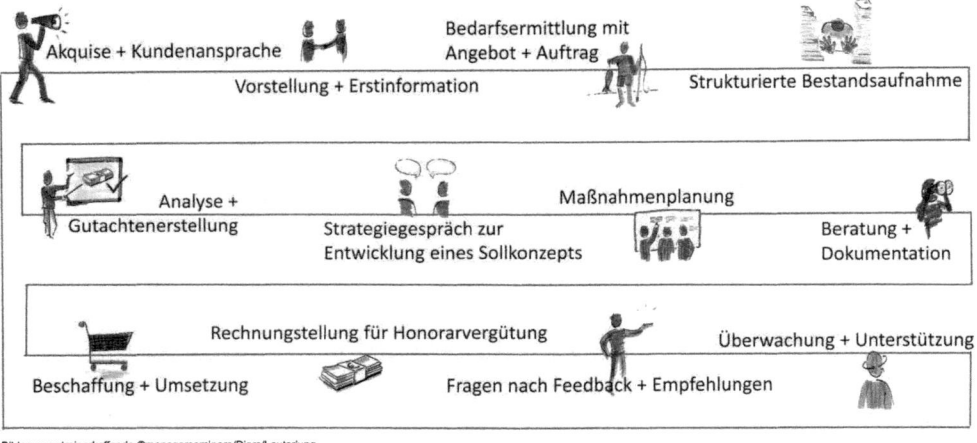

Bilder: www.trainerkoffer.de ©managerseminare/Diers/Lauterjung

Abb. 45: Profi-Prozess für Honorarberatung ©Ralf Teicher
Quelle: Eigene Darstellung

An dieser Stelle geht es um den Aufbau und die Struktur. Diese umfassen:

Verkauf (honorarvergüteter) Service- und Beratungsleistungen
- Akquise und Kundenansprache
- Vorstellung und Erstinformation
- Bedarfsermittlung mit Angebot und Auftrag
- Rechnungstellung für Honorarvergütung

- Fragen nach Feedback und Empfehlungen

Erbringung von besonderen Service- und Beratungsleistungen

- Strukturierte Bestandsaufnahme
- Analyse und Gutachtenerstellung
- Strategiegespräch zur Ermittlung eines Sollkonzeptes
- Maßnahmenplanung

Erstellung klassischer Finanzdienstleistungen

- Beratung und Dokumentation
- Beschaffung und Umsetzung
- Überwachung und Unterstützung.

Zusammenfassung

Bereits mit der Auflistung der einzelnen Schritte wird deutlich, dass der Beratungsumfang gegenüber der isolierten klassischen Finanzdienstleistung steigt und der damit verbundene Aufwand für den Berater, nämlich diese Zusatzleistungen nun auch zu verkaufen, ebenso ein größeres Ausmaß annehmen wird. Gleichzeitig ist damit natürlich auch ein deutlich gestiegener Nutzen für den Kunden verbunden, der eine zusätzliche Vergütung (durch ihn) begründet.

Besondere Leistungen sollten vom Kunden auch als besonders wertvoll empfunden werden. Daher erfolgt die Umsetzung im Detail in wiederum aufeinander abgestimmten und dennoch eigenständigen Schritten. Jeder einzelne Prozessschritt, der hier als Aktion (A) bezeichnet wird, führt zu einem eigenen Ergebnis (E), mit dem jeweils – und das ist entscheidend – auch ein besonderer Kundennutzen (N) verknüpft ist.

Zur Veranschaulichung dient folgende Darstellung. Ein Schritt umfasst demnach die Aktion, das Ergebnis und den damit verbundenen Kundennutzen:

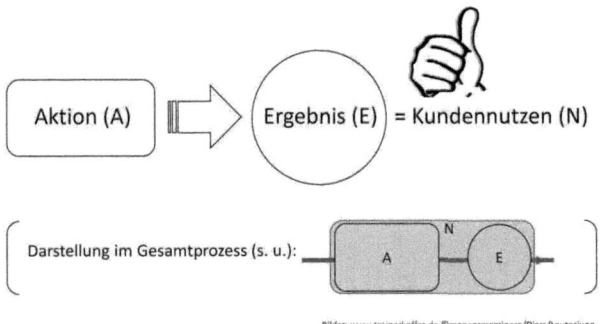

Bilder: www.trainerkoffer.de ©managerseminare/Diers/Lauterjung

Abb. 46: Kundennutzen

Die Gesamtstruktur und der Ablauf sind nun in folgender Abbildung dargestellt. Sie dienen gewissermaßen als Spielfelder, die dem Berater klar und deutlich aufzeigen, welches Ergebnis (nicht weniger und vor allem nicht mehr) in der einzelnen Phase zu erzielen ist und welche Aktion sich jeweils anschließt.

Profi-Prozess für Honorarberatung

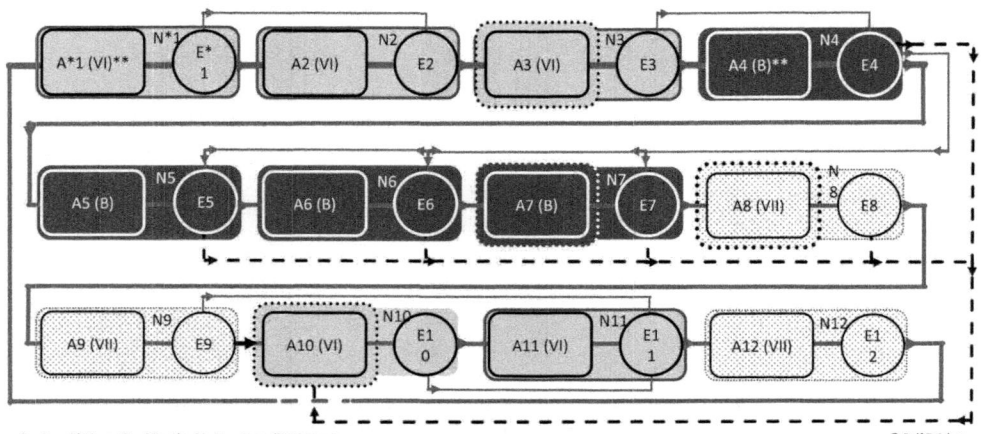

* A = Aktion, E = Ergebnis, N = Kundennutzen
** VI = Vertrieb Dienstleistung, B = (Honorar-)Beratung, VII = Vertrieb FDL-Produkte

© Ralf Teicher

Abb. 47: Profi-Prozess für Honorarberatung (technische Darstellung)

Schritt	TP	Aktivität	Ergebnis	Kundennutzen
1	VI	Akquise (aktiv, passiv) + Kundenansprache (Neu, Bestand)	Kunden-Termin	Chance, Berater und seine besondere FDL kennen zu lernen
2	VI	Vorstellung + Erstinformation	Ziel-Transparenz	Sicherheit (Vertrauen) durch interpretationsfreie Offenlegung der Motive des Beraters
3	VI	Bedarfsermittlung mit Angebot + Auftrag	Vertrag + Mandat	Bewusste Auftragsvergabe und Klarheit für eine selbstgewählte Zielstellung
4	B	Strukturierte Bestandsaufnahme	Übersicht + Struktur	Umfassender Überblick zur Quantität vorhandener Produkte, Maßnahmen, etc.
5	B	Analyse + Gutachtenerstellung	Szenarien + Qualität	Fundierter Einblick in die Qualität vorhandener Produkte, Maßnahmen, etc.
6	B	Strategiegespräch zur Entwicklung eines Sollkonzeptes	Sollkonzept + (Zwischen-)Ziele	Klares und selbstentworfenes Bild von realistischen Zukunftsbildern und Entwicklungsschritten
7	B	Maßnahmenplanung	Umsetzungsschritte (Assetklassen)	Verständnis und Befähigung für Zielerreichungsaufwand, Umsetzungsmittel und Zeithorizont

Schritt	TP	Aktivität	Ergebnis	Kundennutzen
8	VII	Beratung + Dokumentation	Lösungsempfehlungen (Produkte) + Gewährleistung	Anforderungsgerechte und geeignete Lösungen und Produkte, Gewährleistung für Qualität
9	VII	Beschaffung + Umsetzung	Portfolioanlage und -ausbau	Ersparnis von Zeit- und Aufwand, Vermeidung von Beschaffungsrisiken und Fehlentscheidungen
10	VI	Rechnungstellung für Honorarvergütung	Forderung	Unmittelbare Vergleichbarkeit von Aufwand und Ertrag
11	VI	Fragen nach Feedback + Empfehlungen	Feedback + Empfehlungen	Wertschätzung, Reflexion der Zielstellung
12	VII	Überwachung + Unterstützung	Betreuung + termingerechte Umsetzung	Sicherstellung der Umsetzung und laufende Einhaltung der geplanten Strukturen

Abb. 48: Übersicht und Beschreibung der Einzelschritte im Profi-Prozess für Honorarberatung (Abb. 47)

Beispiel

Gerade Honorarberater neigen bspw. dazu, beim Kunden sprichwörtlich „mit der Tür ins Haus zu fallen" und die Vergütungsfrage bereits in der Vorstellungsfrage zu thematisieren. Das will der Kunde aber an der Stelle noch nicht diskutieren. Dieser Ablauf diszipliniert den Berater, das (erst) an der richtigen Stelle zu besprechen.

In der so gewonnenen Struktur ist damit sowohl dem Berater als auch dem Kunden transparent, in welcher Phase sie sich gerade gemeinsam befinden und welches Ergebnis hieraus anzustreben bzw. zu erwarten ist.

Der Prozess wird mit Neu- und Bestandskunden durchlaufen, mit denen dann einzelne Aktivitäten übersprungen werden können. Die Ergebnisse der übersprungenen Aktivitäten liegen in diesen Fällen bereits vor.

Beispiel

Es wird im Zuge der Vorstellung und Erstinformation (A 2) eine Transparenz über die Ziele des Beraters, sein Gegenüber als Kunden zu gewinnen und auch mit der Dienstleistung Geld zu verdienen, hergestellt. Der Kunde erkennt so interpretationsfrei die Motive des Beraters und kann seine (ansonsten latent vorhandene) Zurückhaltung („Der will mir nur wieder irgendwelche Produkte verkaufen") ablegen und die erforderlichen Informationen beisteuern (vgl. 7.2.2 Preisfindung).

Bestandskunden kennen aus vorherigen Gesprächen die Ziele ihres Beraters. Die Aktivität der Vorstellung (A2) kann hierbei oder im Folgegespräch entfallen. Das Ergebnis (E2) der Ziel-Transparenz liegt bereits vor und bleibt die Grundlage der nun folgenden Auftragsklärung (A3).

11.3 Beschreibung der einzelnen Prozessschritte

Die einzelnen Schritte werden neben der detaillierten Beschreibung mit den (neuen) regulatorischen Vorschriften von IDD und MiFID II und deren nationaler gesetzlicher Verankerung bzw. Umsetzung verknüpft.

Tipp

Nach der Erläuterung der einzelnen Prozessschritte folgen zum Teil auch als „Tipp" gekennzeichnete praktische Anwendungsbeispiele oder Formulierungsvorschläge.

11.3.1 Akquise (aktiv, passiv) und Kundenansprache (neu, Bestand)

Die mit der Akquise eingeleitete Neukundengewinnung (hier vor allem im Sinne von Honorarkunden) ist (neben dem Zeitmanagement im Betrieb) die zentrale Herausforderung von Finanzberatern.

Auch wenn nach einer Umstellung des Geschäftsmodells in der Regel zunächst (im ausreichenden Maße) vorhandene Kunden angesprochen und (oft auch) erfolgreich von der Umstellung auf Honorarvergütung überzeugt werden können, ist ein funktionierender Neukundengewinnungsprozess für jeden Beraterbetrieb existenziell wichtig.

Passive Akquise in Form von Empfehlungen sollte ebenso strukturiert angegangen bzw. gefördert werden. Ansonsten besteht auch hier die Gefahr, am Ende eines Weges nicht mehr auf ein ausreichendes Potenzial zurückgreifen zu können.

Profi-Prozess für Honorarberatung (1/12)

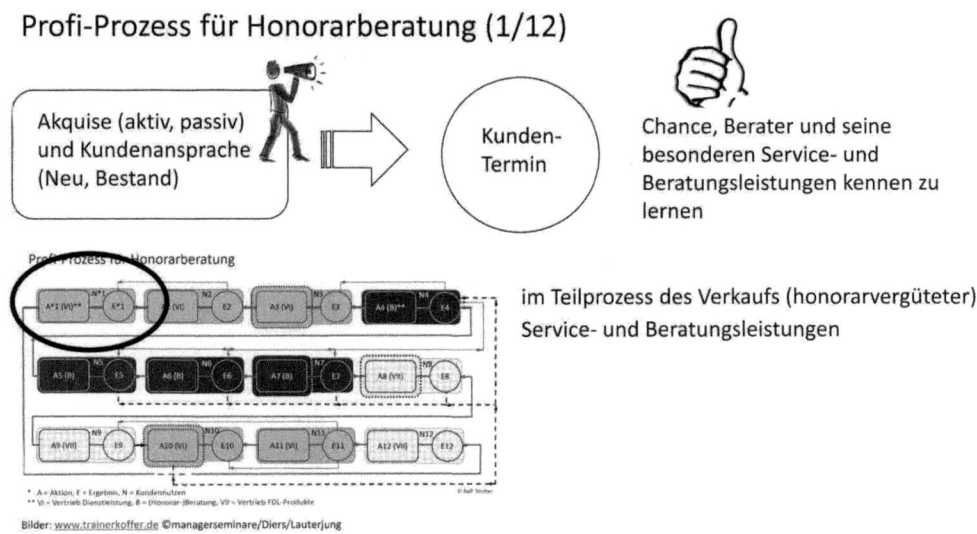

Akquise (aktiv, passiv) und Kundenansprache (Neu, Bestand)

Kunden-Termin

Chance, Berater und seine besonderen Service- und Beratungsleistungen kennen zu lernen

im Teilprozess des Verkaufs (honorarvergüteter) Service- und Beratungsleistungen

Bilder: www.trainerkoffer.de ©managerseminare/Diers/Lauterjung

Abb. 49: Profi-Prozess für Honorarberatung 1/12

Aktivität und relevante Aspekte der IDD

In der Akquise und Kundenansprache werden potenzielle und vorhandene Kunden dafür gewonnen, mit dem Berater einen für sie neuen Weg der Finanzdienstleistung zu beschreiten oder diesen (bspw. aus einem bereits bestehenden Betreuungsmandat heraus) fortzusetzen.

Neben der für das Finanzdienstleistungsgeschäft typischen „persönlichen Ansprache" können strukturierte Prozesse dazu beitragen, die Neukundenansprache zu systematisieren.

Für Bestandskunden sind organisierte und verbindliche Jahrestermine sowie ein damit verbundener Terminservice die Basis einer für sie wertvollen und professionellen Betreuung.

Idealerweise werden hierzu für den Kunden relevante und übergeordnete Themenstellungen umfassend angesprochen und weiterentwickelt. Sowohl der Einstieg bei Neukunden als auch das Jahresgespräch mit Bestandskunden sollten daher über die Erläuterung reiner Finanzprodukte (auch im Hinblick auf deren Kostenstruktur) hinausgehen und entsprechend umfassende Lösungsansätze liefern.

Zunehmend etablieren sich Kundenveranstaltungen (vgl. 6.3 Zielgruppenzugang und Akquisitionsansätze) als Instrument, auf sich und sein (neues) Leistungssektrum aufmerksam zu machen. Auch dabei gilt es, das damit verbundene Ziel (einen Kundentermin zu erhalten) nicht aus den Augen zu verlieren und sich ausschließlich darauf zu fokussieren und entsprechendes Interesse zu wecken.

Bezug zu regulatorischen Vorgaben: Die Neukundenansprache symbolisiert gewissermaßen jeweils auch einen neuen Eintritt in den Markt.

Für diesen sieht der Gesetzgeber bestimmte mit einem **Sachkundenachweis** verbundene Erlaubnisverfahren (Abschnitt 1 VersVermV) vor, die im Zuge der IDD-Umsetzung mit der regelmäßigen und nachweisbaren **Verpflichtung zur Weiterbildung** verbunden sind (§ 34d Abs. 9 GewO, § 7 VersVermV).

Neben diesen formalen Gesichtspunkten appelliert die europäische Regulierung auch an das Wertegerüst der Finanzdienstleister (**Wohlverhaltensregeln**) und überträgt den Mitgliedstaaten die Verantwortung sicherzustellen, dass Versicherungsvertrieb (wie eigentlich selbstverständlich) „stets ehrlich und redlich" stattzufinden hat (§ 1a VVG, Art. 17 IDD). Ebenso soll er professionell im bestmöglichen Interesse der Kunden ausgeübt werden (Art. 17 IDD).

Die Maximierung des Kundennutzens als unternehmerisches Ziel und Grundlage zur Entwicklung tragfähiger Geschäftsideen professioneller Finanzberater (vgl. 6. 1 Grundprinzipien zur Ideenfindung) entspricht daher unmittelbar dem Verbraucherschutzgedanken der IDD.

Die im wirtschaftlichen Sinne erfolgreiche Neukundenansprache findet vorzugsweise in einer deutlich umrissenen Zielgruppe statt und knüpft an den für sie ermittelten (allgemeingültigen) Bedarf an.

Das im Rahmen des § 23 Abs. 1a S. 1 VAG als Freigabeprozess definierte Produktfreigabeverfahren hat die grundlegende Frage zu beantworten, ob ein Produkt und (aus Sicht des Produktgebers) der Vertriebskanal geeignet sind, für bestimmte Zielmärkte Kundenbedürfnisse IDD-konform zu befriedigen.

Diese Frage der **Zielmarktdefinition** stellt sich gleichermaßen für einen Berater, der in der Entwicklung von Geschäftsideen und Beratungsansätzen den besonderen Bedarf seiner Zielkunden im Visier hat.

Die IDD verlangt damit auch an dieser Stelle keinen übermäßigen Aufwand, sondern weist auf die Notwendigkeit einer strukturierten Auseinandersetzung mit den Grundlagen des eigenen Geschäftsmodells hin.

Ergebnis und Kundennutzen

Ziel einer jeden Kundenansprache ist es, einen Kundentermin zu erhalten, nicht mehr und nicht weniger. Erst in diesem Kundentermin soll und kann der Kunde von dem Berater und seinem besonderen Leistungsangebot überzeugt werden.

Viele Berater und Vermittler fallen dennoch bereits in der ersten Ansprache sprichwörtlich „mit der Tür ins Haus" und sprechen über schädliche Finanzprodukte und Kostenreduzierungen, die sich dann zum Kundenvorteil auswirken. Das ist an dieser Stelle für den Kunden weder relevant noch interessant.

Er erhält mit der Terminvereinbarung die Chance, den Berater und seine besonderen Service- und Beratungsleistungen kennenzulernen. Und wenn der Berater nicht davon überzeugt ist, dass dieses für den Kunden nützlich und wertvoll ist, wird er auch den Kunden nicht davon überzeugen können.

Der Nutzen und Wert der Dienstleistung kann nur entstehen, wenn das damit verbundene Angebot strukturiert verkauft und gekauft wird. Und dazu ist zunächst ein Termin mit dem Kunden erforderlich.

Tipp

Im Laufe des (telefonischen) Akquise-Gesprächs wird Ihnen die Frage gestellt, worum es denn in dem angestrebten Termin konkret geht.

Wenn Sie als qualifizierter Finanzdienstleister auftreten wollen, vermeiden Sie bitte, sich durch vordergründig in Aussicht gestellte „Einsparungs- und Optimierungspotenziale" unnötig klein zu machen.

Ihr Ziel ist es, Ihre Finanzdienstleistungskompetenz und zusätzlich besondere Service- und Beratungsleistungen zu verkaufen. Finden Sie entsprechend Ihre persönlichen Formulierungen und wenden Sie diese wie gelernte Vokabeln an.

Sie wollen einen potenziellen Kunden zu einem Kunden entwickeln. Das gelingt professionell und verbindlich nicht einem „kostenlosen und unverbindlichen Kennenlernen". Der Termin ist (eine vernünftige Preisfindung vorausgesetzt) nicht kostenlos und ohne Verbindlichkeit ergibt sich für den Kunden kein Sinn, diesen zu vereinbaren.

11.3.2 Vorstellung und Erstinformation

Mit der gegenseitigen Vorstellung von Berater und Kunde werden grundlegende Empfindungen für eine mögliche weitere Zusammenarbeit festgelegt. In einer auf Professionalität angelegten Beziehung erfolgt bereits hier eine zielgerichtete und auf die Bedürfnisse des Kunden orientierte Kommunikation. Im Mittelpunkt stehen idealerweise vorrangig die Personen, die Dienstleistung wird erst in der nächsten Phase verkauft.

Profi-Prozess für Honorarberatung (2/12)

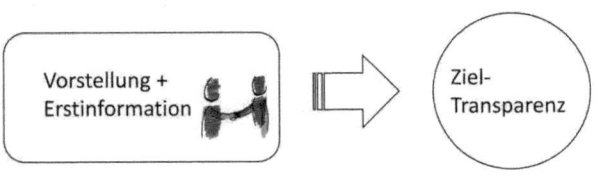

Vorstellung + Erstinformation → Ziel-Transparenz

Sicherheit (Vertrauen) durch interpretationsfreie Offenlegung der Motive des Beraters

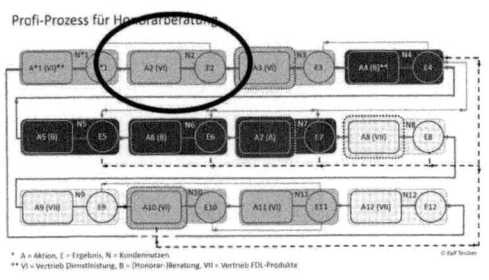

im Teilprozess des Verkaufs (honorarvergüteter) Service- und Beratungsleistungen

Abb. 50: Profi-Prozess für Honorarberatung 2/12

Aktivität und relevante Aspekte der IDD

Vorstellung und Erstinformation eröffnen das (erste) Kundengespräch und sind daher von der akquisitorischen Kundenansprache und der anschließenden Verkaufsphase zu trennen.

Sie sind grundlegend für den Vertrauenserwerb des Beraters, weshalb (auch) der Gesetzgeber entsprechende Vorschriften in die IDD aufgenommen hat, die nicht nur inhaltliche Vorgaben enthalten, sondern auch auf den Wertekodex des Beraters zielen.

In diesem Sinne ist es wichtig, sich den Anforderungen an Transparenz und Verbraucherschutz zu stellen und damit proaktiv umzugehen. Auf der anderen Seite steht aber auch das kommunikative Zusammenspiel von Kunde und Berater, das in dieser vertrauensbildenden Phase des (Verkaufs-) Gesprächs (noch) keine technischen Details verträgt.

Der Berater stellt sich als Person und die Kernelemente seiner Arbeit vor. Idealerweise geht er dabei auf Wertmaßstäbe und (relevante) Qualifikationen ein. Sein Ziel sollte es an der Stelle nicht sein, Vergütungsfragen zu diskutieren. Er möchte sein Gegenüber als Kunden gewinnen und dafür benötigt der Kunde Informationen über ihn als Person und sein Leistungsangebot. Die Frage der Vergütung kann (und muss) in der anschließenden Verkaufsphase geklärt werden.

> **Bezug zu regulatorischen Vorgaben:** Die für den Kunden mit der **Erstinformation** (beim ersten Geschäftskontakt) zur Verfügung zu stellenden Informationen sind in § 15 der VersVermV aufgeführt und beinhalten nach Umsetzung der IDD auch Angaben über die Art der Vergütung, die der Berater für die Vermittlung (im Rahmen der Erstellung klassischer Finanzdienstleistung) erhält. Ebenso ist jetzt anzugeben, von wem und in welcher Form er für seine Leistung vergütet wird.
>
> Für die Art der Informationsbereitstellung lässt § 16 VersVermV u.a. die Möglichkeit zu, diese (nach bestimmten Voraussetzungen) dauerhaft im Internet zu veröffentlichen.
>
> So zeigt sich auch an dieser Stelle, dass der Kunde bereits zu Beginn der Beratung wissen soll, mit wem er ggf. ins Geschäft kommt und der Gesetzgeber zu Recht die Frage der Vergütung damit einschließt. Ihm ist allerdings ebenso bewusst, dass professionelle Beratung in der Kombination digitaler und personaler Elemente besteht und räumt dem Berater die Bereitstellung auf seiner Internetpräsenz ein.
>
> Die zielgerichtete Kommunikation mit dem Kunden hat – auch für den Gesetzgeber – Vorrang vor den Kunden erschlagenden Erstinformationsblättern oder entsprechenden Formularen.

Ergebnis und Kundennutzen

Der Berater stellt verbindlich dar, was er in dem Gespräch erreichen will, nämlich sein(e) Gegenüber als Kunden zu gewinnen. Nach seiner Vorstellung sind seinem zukünftigen Kunden diese Ziele transparent und er kann sich interpretationsfrei auf die anschließende Verkaufsphase einlassen. Damit erhält er die für ihn notwendige Sicherheit und damit die Möglichkeit, Vertrauen in den Berater aufzubauen.

Tipp

Die Hausnummer Ihrer Geschäftsadresse steht auf Ihrer Homepage und muss daher – auch als Bestandteil der vorgeschriebenen Erstinformationen – Ihrem zukünftigen Kunden nicht im Erstgespräch mitgeteilt oder ausgehändigt werden.

Legen Sie in dieser Phase stattdessen die Spielregeln für Ihre Kundenkommunikation fest. Fragen Sie Ihren Kunden und lassen ihn das Vorgehen entscheiden:

- „Wie wollen wir vorgehen ...?"

- „Wollen wir direkt einsteigen oder soll ich mich kurz vorstellen ...?"

Wer fragt, der führt und wer entscheidet, führt auch. So sorgen Sie von Beginn an für eine Arbeit auf Augenhöhe. Sie unterscheiden sich damit deutlich von „Bittstellern", die „kostenlos und unverbindlich" einsteigen, um am Ende des Weges irgendein Finanzprodukt aus dem Portfolio des Kunden zu optimieren, indem Sie dessen Preis reduzieren.

Starten Sie – zum Beispiel mit folgenden Formulierungsvorschlägen – professionell mit Ihrer persönlichen Markenbildung:

- „Ich persönlich arbeite seit nunmehr ... Jahren in und für ..."

- „Mit meinem Maklerunternehmen fokussiere ich mich seit ... auf die besonderen Belange von ..."

- „Mir ist dabei wichtig, dass Ihnen jederzeit transparent ist, welche Lösungen Sie haben und vor allem, was Sie damit bewirken."

- „Ich bin gerne Ihr Partner für die ... Ihrer besonderen ... Herausforderungen."

- „Wie das im Einzelnen aussehen kann, zeige ich Ihnen in diesem Gespräch/nachher ..."

11.3.3   Bedarfsermittlung mit Angebot und Auftrag (Verkauf)

In diesem aus Sicht des Beraters wohl wichtigsten Schritt geht es darum, dem Kunden die besondere Service- und Beratungsleistung sowie die dann folgende Finanzdienstleistung zu verkaufen. Das kann sowohl einzelne Pakete als auch die Gesamtleistung umfassen.

In der Produktvermittlung (von Brutto- oder Nettotarifen) wird erst am Ende der Arbeit mit Kunden das Thema des Verkaufs angesprochen. Nettovermittler vergleichen (oftmals etwas verstohlen) Renditeeffekte von Brutto- und Nettotarifen und leiten daraus ein in Ihren Augen angemessenes Honorar ab. Auch wenn gerne herausgestellt wird, dass dieses dann Beratung und kein Verkauf sei, ist das lediglich einfacher Produktvertrieb.

Nur derjenige, der von dem Wert und Nutzen seiner Leistung überzeugt ist, kann diese Überzeugung seinen Kunden vermitteln. Wer dies selbstbewusst und auf Augenhöhe mit dem Kunden vermittelt, verkauft im positiven Sinne. Er führt den Kunden dahin, eine Entscheidung für ihn und seine besondere Beratungsleistung zu treffen.

Profi-Prozess für Honorarberatung (3/12)

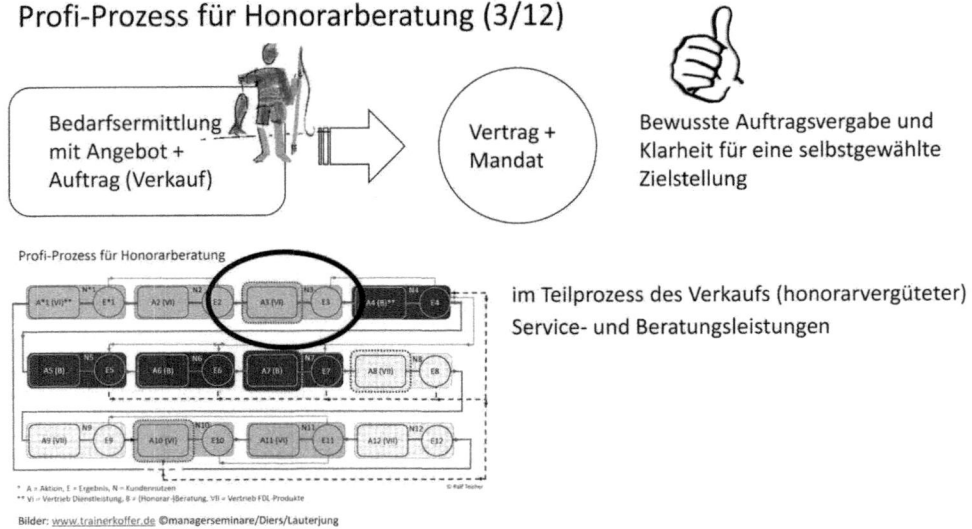

Bedarfsermittlung mit Angebot + Auftrag (Verkauf) ⟹ Vertrag + Mandat	Bewusste Auftragsvergabe und Klarheit für eine selbstgewählte Zielstellung

im Teilprozess des Verkaufs (honorarvergüteter) Service- und Beratungsleistungen

Abb. 51: Profi-Prozess für Honorarberatung 3/12

Aktivität und relevante Aspekte der IDD

Verkaufen ist nicht alles, aber ohne Verkaufen ist alles nichts. Nach einer konkreten Leistungsbeschreibung, die auf spürbaren Kundennutzen aufbaut, und einer fundierten Preisbildung kommt es in diesem Schritt darauf an, über die eigene (Beratungs-)Dienstleistung seine potenziellen Kunden dahin zu führen, eine entsprechende Kaufentscheidung zu treffen. Das Fundament dazu liefert ein (z.B. anhand dieses Buches entwickeltes) fundiertes Geschäftsmodell und die Fähigkeit zur zielgerichteten Kommunikation.

Daher erfolgt hier weder eine inhaltliche Auseinandersetzung mit Lösungen oder Produkten noch eine Diskussion über Renditeeffekte und daraus abzuleitende Honorare. Es geht darum, die Bedürfnisse des Kunden zu erfragen und daraus kundenorientiert den Nutzen der angebotenen Dienstleistung zu argumentieren und zum Abschluss zu bringen.

Entsprechend sind hier zielgerichtet kommunikative Instrumente und Werkzeuge (Fragetechniken, Einwandbehandlungen, Abschlusstechniken etc.) einzusetzen, die dem Kunden helfen, diese Entscheidung zu treffen.

Je nutzenstiftender der Informationsgehalt der in Aussicht gestellten Beratung ist, die ja ausschließlich aus Informationen besteht, desto größer ist die damit verbundene Wertschöpfung und gleichzeitig das Potenzial der damit verbundenen Wertschätzung, also seines Preises. (Schmidt, 2016, S. 3) Diese Phase folgt daher ausschließlich der Frage, was den Kunden interessiert (und das ist nicht die Differenzierung von Alpha- oder Betakosten).

Bezug zu regulatorischen Vorgaben: Da sich die aus IDD und MiFID II abgeleiteten Vorschriften auf die Beratung vor der Vermittlung von Finanzprodukten beziehen, gibt es für diese Phase keinen regulatorischen Rahmen. Sie kann vollständig auf die Bedürfnisse und die dahin führende Kommunikation ausgerichtet werden.

Ergebnis und Kundennutzen

Am Ende dieser Phase hat der Kunde dem Berater ein Mandat erteilt, ihn zu beraten und sie haben dieses idealerweise vertraglich fixiert (vgl. 7.7 Vertragsgestaltung).

Wurde auf dem Weg dahin professionell kommuniziert, ist der Kunde dazu in der Lage, eine bewusste Entscheidung für die Auftragsvergabe einer selbstgewählten Zielstellung zu treffen.

Mit gewissermaßen nun „offenem Visier" können beide in die Beratung einsteigen und den für den Kunden relevanten Return on Investment (ROI) realisieren (vgl. 7.2.2.3 Kunden und Integration des externen Faktors).

Tipp

„Ein Berater, der für seine Beratung kein Geld verlangt, ist ein Verkäufer." Diese oder ähnliche Formulierungen werden gerne genutzt, um Honorarberater gegenüber Provisionsvermittlern abzugrenzen.

Derartige Aussagen sind allerdings nicht einmal aus theoretischer Sicht tragbar und sprechen Beratern ihre grundsätzliche unternehmerische Fähigkeit und Orientierung ab.

Wer als Berater seine Beratungsleistung nicht eigenständig verkauft, kann maximal unter einer tragfähigen Marke eines Versicherungskonzerns und in dessen Ausschließlichkeitsorganisation als Intermediär tätig sein.

Wer im (bestmöglichen) Kundeninteresse (auch im Sinne der Wohlverhaltensregeln der IDD) beraten und vermitteln will, muss (klassisch positiv) verkaufen können.

Widerstände entstehen dabei in der Regel nur durch fehlende oder missverständliche Kommunikation. Wer engagiert ein fundiertes Geschäftsmodell aufbaut und umsetzen will, sollte sich das dadurch nicht selbst zerstören und seine Kommunikationskompetenz entsprechend optimieren.

11.3.4   Strukturierte Bestandsaufnahme

Mit der strukturierten Bestandsaufnahme beginnt der Teilprozess der Erbringung besonderer Service- und Beratungsleistungen. Dieser bildet das Kernelement der Dienstleistung des Beraters. Hier entfaltet er seine vollständige Beraterpersönlichkeit und punktet mit persönlicher, fachlicher und sozialer Kompetenz (vgl. 9.2 Beraterpersönlichkeit und Qualifizierung).

In diesem ersten Schritt geht es darum – rein quantitativ – zu erfassen (und wahrscheinlich auch zu sortieren), welche Lösungen und Produkte der Kunde hat. Im Rahmen einer persönlichen Finanzplanung sind das in der Regel Finanzprodukte und auch Sachwerte und Immobilien. Für das Themenfeld „Tod und Nachlass" bspw. gehört auch eine Vereinbarung mit einem Bestatter etc. dazu.

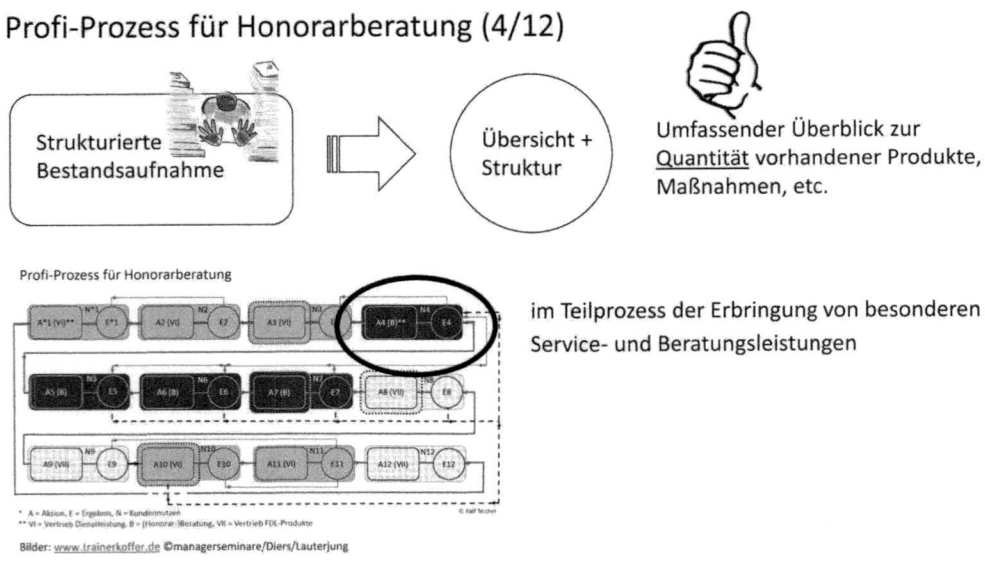

Abb. 52: Profi-Prozess für Honorarberatung 4/12

Aktivität und relevante Aspekte der IDD

Die Bestandsaufnahme erfasst möglichst strukturiert die vorhandenen (finanziellen) Mittel des Kunden. An dieser Stelle wird über die aktuelle Finanz- und Lebenssituation des Kunden und noch nicht über mögliche (Anlage-)Ziele und Zukunftspläne gesprochen.

Bezug zu regulatorischen Vorgaben: Für den Prozessschritt der strukturierten Bestandsaufnahme kann kein unmittelbarer Bezug zur Regulatorik hergestellt werden. Mittelbar ist er allerdings durch das (privatwirtschaftliche) DIN [69]-Verfahren und die Bestrebungen zur Etablierung verschiedener Normen zur Standardisierung von Beratungsabläufen damit in Verbindung zu bringen.

---

69   DIN: Das Deutsche Institut für Normung ist ein eingetragener Verein, der privatwirtschaftlich getragen wird und die Standardisierung an ihn herangetragener Vorschläge organisiert, abstimmt und veröffentlicht.

Für den Finanzdienstleistungsbereich sind bislang durch das DEFINO Institut für Finanznorm[70] verschiedene Standardisierungsverfahren für die Finanz-, Vermögens- und Risikoanalyse für private Haushalte und gewerbliche Kunden initiiert worden. Für 2018 wird von DEFINO die Veröffentlichung des ersten Standards auf DIN-Norm-Niveau[71] (bislang DIN-SPEC[72]) für die „Basisfinanzanalyse für Privathaushalte" (DIN 77230) erwartet (www.defino.de).

Sie gibt einen Leitfaden zur strukturierten Erfassung, Analyse und Ergänzung vorhandener Kundendaten und deren Produktportfolios. In der Praxis werden diese Leitfäden bzw. auch Vorgaben in der Regel technisch unterstützt eingesetzt und kommen entsprechend häufig in größeren Vertriebseinheiten zum Einsatz oder werden durch Pools und Dienstleister zur Verfügung gestellt (vgl. 7.5 Organisation geeigneter Technik).

Ergebnis und Kundennutzen

In der Bestandsaufnahme werden die zur Auswertung und Analyse erforderlichen Daten gesammelt und strukturiert. Die Darstellung ist dabei bereits eine erste Form der Auswertung und weiteren Zielstellung.

Im Rahmen einer persönlichen Finanzplanung wird die reine Bestandssicht in der Form einer Vermögensbilanz erfasst. Für die Liquiditätssicht eignet sich die Einnahmen-Ausgaben-Rechnung, eine Ergebnisrechnung lenkt den Blick auf die Rendite, mögliche Risiken sind aus einer Ausfallvorsorgerechnung zu erkennen und eine Steuerrechnung erfasst schließlich die Abgabensicht. (Schmidt, 2016, S. 33)

Der Kunde erhält immer eine Gesamtsicht auf seine finanzielle Situation, die bereits an dieser Stelle mit einer besonderen Zielstellung für die weitere Betrachtung verknüpft ist. Dennoch wird hier zunächst rein quantitativ erfasst und dokumentiert.

Der Kunde erhält einen Überblick zur Quantität vorhandener Lösungen und/oder Produkte. Dabei ist in dieser Phase auf eine wertungsfreie, neutrale und vor allem interpretationsfreie Darstellung und Erläuterung zu achten. Das Gespräch mit dem Kunden hierüber folgt im übernächsten Schritt.

Tipp

An dieser Stelle liegen für den Kunden und Berater „die Karten auf dem Tisch". Sie haben (vertraglich) vereinbart, wir ihre Zusammenarbeit aussieht und der Berater kann nun ohne den oft beschworenen Verkaufsdruck arbeiten.

Oft neigen Berater an dieser Stelle jetzt dazu, die bis dahin diszipliniert eingehaltenen kommunikativen Spielregeln über Bord zu werfen und den Kunden wieder zu verlieren, wenn sie bspw. die Bestandsaufnahme im Beisein des bzw. gemeinsam mit dem Kunden erstellen wollen.

---

70   DEFINO Institut für Finanznorm GmbH, Bergheimer Str. 147, 69115 Heidelberg (Firmensitz: Gut Möhlhorst, 24357 Fleckeby).

71   Eine Norm legt widerspruchslos verbindliche Anforderungen an Produkte, Dienstleistungen oder Verfahren fest.

72   Eine Spezifikation „SPEC" legt ihre Anforderungen widerrufbar fest. Im Gegensatz zur Norm wird sie (nur) durch ein temporär zusammentretendes Gremium erstellt und kann (nur) durch einfache Mehrheit beschlossen werden.

Breiten Sie daher bitte jetzt keine umfangreichen Analysebögen vor Ihren Kunden aus oder fahren Ihr Erfassungsprogramm mit 112 Fragen hoch.

Eine professionelle Bestandsaufnahme wird selbstverständlich digital unterstützt. Verschaffen Sie Ihren Kunden ein entsprechendes Login für eine interaktive Sichtung und Erfassung. Bieten Sie Ihrem Kunden alternativ an, Ihnen – ganz klassisch – die Unterlagen mitzugeben. Fangen Sie nicht an, diese beim Kunden zu fotografieren oder vollständig zu erfassen. Sagen Sie klar, was und welche Daten Sie (und nicht Ihre Erfassungssoftware) benötigen und organisieren Sie diesen Schritt so, dass nach wie vor der Kunde und nicht seine Daten und/oder Produkte im Vordergrund stehen.

11.3.5 Analyse und Gutachtenerstellung

Die Analyse der Daten und Informationen, die der Kunde seinem Berater anvertraut, ist eine Aufgabe, die neben fachlicher Expertise auch hohe Anforderungen an das Wertegerüst des Beraters stellt. Der Kunde erfährt hier spürbar den Unterschied zwischen abhängiger und unabhängiger Beratung.

Der Berater beantwortet ihm die Frage, „wie weit" er mit den vorhandenen Lösungen und/oder Produkten kommt. Dabei erfolgt an dieser Stelle die qualitative Auswertung – ebenso wie zuvor die quantitative Aufstellung – noch immer absolut wertungs- und interpretationsfrei.

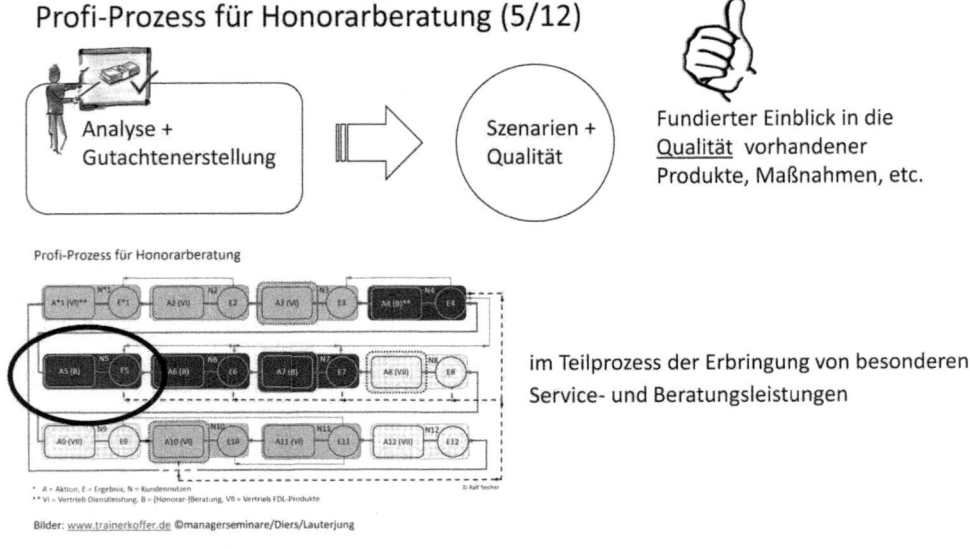

Abb. 53: Profi-Prozess für Honorarberatung 5/12

Aktivität und relevante Aspekte der IDD

Berater und Vermittler werden kaum auf Kunden treffen, die ihnen ohne vorhandene Produkte oder bestehende Verträge gegenübersitzen. Nach Sichtung und Sortierung dieser Unterlagen stellt sich in der Regel dann die Frage „Geht das noch billiger?" und Einzelverträge werden getauscht.

Mit der Gegenüberstellung von Nettotarifen mit vorhandenen Bruttolösungen hat der Vermittler nun auch noch ein zusätzliches Instrument, damit in die Verdrängung einzusteigen.

Die Analyse in diesem Prozess folgt entgegen dieser Praxis ausschließlich der Frage, wie weit das vorhandene Produkt jeweils trägt bzw. was damit bewirkt wird (z.B.: Wieviel Kapital steht wann voraussichtlich zur Verfügung und wie lange kann es verzehrt werden?).

Die Frage, was aus Sicht des Kunden (eigentlich) damit bewirkt werden soll, wird im anschließenden Strategiegespräch erörtert. Daher kann hier (auch nicht durch Algorithmen, die dazu das Einkommen des Kunden heranziehen) noch keine „Lücke" aufgezeigt werden, sie könnte nur interpretiert werden.

Die Zusammenfassung der Analyse erfolgt idealerweise in Form eines Gutachtens, das selbstverständlich auch negative Effekte von ggf. vorhandenen hohen Kosten beschreibt. Sie werden in diesem Schritt idealerweise (noch) nicht thematisiert, das Gutachten wird im laufenden Prozess dazu immer wieder herangezogen.

Der Kunde will keine „Vorlesung" über Renditeeffekte oder Kostenarten (vgl. 6.4.2 Kostenstrukturen von Altersvorsorgeprodukten). Wer hier neutral und unabhängig (was ja das Wesen eines Gutachtens ist) ihm sein vorhandenes Portfolio analysiert, hebt sich damit deutlich von den (und das sind die meisten) Mitbewerbern ab, die sich im Wesentlichen damit hervortun andere abzutun.

Bezug zu regulatorischen Vorgaben: Die Transparenzvorschriften von IDD und MiFID II führen dazu, dass in Neuverträgen mit einfachen Mitteln entsprechende Szenarien entwickelt werden können, da jetzt wesentliche Informationen bspw. zu darin enthaltenen Kosten ohne größeren Aufwand ablesbar sind.

Für die Analyse von Altverträgen sind diese Informationen nach wie vor oft nur über Umwege zu beschaffen. Daher empfiehlt es sich, mit darauf spezialisierten Dienstleistern zusammenzuarbeiten, die entsprechende Daten vorhalten und (in besonders entwickelten Analysetools) zur Verfügung stellen (vgl. 9.1 Organisation von Kooperationen).

Ergebnis und Kundennutzen

Der Kunde erhält mit dem Gutachten seines Beraters einen fundierten Einblick in die Qualität vorhandener Produkte und Lösungen. Diese wird ihm anhand verschiedener Szenarien interpretations- und wertungsfrei aufgezeigt.

Damit erlebt er einen Berater, der für ihn und nicht zur Platzierung weiterer Produkte seine Unterlagen sortiert, strukturiert und professionell analysiert hat.

Unabhängige Beratung folgt nicht der Frage, wer am Ende des Weges die Vermittlung von Produkten bezahlt, sondern, ob unabhängig von jeglichen Interessen (auch Honorarvermittlungsinteressen) eine „saubere" Analyse unvoreingenommen zur Grundlage des weiteren Prozesses werden kann.

Selbstverständlich wissen Sie als Berater um die negativen Effekte kostenbelasteter Verträge und Sie werden häufig genau dort Ansätze finden, Kunden mit kostenoptimierten Nettoprodukten schneller oder günstiger an ihr angestrebtes Ziel zu bringen.

Das sollten Sie allerdings erst mit ihm diskutieren, nachdem Sie im nun folgenden Strategiegespräch die Ziele erfragt haben.

Tipp

Der Kunde hat die Entscheidung für vorhandene Produkte getroffen und möchte jetzt nicht von Ihnen hören, wie dumm diese Entscheidung war. Noch weniger möchten Sie, dass er Sie mit Ihrem Vorgänger, der diese Produkte vermittelt hat, in den gleichen negativen „Topf" steckt. Das erreichen Sie aber nur, indem Sie Ihren Vorgänger nicht schlecht machen.

Der Analyseschritt verlangt in der Kommunikation ein Höchstmaß an Sensibilität und Disziplin. Das von Ihnen erstellte Gutachten soll Grundlage einer langfristigen Zusammenarbeit mit dem Kunden sein. Als unzureichend identifizierte Lösungen sind zunächst einmal da und nicht rückgängig zu machen.

Lückenberechnungen, Ampeldarstellungen oder „Du-musst"-Szenarien haben ebenfalls wenig mit professioneller und vor allem unabhängiger Beratung zu tun.

11.3.6 Strategiegespräch zur Erstellung eines Sollkonzeptes

Mit dem Strategiegespräch arbeiten Kunde und Berater endgültig auf Augenhöhe miteinander. Der Berater moderiert seine(n) Kunden (Kundenhaushalt) in der individuellen Strategiefindung und unterstützt ihn mit seinem fachlichen Know-how bei der Entwicklung eines Sollkonzeptes. Die Informationen und Erfahrungen, die er hier – auch auf Basis des zuvor erstellten Gutachtens – beisteuert, sind seine besonderen und eigenen Produktionsfaktoren.

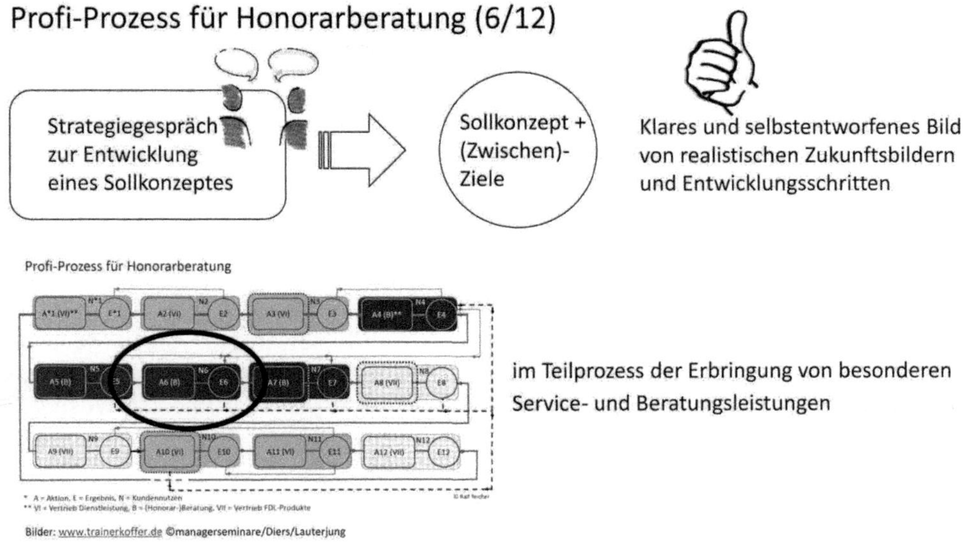

Profi-Prozess für Honorarberatung (6/12)

Strategiegespräch zur Entwicklung eines Sollkonzeptes

Sollkonzept + (Zwischen)- Ziele

Klares und selbstentworfenes Bild von realistischen Zukunftsbildern und Entwicklungsschritten

Profi-Prozess für Honorarberatung

im Teilprozess der Erbringung von besonderen Service- und Beratungsleistungen

* A = Aktion, E = Ergebnis, N = Kundennutzen
** VI = Vertrieb Dienstleistung, B = (Honorar-)Beratung, VII = Vertrieb FDL-Produkte

Bilder: www.trainerkoffer.de ©managerseminare/Diers/Lauterjung

Abb. 54: Profi-Prozess für Honorarberatung 6/12

Aktivität und relevante Aspekte der IDD

Die aus dem Gutachten vorliegenden Szenarien werden nun im Gespräch mit dem Kunden erörtert und hinterfragt. Daraus können sich – nach Einbeziehung auch alternativer Optionen – jetzt auch bestimmte Versorgungslücken oder Handlungsoptionen ergeben.

Je differenzierter und umfassender der Berater fragt, desto professioneller und wertiger erlebt der Kunde die Beratung. Die Beratung fokussiert sich vorrangig auf den Kunden und ist deutlich von der produktbezogenen Beratung im folgenden Teilprozess der Erstellung klassischer Finanzdienstleistungen zu unterscheiden. Dort werden Fragen zur Geeignetheit in Frage kommender Anlage- oder Vorsorgelösungen angegangen.

Mit dem Strategiegespräch wird der übergeordnete Rahmen dazu gespannt. Eine Diskussion grundsätzlicher Einstellungen zu Risiko und Vorsorge ermöglicht es ihm, sich darin zu positionieren.

Je mehr Raum dem Kunden dafür eingeräumt wird, desto wertiger erlebt er die Beratung, die daher an dieser Stelle wesentliche Elemente des Coachings beinhalten sollte.

Möglicherweise ergeben sich aus dem Gespräch Ideen und damit verbundene Fragestellungen, die der Berater in seiner eigenen Expertenrolle nicht beantworten kann. Professionelle Berater greifen dann auf ein organisiertes und funktionierendes Netzwerk zurück und gestalten so auch für ergänzende Themenstellungen den Lösungsprozess (vgl. 9.2 Organisation von Kooperationen).

Ergebnis und Kundennutzen

Mit dem Sollkonzept entwirft der Kunde ein Zielbild seiner realen und (spiegelbildlich) finanziellen Zukunft. Der Berater sorgt dafür, dass erreichbare Zwischenziele definiert und entsprechend erforderliche Aufwendungen konkretisiert werden. Damit werden das Zielbild und die Zwischenschritte real und können in der folgenden Maßnahmenplanung im Detail ausformuliert werden.

Nicht Standards oder Software führen in die Maßnahmenplanung und ihre Umsetzung, sondern der Kunde. Seine Vorstellungen, Ziele und Wünsche sind die Basis für damit verbundenen Aufwand und erforderliche Investitionen.

In der Kommunikation kommt für den Berater in dieser Phase vorrangig seine (geschulte) Fragetechnik zum Einsatz, wobei hier in der offenen Fragestellung auch (in der Verkaufsphase zu vermeidende) Fragen nach Gründen und Motiven (Wieso? Weshalb? Warum?) zielführend sind.

Tipp

In Strategieentwicklungsprozessen von Unternehmen werden Zielbilder und Zukunftsszenarien oft auch bildlich gestaltet bzw. unterstützt. Sie werden damit vorstellbar und greifbar, sodass damit (Mitarbeitern) die Angst vor möglicherweise erforderlichen Veränderungen oder Zusatzanstrengungen genommen wird.

Warum übertragen Sie das nicht auf Ihre Kunden und visualisieren mit ihnen deren Zukunft. Entwerfen Sie nicht nur theoretische Bilder, zeichnen Sie diese. Die Aussicht, ein Ziel in der Form eines selbst entworfenen Bildes zu erreichen, ist hinsichtlich einer Investition deutlich motivierender als das Schließen einer „Versorgungslücke", die ein PC-Programm auswirft.

11.3.7   Maßnahmenplanung

Im Rahmen der Maßnahmenplanung werden mögliche Umsetzungswege (noch nicht Umsetzungsschritte) diskutiert und definiert.

Grundlage dazu bilden das aus der strukturierten Bestandsaufnahme und Analyse entstandene Gutachten des Beraters (Ist-Situation) sowie das mit dem Kunden im Strategiegespräch entwickelte (und visualisierte) Sollkonzept mit den entsprechenden Zwischenschritten.

Profi-Prozess für Honorarberatung (7/12)

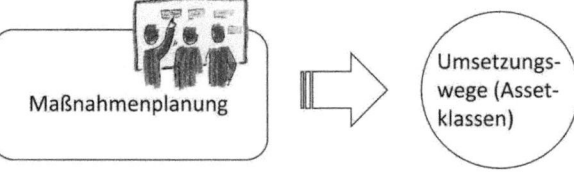

Maßnahmenplanung ⟹ Umsetzungs-wege (Asset-klassen)

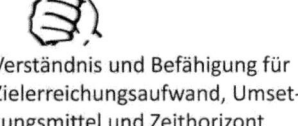

Verständnis und Befähigung für Zielerreichungsaufwand, Umsetzungsmittel und Zeithorizont

Profi-Prozess für Honorarberatung

im Teilprozess der Erbringung von besonderen Service- und Beratungsleistungen

* A = Aktion, E = Ergebnis, N = Kundennutzen
** VI = Vertrieb Dienstleistung, B = (Honorar-)Beratung, VII = Vertrieb FDL-Produkte

Bilder: www.trainerkoffer.de ©managerseminare/Diers/Lauterjung

Abb. 55: Profi-Prozess für Honorarberatung 7/12

Aktivität und relevante Aspekte der IDD

Im Strategiegespräch wurde die grundsätzliche Einstellung des Kunden zu Risiko und Vorsorge erörtert. Vor der im Rahmen der anschließenden Beratung zu erfolgenden Klärung der Geeignetheit konkreter Lösungen wird an dieser Stelle die grundsätzliche Funktion alternativer Assets (assetklassenübergreifend) dargelegt und die Affinität des Kunden, darin zu investieren, geklärt.

So spielen hier bspw. grundsätzliche Möglichkeiten unterschiedlicher Assets in Bezug auf Sicherheit, Rendite oder Verfügbarkeit, Fragen des aktiven vs. passiven Investierens oder die mit alternativen Investments verbundenen Chancen und Risiken in Bezug auf deren Veräußerbarkeit eine Rolle.

Der Berater tritt hier wieder mehr in den Vordergrund und sorgt für einen Informationsgewinn des Kunden, der nun versteht, in welchem Rahmen (Chancen und Risiken) er seine anschließenden Investitionsentscheidungen trifft.

Er spielt seine – auch übergreifend vorhandenen – fachlichen Kompetenzen aus und sorgt so für zusätzlichen Informationsgewinn (vgl. 9.2 Beraterpersönlichkeit und Qualifizierung). In der Kommunikation mit dem Kunden ist er vor allem gefordert, diesem die Wechselwirkungen von Rendite und Risiko sowie deren Auswirkungen auf die angestrebte Zielerreichung und mögliche Zielerreichungsgeschwindigkeiten transparent zu machen.

Auch wenn es an dieser Stelle noch um die übergreifende Empfehlung auf der Ebene von Assetklassen geht, ist in der Praxis der Übergang zur anschließenden produktbezogenen Beratung und Empfehlung fließend.

Bezug zu regulatorischen Vorgaben: Die Maßnahmenplanung eröffnet gewissermaßen die anschließende Beratung im Kontext klassischer Finanzdienstleistung. Durch die hier eingeschlagenen Wege ergeben sich auch Auswirkungen auf die zulässigen Umsetzungsmöglichkeiten durch den Berater.

Dabei sind die Abgrenzungen von der Gewerbeordnung (GewO) zum Rechtsberatungsgesetz (RDG) zu beachten. Im Kontext der Gewerbeordnung darf sich der Berater nur im Rahmen seiner zugelassenen Tätigkeit bewegen oder er muss dafür mehrere **Zulassungen** erwerben (vgl. 5.2 Rechtsgrundlagen für Honorarberater).

Wer in dem hier beschriebenen Sinn professionell zu qualifiziertem Vermögensaufbau beraten will, kann aus Kundensicht nicht mehr nur mit einer Versicherungsvermittlungszulassung nach § 34d GewO Netto-Lebensversicherungs-Tarife anbieten.

Hier sind mindestens Finanzlagen im Umfang des § 34f Abs. 1 Nr. 1 GewO mit einzubeziehen. Die IDD schlägt mit den Vorschriften zu Versicherungsanlageprodukten ohnehin eine Brücke in die Anlagewelt und den Vorschriftenbereich von MiFID II, ohne die kein qualifizierter (Vermögens-)Berater in der persönlichen Beratung und generell in Zukunft auskommen wird.

Je nachdem wie eigenständig die Erbringung besonderer Service- und Beratungsleistungen von der klassischen Finanzdienstleistung entfernt ist, haben ggf. auch die neu geschaffenen Regelungen zu Querverkäufen eine Relevanz. Mit **Querverkäufen** sind gebündelte Produkte oder Paketlösungen gemeint, die Versicherungsprodukte mit anderen Produkten, wie bspw. Assistance Leistungen, kombinieren.

Dabei ist sicherzustellen, dass das Versicherungsprodukt immer das Hauptprodukt ist. Ansonsten ist dieses separat zu beraten und zu vermitteln (§ 7a Abs. 3 VVG). Über die Möglichkeit zur Trennung ist ebenfalls zu informieren (§ 7a Abs. 1, 2 VVG).

Ergebnis und Kundennutzen

Mit der Maßnahmenplanung sind die Wege zur Zielerreichung erklärt und definiert, sodass der Kunde nun dazu in der Lage ist, die erforderlichen Mittel und die notwendige Zeit zur Realisierung der Zwischenergebnisse und des Gesamtzieles umzusetzen.

Idealerweise delegiert er jetzt nicht nur die Organisation der nun folgenden Schritte, sondern auch das laufende Controlling an seinen Berater, der nun in die Erstellung klassischer Finanzdienstleistungen einsteigt.

Neben der Beschaffung, die er aufgrund der bis zu diesem Zeitpunkt erfahrenen Kompetenz mit Sicherheit an den Berater delegieren wird, ist hier ein solides Fundament für ein dauerhaftes Betreuungsmandat entstanden, das einer klaren Zielstellung folgt.

Der Berater wird dann nicht nur die Risikoverteilung des Portfolios und die Performance der darin enthaltenen Produkte im Blick haben, sondern seinen Kunden regelmäßig an den zur Realisierung erforderlichen Aufwand und die entsprechenden Schritte erinnern.

Tipp

Viele Wege führen bekanntlich nach Rom und wenn sich der Kunde im Rahmen der Maßnahmenplanung für einen (weiteren) Umsetzungsweg entscheidet, der nicht in das Kompetenzfeld des Beraters passt, sollte er dafür entsprechende Netzwerkpartner vorhalten, die die einzelnen Schritte auf diesem Weg (die Umsetzung) für ihn und in seinem Sinne organisieren.

Der Berater verliert dadurch in den Augen seiner Kunden nicht an Kompetenz, sondern er steigert diese und führt durch das Delegieren und Organisieren zusätzlicher Themenfelder zu zusätzlicher Wertsteigerung seiner Beratungsleistung.

11.3.8 Beratung und Dokumentation

Mit der Beratung und Dokumentation steigen Kunde und Berater in den klassischen Vermittlungsprozess von Finanzdienstleistungsprodukten ein.

Der Kunde delegiert die Produktauswahl und Beschaffung an einen Berater, dessen Kompetenzen er in den bisherigen Prozessschritten bereits erfahren hat und auf dessen Loyalität er sich auf Basis der der bisherigen Zusammenarbeit verlassen kann (vgl. 6.5.1 Überwindung des doppelten Prinzipal-Agent Problems).

Die Beratung erfolgt (selbst mit anschließender Vermittlung von Provisionsprodukten) völlig unabhängig und im vollständigen Kundeninteresse, das in den bisherigen Prozessschritten fixiert worden ist.

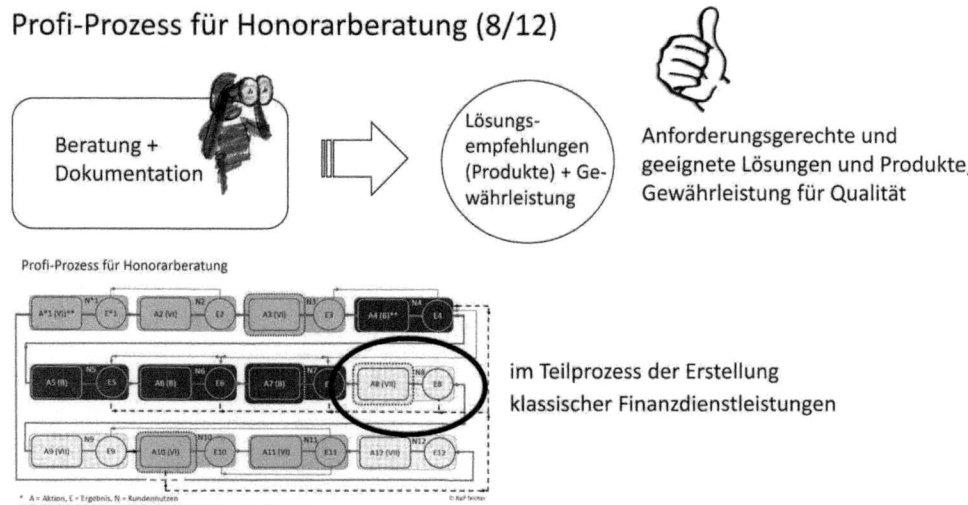

Abb. 56: Profi-Prozess für Honorarberatung 8/12

Aktivität und relevante Aspekte der IDD

Die Beratung beschreibt sämtliche Aktivitäten, die im Rahmen der Produktauswahl und Beschaffung vom Berater erledigt werden. Hier spielen jetzt nicht nur Bedarf und Bedürfnis des Kunden eine Rolle, sondern auch eine Prüfung und Entscheidung, ob der Kunde geeignet ist, eine entsprechende Produktlösung in Anspruch zu nehmen.

Er soll dann selbst dazu in die Lage versetzt werden, eine vernünftige Produktauswahlentscheidung zu treffen. In professionellen Maklerbetrieben führt die persönliche Beratung (schon heute) dazu, dass Kunden dazu befähigt werden, bestimmte Produktlösungen im Anschluss eigenständig digital (über die Makler-Homepage) zu beschaffen.

Die mit der IMD eingeführte Beratungsdokumentation (§ 62 f. VVG) erfasst umfänglich die hier getroffenen Entscheidungen und dokumentiert gleichermaßen mögliche, aber nicht realisierte Optionen.

> **Bezug zu regulatorischen Vorgaben:** Nach Art. 20 IDD sollen Berater und Vermittler in der konkreten produktbezogenen Beratung
>
> - die Wünsche und Bedürfnisse potenzieller Kunden erfragen,
>
> - ihnen objektive Produktkriterien mitteilen,
>
> - die Übereinstimmung von Produkt und Kundenbedürfnis sicherstellen und
>
> - persönliche Empfehlungen zur (übergeordneten) Geeignetheit bestimmter bzw. ausgewählter Produkte geben.
>
> Das Ganze hat ehrlich, redlich und professionell und im bestmöglichen (nicht ausschließlichen!) Kundeninteresse zu erfolgen (Art. 17 Abs. 1 IDD und § 1a VVG).
>
> Damit beschreibt der Gesetzgeber (lediglich) das, was (mit und ohne Regulierung) professionelle Beratung und Berater auszeichnet.
>
> Der Verweis auf das bestmögliche und nicht ausschließliche Kundeninteresse weist darüber hinaus auch noch einmal auf den für den Berater maßgeblichen Zweck der Beratung – nämlich damit Geld zu verdienen – hin. Ein tragfähiges Geschäftsmodell, das auch im bestmöglichen Interesse des Beraters funktioniert, gefährdet unter den gegebenen Voraussetzungen an keiner Stelle das Kundeninteresse.

Ergebnis und Kundennutzen

Aus der Beratung erhält der Kunde passgenaue Lösungsempfehlungen, die seinen Anforderungen voll entsprechen und für die der Berater aufgrund seiner Haftung die Gewähr übernimmt.

Tipp

> Besondere Auswahlkriterien können den Wert der Beratung zusätzlich steigern. Bspw. kann die konsequent nachhaltig orientierte Auswahl von Produktvorschlägen und Lösungen ein weiterer besonderer Service des Beraters sein.
>
> Den damit verbundenen Zusatzaufwand werden Kunden, denen dieses Kriterium wichtig ist, ohne Frage auch bereit sein zu vergüten (vgl. 4.1.2 Verändertes Kundenverhalten).

An diesem Beispiel lässt sich ebenso schön die grundsätzliche Aufgabe bzw. Leistung des Beraters festmachen. Er organisiert für seinen Kunden Lösungen für mit ihm besprochene Themenstellungen und erweitert bei Bedarf den rein finanzwirtschaftlichen Rahmen bspw. um ethische Aspekte.

Der Berater ist dagegen nicht für die Produktperformance verantwortlich, das entscheiden Märkte. Dennoch begehen immer noch viele den Fehler, sich zu nah mit dem Produkt in Verbindung zu bringen. Dabei gerät die eigene Beratungs- und Serviceleistung in den Hintergrund bzw. erst gar nicht in den Blickwinkel des Kunden.

11.3.9 Beschaffung und Umsetzung

Im Rahmen der Beschaffung und Umsetzung organisiert der Berater den Portfolioaufbau und -ausbau für seine Kunden. Er übernimmt die Abwicklung mit Produktgebern und sorgt für die Passgenauigkeit der Produkte. Damit legt er an dieser Stelle eine weitere Grundlage für die anschließende laufende Betreuung und Überwachung.

Der Kunde kann (bei einfachen Produkten) die Beschaffung auch selbst vornehmen. In der Regel wird er das bei digital angebotenen Produkten bei ausgesuchten Direktversicherern tun, wenn der Berater ihm die dafür erforderlichen Kriterien dargelegt hat, oder der Makler unterhält eine Homepage, auf der dieser Vorgang ebenfalls vom Kunden selbst zu erledigen ist.

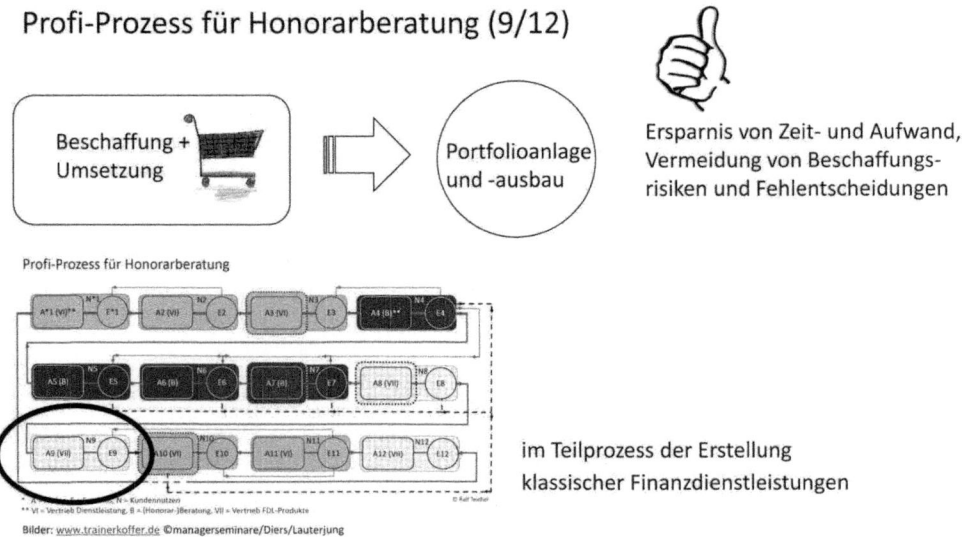

Abb. 57: Profi-Prozess für Honorarberatung 9/12

Aktivität und relevante Aspekte der IDD

Die Beschaffung und Umsetzung ist von der Beratung und Dokumentation zu trennen, da hier die Interaktion mit den Produktgebern erfolgt und zu eigenen Ergebnissen führt.

Sie stellt keine besonderen Anforderungen an die Kommunikation mit dem Kunden und unterliegt keinen besonderen regulatorischen Anforderungen.

Ergebnis und Kundennutzen

Der Kunde erhält in dieser Phase die Produkte und Lösungen, die er im vorherigen Prozess beauftragt hat. Wenn er dieses nicht selbst digital erledigt, erspart er sich damit Zeit und Aufwand, die passenden Zugangskanäle im Internet zu suchen, und vermeidet Fehlkäufe auf Vergleichsportalen. Er reduziert sein Beschaffungsrisiko und delegiert an einen erfahrenen Berater, der darin geübt und mit den relevanten Ansprechpartnern vernetzt ist.

Rechnungstellung für Honorarvergütung Die dem Kunden verkaufte und nun erbrachte Beratungsleistung ist dem Kunden abschließend in Rechnung zu stellen (vgl. 7.2.5 Preisdurchsetzung und 7.4 Vertriebliche Steuerung und finanzielle Planung). Das orientiert sich in der Praxis an organisatorischen Strukturen und Abläufen des Beraterbetriebes (bspw. wenn dazu jemand 2 x wöchentlich kommt oder das Inkasso an Dienstleister delegiert wird).

In diesem Prozessschritt geht es darum, dem Kunden das Honorar bzw. dessen Komponenten zu erläutern und neben die erbrachte Dienstleistung zu stellen.

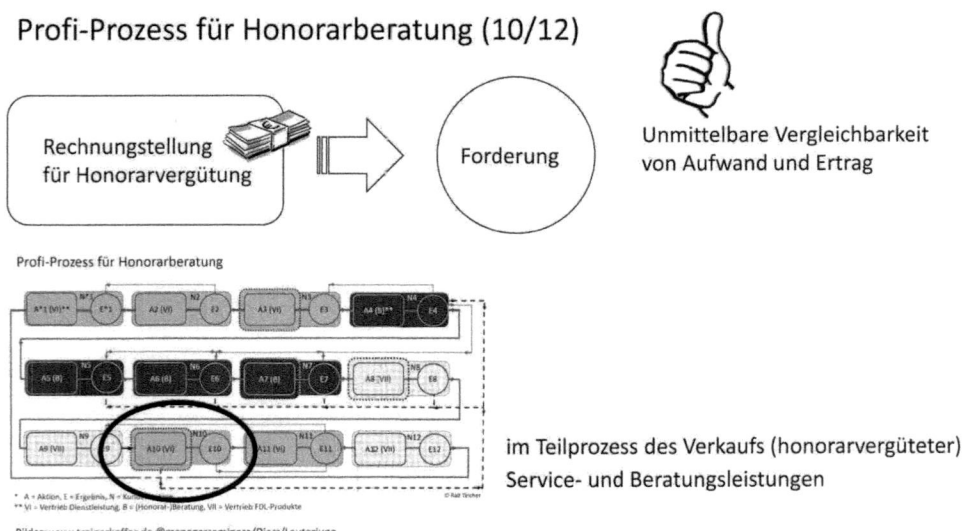

Abb. 58: Profi-Prozess für Honorarberatung 10/12

Aktivität und relevante Aspekte der IDD

Auf der Grundlage der im Schritt 3 (Bedarfsermittlung mit Angebot und Auftrag) vertraglich fixierten Vereinbarungen erfolgen nun eine Aufstellung der erbrachten Leistungen und eine entsprechende Rechnungstellung.

Einzelne Preise und dazugehörende Leistungen waren dem Kunden vorher bereits bekannt, jetzt erhält er (wie im Restaurant) die Gesamtaufstellung. Eine ordentliche Rechnung wird in der Regel dann im Nachgang (mit der Aufstellung als Anlage) versandt.

Bezug zu regulatorischen Vorgaben: Der mit dem Kunden verabredete Leistungsumfang und die vereinbarten Honorargrundlagen sind die ausschließlichen Kriterien der Rechnungstellung des Honorarberaters.

Die (bereits beschriebene) Wohlverhaltensregel des Art. 17 IDD ist eine der Kernelemente der IDD (Teichler, 2018, S. 58). In diesem Sinne schreibt Abs. 3 (des Art. 20 IDD) vor, dass Berater und Vermittler nicht derart vergütet, incentiviert oder sanktioniert werden dürfen, dass dadurch für den Kunden im Alternativfall ungünstigere Produkte empfohlen bzw. vermittelt werden.

§ 48a VAG verbietet entsprechend in der Umsetzung genau diese Fehlanreize. Die Vertriebsvergütung darf nicht mit der Pflicht, im bestmöglichen Kundeninteresse zu handeln, kollidieren.

Die Vorschriften betreffen sämtliche Vergütungsformen und umfassen sowohl Zielvorgaben zum Produktverkauf in Vertriebsorganisationen wie Vermittlungshonorare im Honorargeschäft, die sich deutlich vom Wettbewerbspreis entfernen.

Provisionstarife können mit Umsetzung der IDD nun auch von Honorarberatern nach § 34d (2) GewO vermittelt werden. Entsprechende Durchleitungsverfahren sollen von den Versicherern installiert werden (vgl. 4.3.2.2 Gesetz zur Umsetzung der Versicherungsvertriebsrichtlinie (IDD)).

Ergebnis und Kundennutzen

Mit der an dieser Stelle erläuterten Forderung kann der Kunde unmittelbar und zeitnah seinen persönlichen Aufwand dem Ertrag aus der Beauftragung des Beraters gegenüberstellen. Er ermittelt den für ihn maßgeblichen Return on Investment (ROI), der die finale Grundlage seiner Zahlungsbereitschaft ist (vgl. 7.2.2 Preisfindung).

Tipp

Führt der Berater seinen Kunden dazu, seinen persönlichen ROI zu bilden, bietet er dem Kunden eine Hilfestellung an, die Beratungsleistung einzuschätzen. Auch das wird ihn wiederum positiv überraschen, weil er so etwas bisher bestimmt nicht gewohnt war.

Darüber hinaus bietet es dem Berater die wichtige Gelegenheit, die Zahlungsbereitschaft dieses und aller anderen Kunden einzuschätzen und ggf. seine Preisfindung anzupassen.

11.3.10   Fragen nach Feedback und Empfehlungen

Zum Abschluss des Beratungsprozesses sollte es selbstverständlich sein, den Kunden um ein Feedback zu bitten. Dieses hilft dem Berater, sich daran orientierend weiterzuentwickeln und es bietet vor allem dem Kunden die Möglichkeiten, darüber zu reflektieren, ob sich seine Erwartungen an die Qualität der Beratung und den Berater erfüllt haben.

Möglicherweise lassen sich daraus auch noch Empfehlungen für weitere Mandate ableiten. Die Empfehlungsfrage passt erfahrungsgemäß – aufgrund der mit den behandelten Themenstellungen verbundenen Sensibilität – nicht immer und sollte entsprechend, nur wenn sie passt, gestellt werden.

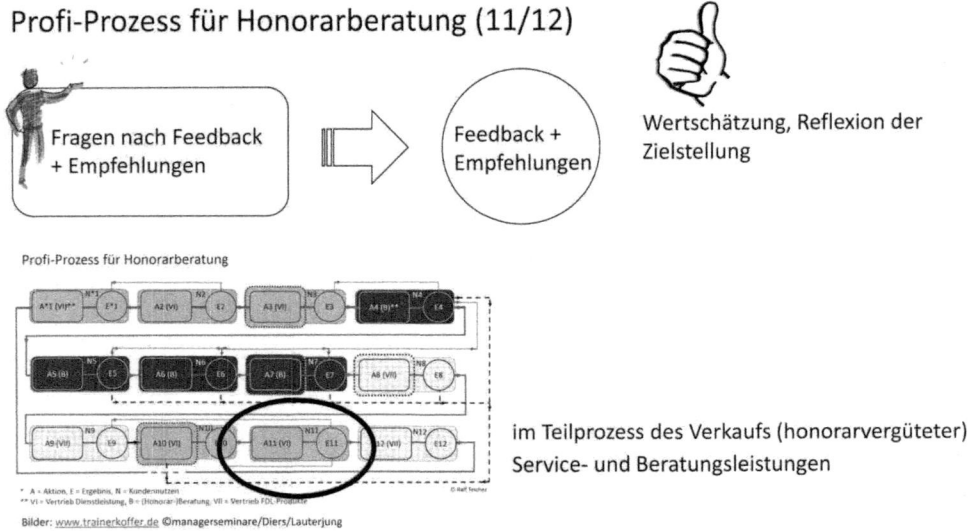

Abb. 59: Profi-Prozess für Honorarberatung 11/12

Aktivität und relevante Aspekte der IDD

Nach den vorherigen eher technisch und fachlich geprägten Prozessschritten tritt an dieser Stelle wieder der Berater mit seiner Beraterpersönlichkeit in den Vordergrund. Er stellt sich unmittelbar dem Urteil des Kunden zu sich und seiner Beratungsleistung.

Auch leitet er das Feedback mit offenen Fragen ein, die zunehmend geschlossen werden, um aufbauend auf ein „Ja" des Kunden die Basis für die anschließenden Empfehlungsfragen zu schaffen.

- Wie haben Sie unsere .... empfunden?
- Welche Erwartungen haben sich .... erfüllt?
- Was hat Ihnen besonders an .... gefallen?
- Wo sehen Sie Ihren größten Erkenntnisgewinn?

- Wie haben Sie mich persönlich empfunden/erlebt?
- Wo konnte ich Ihnen besonders helfen?
- Was geben Sie mir für die weitere .... mit auf den Weg?

- Werden Sie weitere .... wahrnehmen?
- Ziehen Sie insgesamt ein positives Fazit?
- Sind Sie mit dem .... zufrieden?

Die Fragen nach dem Feedback sind eine Form der Höflichkeit und Wertschätzung gegenüber dem Kunden. Sie bieten dem Berater zusätzlich die Möglichkeit zu lernen und verstärken den positiven Eindruck einer besonderen Form von Beratung und Vermittlung.

Tipp

„Nichts ist einfacher zu empfehlen, als nach Empfehlungen zu fragen." In Vertriebsstrukturen sind diese elementarer Bestandteil angeeigneter Verkaufsrhetorik und werden oft ohne die erforderliche Sensibilität angewandt. Auch aus Kundensicht werden sie häufig als unangenehm empfunden.

Fragen Sie daher nicht, ob Ihr Kunde noch jemanden kennt, für den auch etwas Gutes zu tun ist. Formulieren Sie eine persönliche Bitte und heben die Empfehlung auf die persönliche Ebene zwischen Ihnen und Ihrem Kunden und lassen Sie ihn für Sie tätig werden.

- Ich habe da jetzt noch eine persönliche Bitte ...
- Wenn Sie an ... denken, wer aus Ihrem Netzwerk ... fällt Ihnen da spontan ein ...?
- Wann werden Sie mit ... gesprochen haben?

Ergebnis und Kundennutzen

Der Kunde bildet sich ein strukturiertes Urteil über die Qualität der Beratung und kann möglicherweise störende Aspekte unmittelbar klären. Er erfährt Wertschätzung durch das Interesse an seiner Meinung und Einschätzung und hat die Möglichkeit, die künftige Zusammenarbeit (nach ggf. vorhandenem Anpassungsbedarf) mitzugestalten.

11.3.11 Überwachung und Unterstützung

Mit dem abschließenden Betreuungsmandat geben Kunde und Berater ihrer Zusammenarbeit eine längerfristige Perspektive. Dabei soll konkret definiert sein, was genau überwacht wird und welche Unterstützungsleistungen angefordert werden können.

Die reine Verteilung von ansonsten für den Kunden oder aus Sicht des Beraters zu hohen Honorarforderungen erfüllt das nicht und bietet keine ausreichende Grundlage für ein dauerhaftes Betreuungsmandat (vgl. 7.2.4 Preisdifferenzierung).

Profi-Prozess für Honorarberatung (12/12)

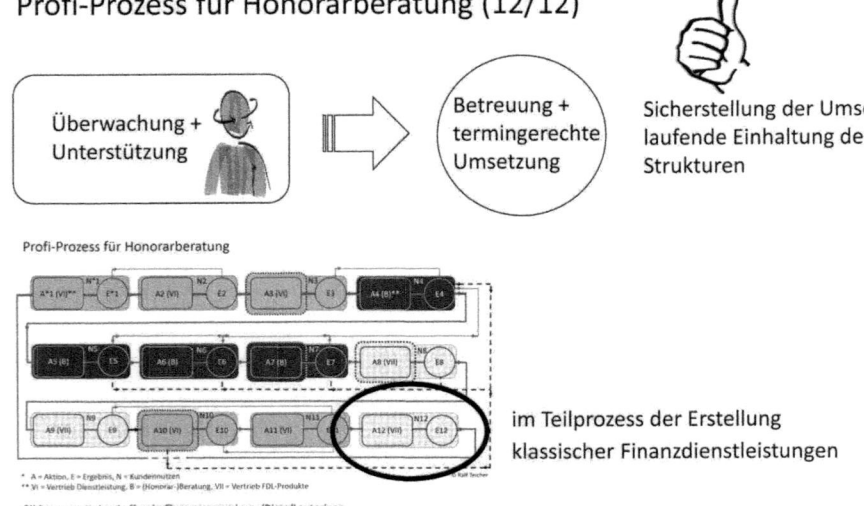

Abb. 60: Profi-Prozess für Honorarberatung 12/12

Aktivität und relevante Aspekte der IDD

Die Überwachung erstreckt sich im Zeitverlauf auf alle im gesamten Prozess erarbeiteten und verabredeten Maßnahmen und Aufträge. Deren Einhaltung und (spätere termingerechte) Umsetzung werden laufend kontrolliert und initiiert. So können bspw. erst später mögliche Kündigungstermine ebenso berücksichtigt werden, wie isoliert vom Kunden nachzuliefernde Unterlagen.

Idealerweise orientiert sich der zeitliche Rahmen des Betreuungsmandates an einem fest definierten Termin, zu dem ein besonderes Ergebnis (Realisation des im Strategiegespräch beschriebenen Zielbildes) realisiert werden soll (z.B. Immobilienerwerb, Eintritt in den Ruhestand). Anschlussmandate basieren dann auf neu zu vereinbarenden Zielen.

Die produktbezogene Überwachung bezieht sich auf die definierte Struktur des Portfolios und nicht auf die Performance einzelner Elemente daraus. In diesem Sinne erfolgt sie idealerweise genauso assetklassenübergreifend wie die Maßnahmenplanung.

Mit der Unterstützungsleistung übernimmt der Berater das Mandat des Kunden, die mit dem anvertrauten Leistungsspektrum verbundenen Themenstellungen zu sichten, zu bearbeiten und zu lösen. Der Kunde überträgt diesen Bereich idealerweise seinem Berater.

Eine Unterstützung im Schadenfall stellt keine besondere Betreuungsleistung dar, da diese Bestandteil der Vertriebstätigkeit des Beraters ist. Ebenso rechtfertigen vorbereitende Tätigkeiten oder erforderliche Korrespondenzen kein eigenständiges Mandat.

Des Weiteren finden regelmäßige Review-Termine auch ohne ein (eigenständig vergütetes) Betreuungsmandat statt.

Ergebnis und Kundennutzen

Der Kunde ist im Wortsinne vollumfänglich betreut und die Einhaltung erforderlicher Termine sowie der damit verbundenen Aktivitäten sind sichergestellt.

Für den Kunden wird durch das Betreuungsmandat die Erreichung der in diesem (durchaus umfangreichen und mitunter komplexen) Prozess erarbeiteten Zielstellung sichergestellt. Geplante Anlage- und Risikostrukturen werden eingehalten und ggf. regelmäßig justiert.

Tipp

Kommunizieren Sie regelmäßig und sinnvoll mit Ihren Kunden. Langweilen Sie diese nicht mit durchgereichten Performance-Sheets, sondern beschreiben Sie Ihre Aktivitäten.

Durchbrechen Sie in der Form auch lähmenden Mailverkehr und versenden Sie Ihre Informationen und Reportings zeitnah vor Ihren Lastschrifteinzugsterminen.

11.4 Praktische Umsetzung im Geschäftsbetrieb

Oft sind die Dinge leichter gesagt als getan und erfolgswirksame Ansätze mutieren zu theoretischen, aber nicht verwertbaren Konzepten.

Dabei wird häufig die ausbleibende Verwertbarkeit (nur) durch die mangelnde Bereitschaft und/oder Konsequenz für die Umsetzung bestimmt. Diese kann nicht „frei Haus" geliefert werden und ist immer auch mit Anstrengungen und Aufwendungen zur **persönlichen Weiterbildung** und **betrieblichen Weiterentwicklung** verbunden (vgl. 9.2 Beraterpersönlichkeit und Qualifizierung).

Weiterbildung setzt da an, wo bisherige Abläufe und Modelle verändert werden. Für die Implementierung von neuen Service- und Beratungsleistungen gilt es zunächst, sich deren fachliche Inhalte anzueignen.

Das notwendige Finanzdienstleistungswissen kann grundsätzlich im Rahmen der Qualifikation für die Zulassung nach § 34d, f und i GewO erworben und in geeigneten produktbezogenen Veranstaltungen erweitert werden.

Die Aneignung des darüber hinaus gehenden Know-hows für umfassende Fragestellungen und konkrete Handlungsanweisungen) kann individuell (durch die Lektüre dieses Buches) oder im Rahmen bestehender Weiterbildungsformate (bspw. zum Testamentvollstrecker oder Generationenberater etc.) angeeignet werden.

Neben der Information ist die Kommunikation der wesentliche Produktionsfaktor für den Berater. Die Fragetechniken sind dabei das Grundwerkzeug, das durch den gesamten Prozess führt. Erfolgsentscheidend sind darauf aufbauend sichere Abschlusstechniken, die jeden Schritt zum angestrebten Ergebnis führen.

Darüber hinaus ist auch das eigene Beratungsunternehmen betriebswirtschaftlich neu auszurichten und weiterzuentwickeln.

Im bestehenden Geschäftsmodell sind Leistungsbeschreibungen und Preismodelle für den neuen Service zu entwickeln. Die vertriebliche Planung und Steuerung sollte angepasst werden. Geeignete Dienstleister für die Organisation von Technik, Produkten und Services (Inkasso, Rechtsberatung) sind auszuwählen. Ein Experten-Netzwerk zur Abdeckung von Leistungen, die über das eigene Kerngeschäft hinausgehen, ist auf- bzw. auszubauen (vgl. 9.1 Organisation von Kooperationen).

Das Marketing und der Vertrieb sollten ebenfalls spürbar die neuen Service- und Beratungsleistungen herausstellen. Durch die Fokussierung auf besondere Themen lassen sich zusätzliche Ansprache-Wege beschreiten und als Türöffner nutzen.

Zusammenfassung

Nach Goethe hat Erfolg drei Buchstaben, nämlich das Tun.

Wer seine Beratung in der hier beschriebenen Form strukturieren und werthaltiger gestalten will, sollte dieser erforderlichen Umsetzungsdynamik allerdings immer auch eine fundierte Planung zugrunde legen. Dabei empfiehlt es sich, sich entsprechend unterstützen zu lassen und auszutauschen.

Professionelle Honorarberatung ist planvolles Tun.

Abbildungsverzeichnis

Literaturverzeichnis

Albrecht, P. (2006) Zum Nutzen von Garantien und Reserven für die Nachfrager von Altersvorsorgeprodukten aus ökonomischer Sicht. In P. B.-J. Albrecht, *Das Urteil des Bundesverfassungsgerichts vom 26.7.2005 (1BvR 80/95)* (S. 37–45). Karlsruhe: Verlag Versicherungswirtschaft GmbH

AssCompact. Studie prognostiziert Cyberversicherung ein Milliardengeschäft. *www.asscompakt.de*, 12.2.2017

Baier, M. (2012, 2. Aufl.). *Honorarmodelle für Versicherungsvermittler – der Sprung in die Freiheit.* Würzburg: Hillenbrand, Michael A.

Baumann, F. (1998). *Versicherungsvermittlung durch Versicherungsmakler.* Karlsruhe: Verlag Versicherungswirtschaft GmbH

Becker, J. (2013, 10. Aufl.). *Marketing-Konzeption.* München: Vahlen

Bernet, B. (2005). Open Architecture und Allfinanz. In Spremann,K., *Versicherung im Umbruch.* Heidelberg: Springer

Billen, G. (2017). *Mehr Sicherheit und Transparenz beim Kauf von Versicherungsprodukten.* Berlin: Bundesministerium für Justiz und Verbraucherschutz (Pressemitteilung)

Boden, L. (2016). Bedarfsorientierte Beratung versus aktiver Bankenvertrieb – Ein Widerspruch? In D. F. Hellenkamp, *Handbuch Bankvertrieb* (S. 241–254). Wiesbaden: Springer Fachmedien

Brich, S. H. (2014, 18. Aufl.). *Gabler Wirtschaftslexikon.* Wiesbaden: Springer Fachmedien

Brock, H. B. (2015). *Multi- und Omnichannel-Management in Banken und Sparkassen.* Wiesbaden: Springer Fachmedien

Brüss, M. (2017). Immer mehr Versicherer denken an Personalabbau. *Versicherungs-Journal.de*

Bülow, I. (2017). Nächste Bank führt Negativzinsen ein. *www.dasinvestment.com*, 20.1.2017

Bundesregierung (2017). *Entwurf eines Gesetzes zur Umsetzung der Richtlinie (EU) 2016/97 des Europäischen Parlaments und des Rates vom 20. Januar 2016 über Versicherungsvertrieb und zur Änderung des Außenwirtschaftsgesetzes.* Berlin: Bundesregierung

Bundesministerium für Soziales (2016). Bundeskabinett bringt grundlegende Reform der Betriebsrente auf den Weg. *Pressemitteilung*

CDU, CSU und SPD (2013). *Deutschlands Zukunft gestalten, Koalitionsvertrag zwischen CDU, CSU und SPD, 18. Legislaturperiode*

Dinauer, J. (19. Mai 2008, 2. Aufl.). *Grundzüge des Finanzdienstleistungsmarktes.* München: Oldenbourg Wissenschaftsverlag

Drost, M. (2017). Achtgrößte Sparkasse führt Negativzinsen ein. *Handelsblatt online,* 13.2.2017

Enke, S. (2013). *Die Zulässigkeit der Honorarberatung durch den Versicherungsmakler.* Frankfurt am Main: Peter Lang GmbH

Erdland, A. (2017). *Jahrespressekonferenz 2017.* Berlin: Gesamtverband der Deutschen Versicherungswirtschaft e. V.

Europäische Kommission (2015). Pressemitteilung 1.7.2015. Brüssel: Europäische Kommission

Europäische Union (2014). *Richtlinie 2014/65/EU (...) über Märkte für Finanzinstrumente (...).* Brüssel: Europäische Union (Amtsblatt)

Evers, J., (2017). Diskussion vorprogrammiert. VersicherungsMagazin, 1/2017, S. 40–41

Evers, J. (2008). *Anforderungen an Finanzvermittler – mehr Qualität, bessere Entscheidungen.* Berlin: Bundesministerium für Ernährung, Landwirtschaft und Verbraucherschutz

Friedrich, K. (2011). Die Zukunft der Vergütungssysteme im Versicherungsvertrieb unter besonderer Berücksichtiguing von Honorarberatung. In F. (Wagner, *Leipziger Versicherungsseminare.* Karlsruhe: Verlag Versicherungswirtschaft GmbH

Geyer, G. (2009, 8. Aufl.). *Das Beratungs- und Verkaufsgespräch in Banken.* Heidelberg: Springer Verlags GmbH

GmbH, B., & Expertenmeinung ausgewählter Führungskräfte aus Versicherungs-, Vertriebs- und Beratungsgesellschaften (2017). Ernüchterung und Neuorientierung bei Digitalisierungstrends. *AssCompact,* 17.2.2017

Gock, H., und Bieberstein, I. (2015). *Multi- und Omnichannel-Management in Banken und Sparkassen.* Heidelberg: Springer Verlag GmbH

Henk, A. H.-U. (2015). Herausforderungen – Zukunftsorientierte Neuausrichtung des Vertriebs von Banken und Sparkassen. In H. B. Brock, *Multi- und Omnichannel-Management in Banken und Sparkassen* (S. 61–73). Wiesbaden: Springer Fachmedien

Icha, A. (2014). *Die Nettopolice.* Karlsruhe: Verlag Versicherungswirtschaft GmbH

Kaspar, A. (19.1.2017). IDD: Bundeskabinett ignoriert Branche. *https://be.invalue.de/d/publikationen/vwheute/2017/01/19/idd-bundeskabinett-ignoriert-branche.html*

Kettnacker, F. (2012). Risiko- und wertorientierte Anreizsysteme im Versicherungsvertrieb – Herausforderungen und Entwicklungstendenzen. In F. Wagner, *Leipziger Versicherungsseminare* (S. 97–106). Karlsruhe: Verlag Versicherungswirtschaft GmbH

Limbeck, M. (2016). *Limbeck Laws. 111 Gesetze für Topverkäufer. Das Gesetzbuch des Erfolgs in Vertrieb und Verkauf.* Offenbach: Gabal

Machnig, M. (2017). *Mehr Sicherheit und Transparenz beim Kauf von Versicherungsprodukten.* Berlin: Bundesministerium für Wirtschaft und Energie (Pressemitteilung)

Meffert, H. B. (2015, 8. Aufl.). *Dienstleistungsmarketing.* Wiesbaden: Springer Gabler

Meyer, C.-P. (2016). *Dienstleister für Honorarberater.* Ahrensburg: VersicherungsJournal Verlag GmbH

Mohn, D. (2016). Der schwere Weg zu Nettotarifen. *Portfolio International,* 20.6.2016

Nagle, N. L. (1998). *Praxis der optimalen Preisfindung.* Wiesbaden: Springer

Oehlrich, M. (2016). *Organisation.* München: Verlag Franz Vahlen GmbH

Ortmann, M. (2010). *Kostenvergleich von Altersvorsorgeprodukten.* Baden-Baden: Nomos Verlagsgesellschaft

Pfisterer, P. (2016). *Die neuen Regelungen der MiFID II zum Anlegerschutz.* Wiesbaden: Springer Fachmedien

Reichenbach, V. (2012). Kunden- und Vermittlerwert als Elemente der wertorientierten Unternehmensführung. In F. Wagner, *Leipziger Versicherungsseminare* (S. 15–34). Karlsruhe: Verlag Versicherungswirtschaft GmbH

Schafstädt, C. (2015). *Das Spannungsverhältnis zwischen Provisionsberatung und Honorarberatung im Versicherungsmarkt.* Karlsruhe: Verlag Versicherungswirtschaft GmbH

Schulz, S. (2015). *Rechtliche Fragen der Honorarberatung.* Karlsruhe: Verlag Versicherungswirtschaft GmbH

Schwintowski, H. P. (2009). Honorarberatung durch Versicherungsvermittler - Paradigmenwechsel durch VVG und RDG. *Versicherungsrecht (VersR)* 2009, 1333

Sonnenberg, M. (2013). *Vertriebskostentransparenz bei Versicherungsprodukten.* Karlsruhe: Verlag Versicherungswirtschaft GmbH

Statistisches Bundesamt (2016). Bevölkerung mit Migrationshintergrund auf Rekordniveau. *Pressemitteilung Nr. 327 vom 16.9.2016*

Statistisches Bundesamt (2016). Nettozuwanderung von Ausländerinnen und Ausländern im Jahr 2015 bei 1,1 Millionen. *Pressemitteilung Nr. 105 vom 21.3.2016*

Statistisches Bundesamt (2017). *Statistisches Jahrbuch Deutschland 2017.* Wiesbaden: Statistisches Bundesamt

Teicher, R. (2017). Persönliche Beratung hat Zukunft. *VersicherungsMagazin,* Februar 2017, S. 14–17

Tekathen, J. M. (2015). *Honorarberatung im Finanzdienstleistungsbereich.* Bad Soden Ts.: Uhlenbruch Verlag GmbH

Trayser, K. D. (1998). Die Allfinanzanbieter. In F. R. Cramer, *Handbuch Altersversorgung* (S. 727–740). Frankfurt a. M.

Trommsdorff, V. S. (2007). *Innovationsmarketing.* München: Verlag Franz Vahlen GmbH

VW-Redaktion (20.1.2017): https://be.invalue.de/d/publikationen/vwheute/2017/01/20/bankvertrieb-allianz-uebertrumpft-axa-in-asien.html

Walz (2015). (Un-)abhängige Anlageberatung. In S. Teuber, *MiFID II/MiFiR* (S. 66–76). Heidelberg

Wentlandt, A. (1993). *Die strategische Positionerung von Finanzdienstleistungsunternehmen.* Frankfurt: Lang, Peter

Wöhe, G. D. (2016, 26. Aufl.). *Einführung in die Allgemeine Betriebswirtschaftslehre.* München: Franz Vahlen GmbH

www.dasinvestment.com/informationspflichten-mifid-ii-und-9-punkte-die-anlageberater-wissen-sollten/ vom 12.12.2016

Zschäpitz, H. (2016). Selbst Kleinsparer sollten sich nach Tresoren umschauen. *www.welt.de*, 2.11.2016

Stichwortverzeichnis